改訂版

はじめての人の貿易入門塾

貿易ビジネスコンサルタント
ジェトロ認定貿易アドバイザー
（現AIBA認定貿易アドバイザー）

黒岩 章

かんき出版

はじめに

本書は、貿易のことを何も知らない方でも、その全体像を短時間で理解できるようにまとめてあります。貿易とはどのような取引なのか、取引実務の手順はどうすればいいのかなど、貿易の仕事に就くために必要な知識が難なく身につく内容になっています。

貿易取引で扱われるものは、箱詰めできる小さな商品から数万トンもの大量のバラ荷貨物まで千差万別ですが、貿易実務の手続きの基本はすべて共通しています。

たとえば、商品はどのような輸送手段で運ばれるのか、商品が国境を越えるときはどのような手続きが必要なのか、商品が輸送途中で受けるかもしれない損傷にはどう対処すればいいのか、さらに商品の代金はどうすれば安全に回収できるのか、など。

貿易では、これらの手続きを円滑に進めるため、輸送と通関、決済、保険などの業務について、モノとお金、書類が効率よく流れるしくみがつくられています。そのため、取引のしくみや手順を理解することが、貿易実務の知識を身につける第一歩になります。

貿易取引は、大きく2つのステージに分けることができます。第1ステージは、売り手と買い手が売買契約を結ぶまでの契約段階で、第2ステージは売り手と買い手が契約通りに商品を届けて代金を支払う実行段階です。本書では、第1ステージを第1章と第2章で、第2ステージを第3章〜第7章で解説します。

第1ステージでは、市場調査や法規制のチェックなどの準備作業を経て、契約交渉を行います。契約交渉に用いられる国際的なルールとして、インコタームズと呼ばれる貿易取引規則があります。インコタームズを理解して正しく使用することは、売買契約上の了解違いやトラブルを未然に防いだり、輸送途中で事故が発生した場合の対処を的確に行うなど、貿易実務に不可欠な要素です。本書では、インコタームズのルール解説に加えて、使用方法などを含めてより実務的な解説を心がけました。

第2ステージでは、輸送、通関、決済、保険、貿易書類といった多様な業務が行われます。ここでは、船会社、航空会社、フォワーダーなどの輸送業者のほか、通関業者、海貨業者、銀行、保険会社など多くの企業が業務に携わります。

これらの業務では、船舶の大型化や新しい輸送ルートの開発、通関システムを利用した許認可業務やその他各業務のデーター連結など、日進月歩で業務改善が成されています。本書では、各業務の基本的なしくみを解説しましたので、新たな情報を取り込んで知識を積み重ねていただきたいと思います。

本書は主として入門者を対象に基本的な事項をやさしく解説していますが、すでに貿易実務の経験がある方にとっても、おさらいの意味も含めて役立つ内容になっていると考えています。

本書がみなさまのお役にたつことを祈っております。

2021年5月

黒岩　章

CONTENTS

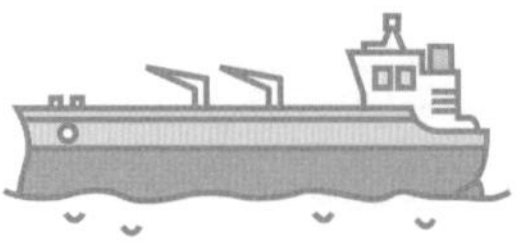

CONTENTS

CONTENTS

第4章 通関のしくみ

第5章 決済のしくみ

CONTENTS

第7章 貿易書類の機能と役割

CHAPTER 1

第1章
貿易取引のしくみ

1 貿易取引とは

➡ 貿易取引とは異なる国の間で行う取引のことで、国内取引に比べてさまざまな違いがあります。

☆ 貿易取引は輸出と輸入

貿易取引とは、異なった国の間で品物やサービスの売買を行うことです。海外に商品を売る貿易取引は輸出、海外から商品を買う貿易取引は輸入です。

また、海外から商品を購入して別の国に売る貿易取引は「仲介貿易取引」または「三国間貿易取引」と呼ばれます。

☆ 貿易取引は国内取引と違う

貿易取引は異なる国の間で売買を行うため、国内取引に比べてさまざまな違いがあります。

国内取引と貿易取引の違いには、次のようなことが挙げられます。

- 契約交渉における言葉の違い
- 通貨の違い
- 法律による規制の違い
- 契約に関する商習慣の違い
- 宗教的に禁忌された商品の存在

貿易当事者は、これらの点に留意しなければなりません。

また、海上輸送の貿易取引であれば輸送距離が長く輸送日数も多くかかるため、どの地点で商品を引き渡すか、いつの時点で商品代金を支払うか、といったことへの考慮も重要になります。

☆ 貿易実務とは

貿易実務は、商品を輸出国の売り手から輸入国の買い手に届け、その対価である商品代金を輸入国の買い手から輸出国の売り手に支

貿易取引とは

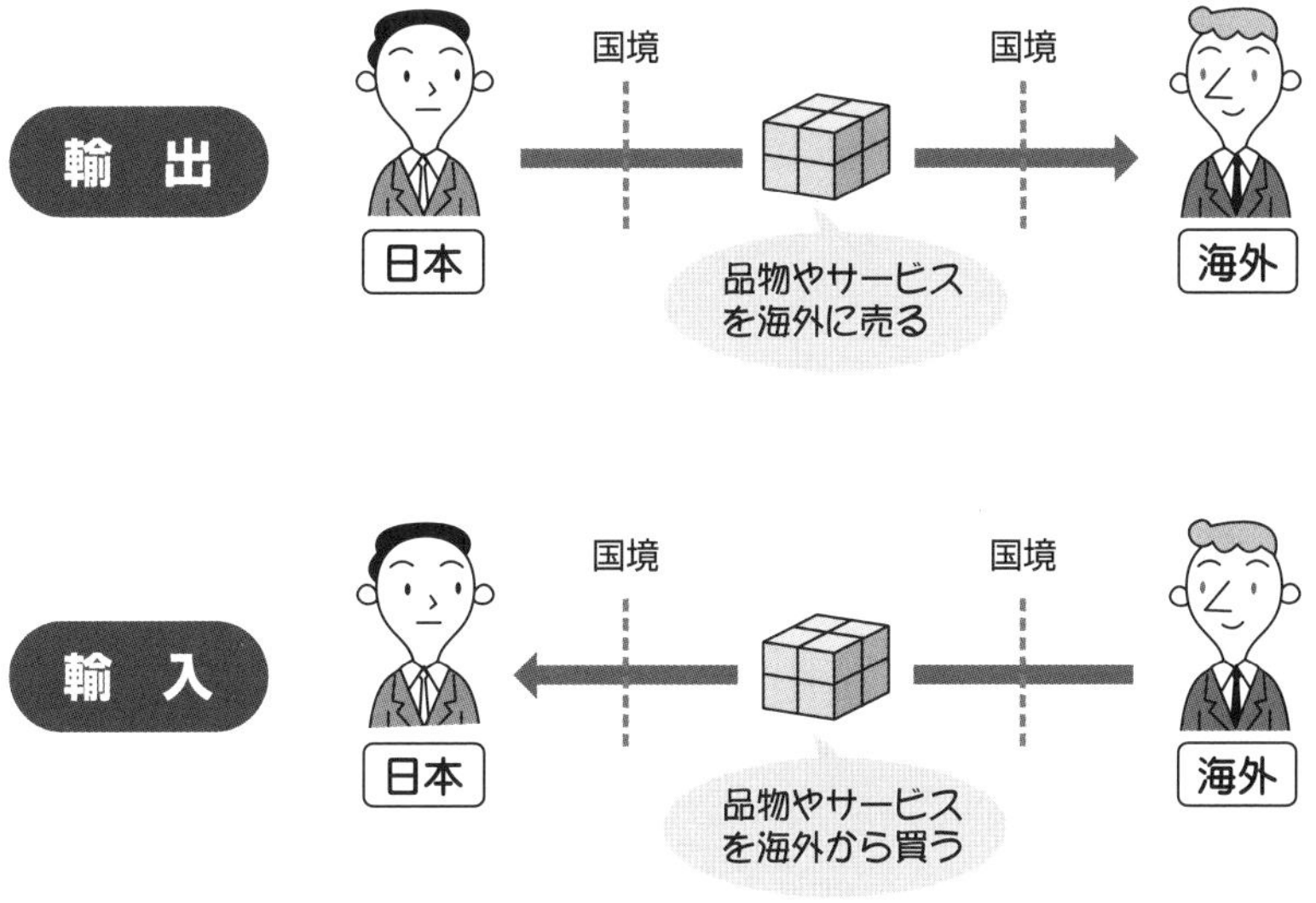

払うことを、円滑に進めるための各種手続きの実務です。

貿易取引を時系列的に大まかに眺めると、次のようになります。

○準備段階

市場調査や取引先探しをする手続段階です。

○契約段階

交渉から商談成立までの手続段階です。

○実行段階

通関、船積み、貨物保険、代金決済などの手続段階です。

貿易実務はこれらの各業務に関する実務手続きです。これらの各業務がトラブルなく行われるように、条約や各国の法律、国際機関の規則などが定められています。

2 貿易で起こるリスク

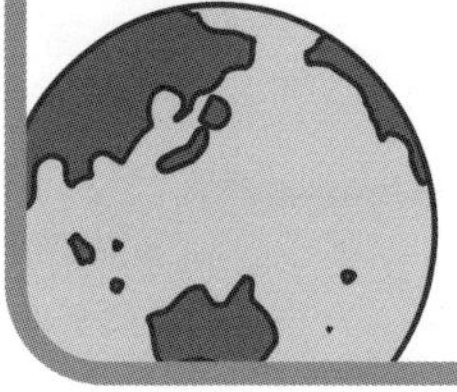

➡ 貿易取引では、契約にかかわるリスクや輸送のリスク、代金回収に関するリスクなどがあります。

✪ 契約のリスク

取引の相手が遠く離れているのでトラブルがあってもすぐに会うことができない、しかも商慣習が異なる、それが貿易取引です。

買い手の立場になれば、取引相手は本当に契約どおりの商品を出荷してくれるだろうか、という心配があります。

たとえば原料の輸入であれば、期日までに原料が入荷されないと工場の操業が停止する事態に追い込まれるかもしれません。

このような契約履行のリスクを最小限に抑えるためには、できるだけ信頼できる取引先を選ぶことや、合意事項を細かく契約書に記載するなどの対策が重要です。

✪ 輸送のリスク

商品は、輸出国から輸入国に輸送される間にさまざまなリスクにさらされます。

船舶の技術が発達した現代でも、海上輸送では悪天候による座礁や衝突事故の発生は避けられません。

また陸上輸送でも、荷役《にやく》作業中に商品に損傷を受けるリスクがあります。

このような輸送中のリスクは、損傷をできるだけ受けない梱包や輸送方法を選んで、事故の発生を抑える対策が必要です。

さらに、事故による損害への備えとして、貨物保険をかけるなどの対策も大切です。

貿易で起こるリスク

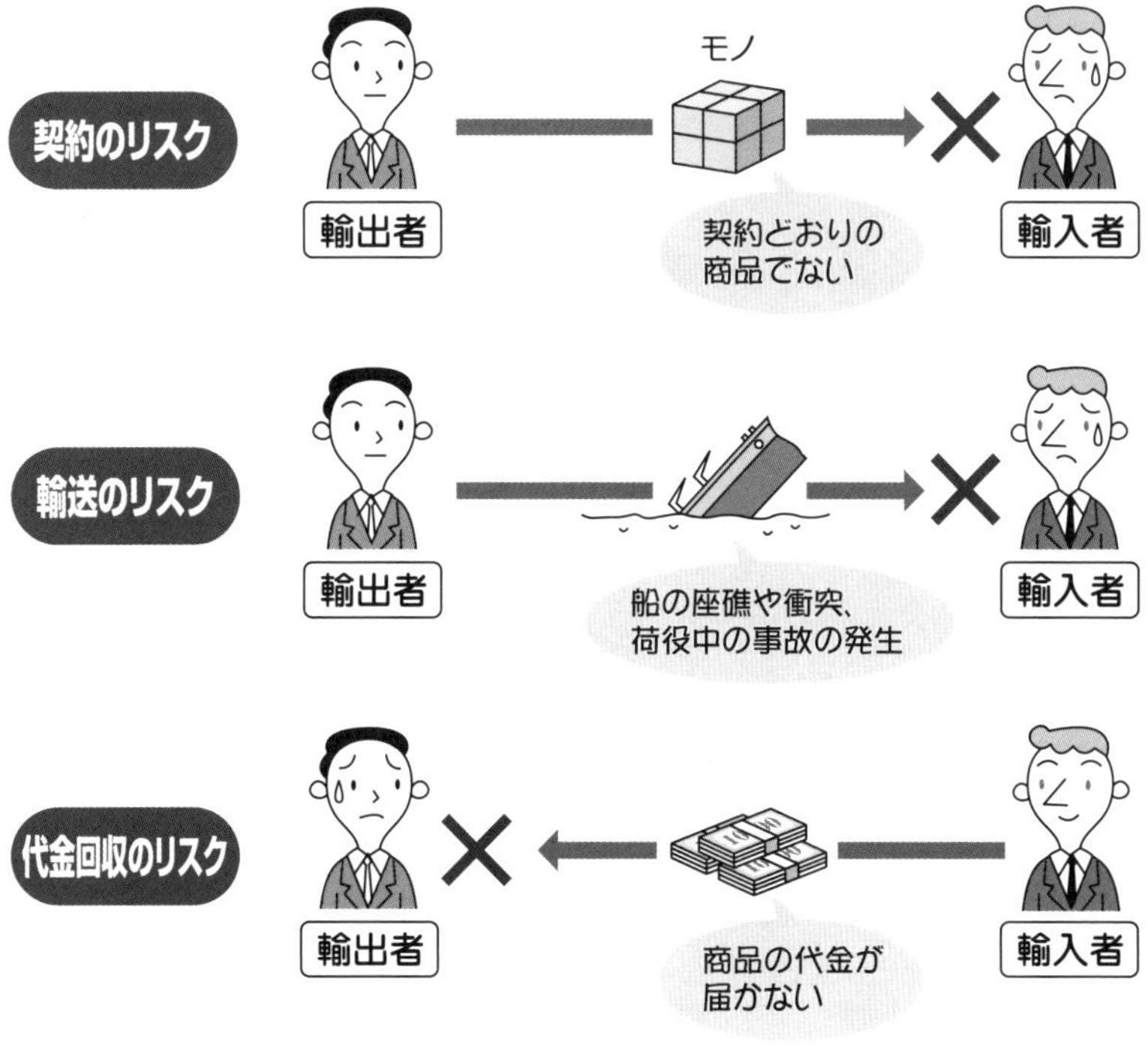

代金回収のリスク

輸入者が商品代金を支払ってくれるかどうかは、輸出者にとって最大のリスクです。

貿易取引の大半は、輸出者が商品の船積みを行ってから、輸入者が代金を支払う形をとっています。代金の支払いは通常、銀行を経由して行われます。

代金回収のリスクを抑えるためには、輸入者の信用度を事前に調べることが重要です。

なお、多くの貿易取引では、銀行が支払いを保証する「信用状」や支払い不能の事態に備える「貿易保険」のしくみが用いられています。

3 貿易取引の形態とは

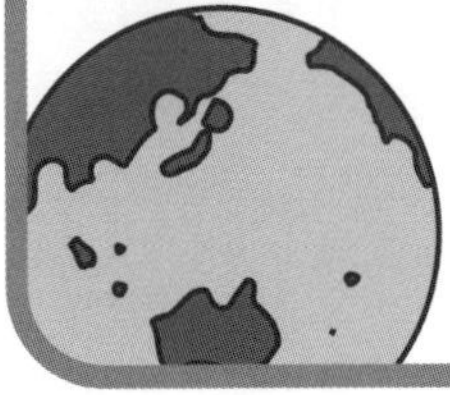

➡貿易取引には、大きくは直接貿易と間接貿易、それに仲介（三国間）貿易の形態があります。

☆貿易取引の形態

○直接貿易

直接貿易とは、商社などの仲介業者を通さずに、売り手と買い手が直接契約を交わす貿易取引のことです。仲介業者を通さないことでコストの削減ができますが、その反面で貿易取引にかかわるリスクと諸手続きの手間を抱えます。

○間接貿易

間接貿易とは、商社などの仲介業者が輸出入契約の当事者となる貿易取引のことです。

間接貿易で商社が日本企業の場合は、商社との取引は国内取引となります。貿易のノウハウを持った商社を介することで、リスクや事務手続きを軽減できますが、商社に支払う手数料がかかります。

○仲介貿易（三国間貿易）

仲介貿易とは、たとえば外国のA国とB国の輸出入貿易を日本の企業が仲介する取引のことです。仲介貿易は、三国間貿易とも呼ばれます。

☆取引内容による分類

○委託加工貿易

外国から輸入した原材料で加工を委託し、できた製品を国内で販売せずに再度輸出する貿易を委託加工貿易といいます。日本で加工する場合を「順委託加工貿易」と呼び、海外に原材料を提供してつくらせた製品を日本に輸入する貿易を「逆委託加工貿易」と呼びます。

貿易取引の形態とは

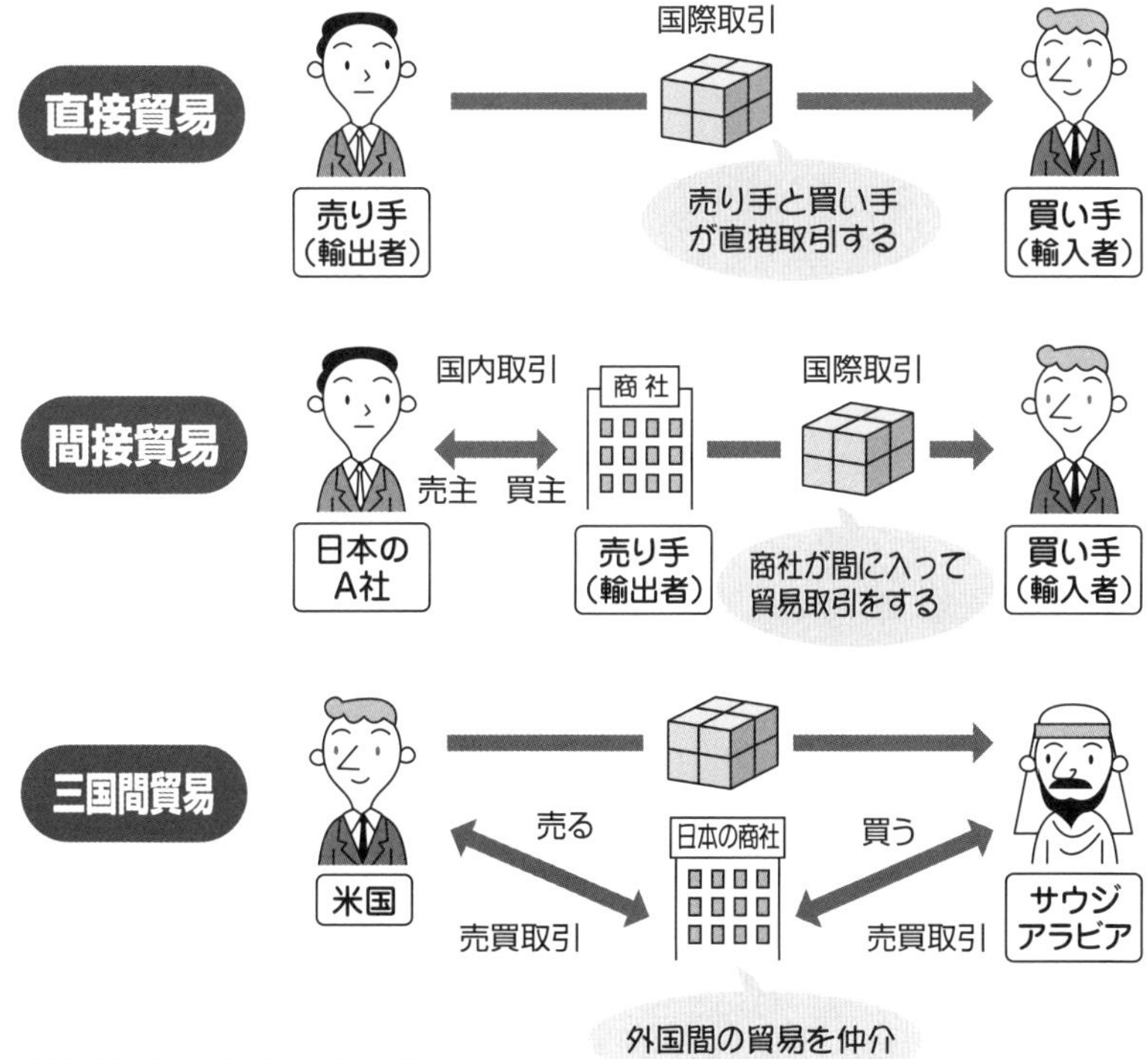

＊OEM：Original Equipment Manufacture

○OEM＊

OEMとは、相手先ブランドの製品または半製品の製造を行うことです。OEMの委託元は、自社で製造ラインを持たずに自社ブランドの製品供給を委託先から得ます。委託元は商品開発の時間や製造ラインへの投資を節約できるメリットがあり、委託先は生産量の増大によるコスト削減などのメリットがあります。

○並行輸入

並行輸入は、輸入総代理店に輸入ルートを制限されている商品を、制限を受けない第三国の代理店などの別ルートを通して輸入する行為です。ただし、あくまでも真正品の輸入であり、模造品はルートにかかわらず違法です。

4 貿易取引の3つの流れ

➡ 貿易取引は、モノ・カネ・カミの3つの流れでとらえると、理解しやすくなります。

☆モノの流れ

商品は、売り手から買い手の方向に流れます。たとえば、鉱工業品や原油などの原料類はその生産国から加工工場のある輸入国へと輸送され、機械や一般雑貨などの製品類は製造国から消費国へと運ばれます。

貿易の輸送には、海上輸送、航空輸送、陸上輸送の手段がありますが、製品特性に適した輸送手段を手配することが実務的に重要な事項となります。

また、輸送途上でモノが国境を越えるときには、輸出入通関の実務が発生します。

○海上輸送

海上輸送は、船を用いて行う輸送のことです。

船には一般的な貨物船のほかに、コンテナ化された貨物を運ぶコンテナ船や液体貨物を運ぶタンカーなどの種類があり、貨物の性状に応じて使われています。

輸送ルートも海だけでなく、河川や運河も広く利用されています。

○航空輸送

航空輸送は、飛行機を用いて行う輸送のことです。

飛行機には、旅客機と貨物専用機があり、ともに航空輸送に使われます。

旅客機は、胴体下の部分のスペースに貨物が積み込まれます。

一方、貨物専用機は胴体全部を貨物スペースとして利用されます。

モノの流れ

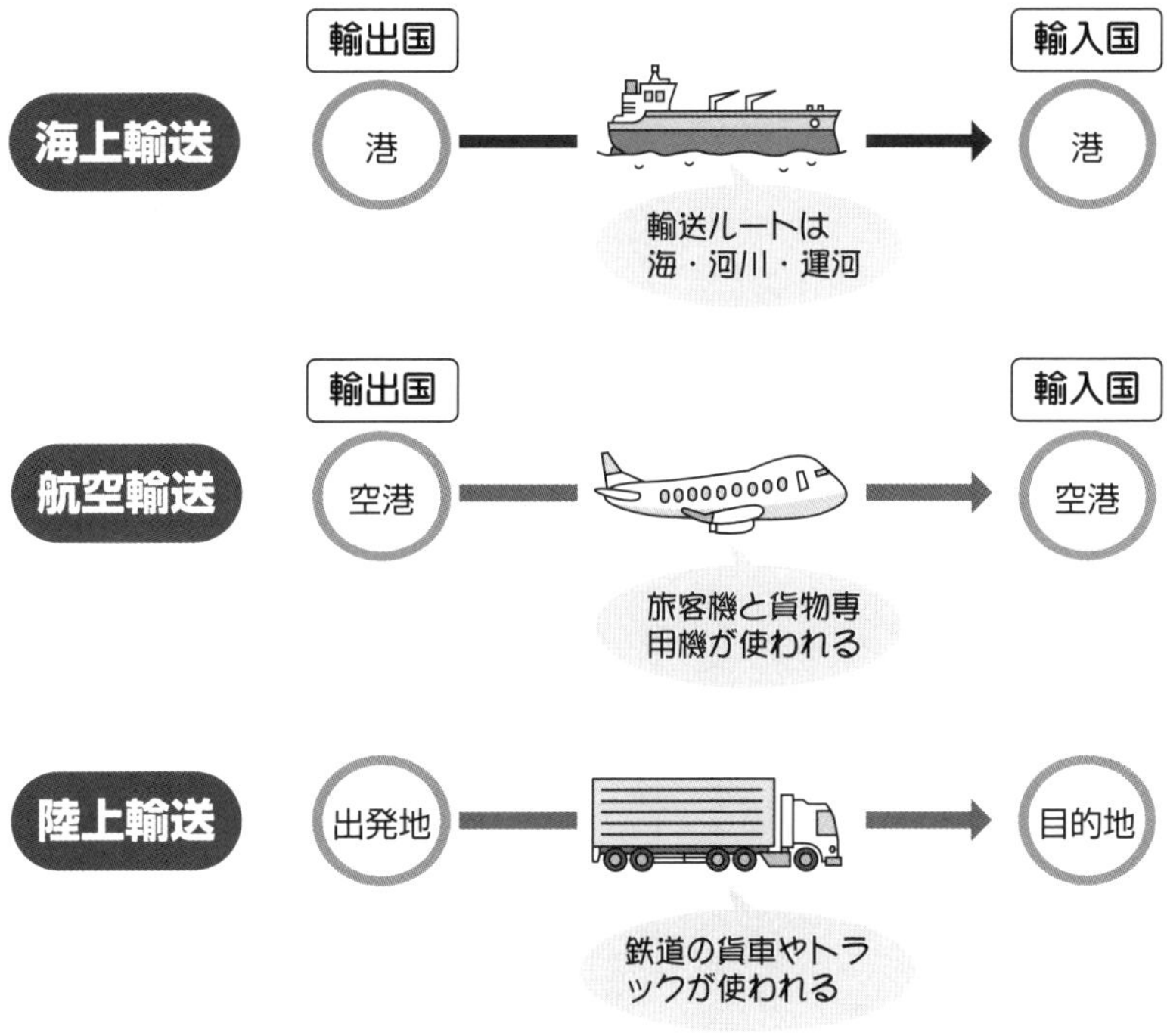

○陸上輸送

陸上輸送には、鉄道の貨車やトラックが用いられます。

たとえば、コンテナ輸送の場合は、コンテナごとにトレーラーで牽引して輸送します。

カネの流れ

お金は、買い手から売り手の方向に流れます。多額の現金を持ち歩くことは危険です。そのため、貿易取引では通常は銀行を介して代金の決済を行います。

このように、現金の移動をともなわずにお金を移動させるしくみを「為替」と呼び、輸入国では買い手が銀行に代金を支払い、輸出国では売り手が銀行から代金を受け取ります。

輸入国と輸出国の銀行間の決済でも現金は移動せず、銀行がおたがいに保有している口座の額を増減させて決済します。

○順為替

順為替は、お金を支払う側が銀行で手続きして送金する方法で、「送金為替」とも呼ばれます。

貿易取引では、買い手が輸入地の銀行に対して送金を依頼します。

輸入地の銀行は輸出地にある銀行との間で決済し、売り手は輸出地の銀行からお金を受け取ります。

○逆為替

逆為替は、お金を受け取る側が銀行に手続きをしてお金を取り立てる方法で、「取立為替」とも呼ばれます。

売り手は「為替手形」という買い手に対する支払指示書を用いて、輸出地の銀行にお金の取り立てを依頼します。

輸出地の銀行は、為替手形を輸入地の銀行に送り、買い手からの取り立てを依頼します。

買い手からのお金の取り立てが完了後、銀行間の決済が行われ、輸出地の銀行は売り手にお金を支払います。

貿易取引では、為替手形に船積書類をセットにした「荷為替手形」が広く使われています。

✪カミの流れ

書類は、基本的に売り手から買い手に流れます。書類は、モノやカネの流れの各段階で、用途に応じて作成されます。

主な書類としては、売り手から買い手に対する代金請求や船積みの詳細を記載したインボイス、船積みの証拠書類である船荷証券が挙げられます。

これらの書類は、売り手から買い手に直接送られたり、銀行を経由して送られます。

○書類の機能

貿易手続きの多くは、書面によって行われます。その目的は、権利や指示、許認可、証明、確認、通知、保証などさまざまです。

たとえば、契約どおりの商品を売り手が船積みしたことを証明する一群の書類は、「船積書類」と呼ばれます。

船積書類の中核をなす「船荷《ふなに》証券」は、船積みされた貨物の引渡

カネとカミの流れ

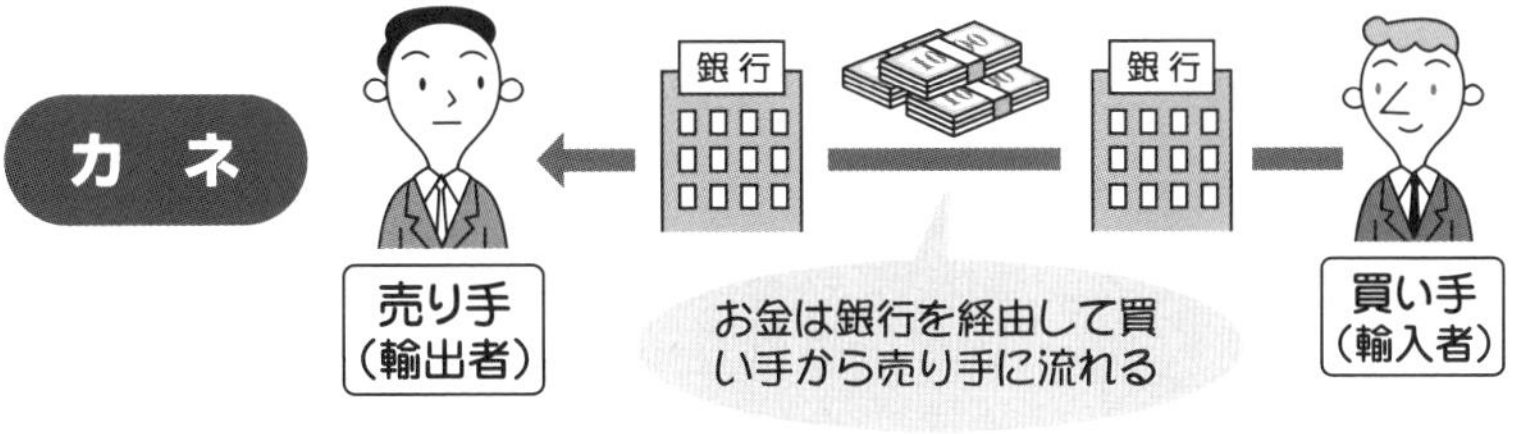

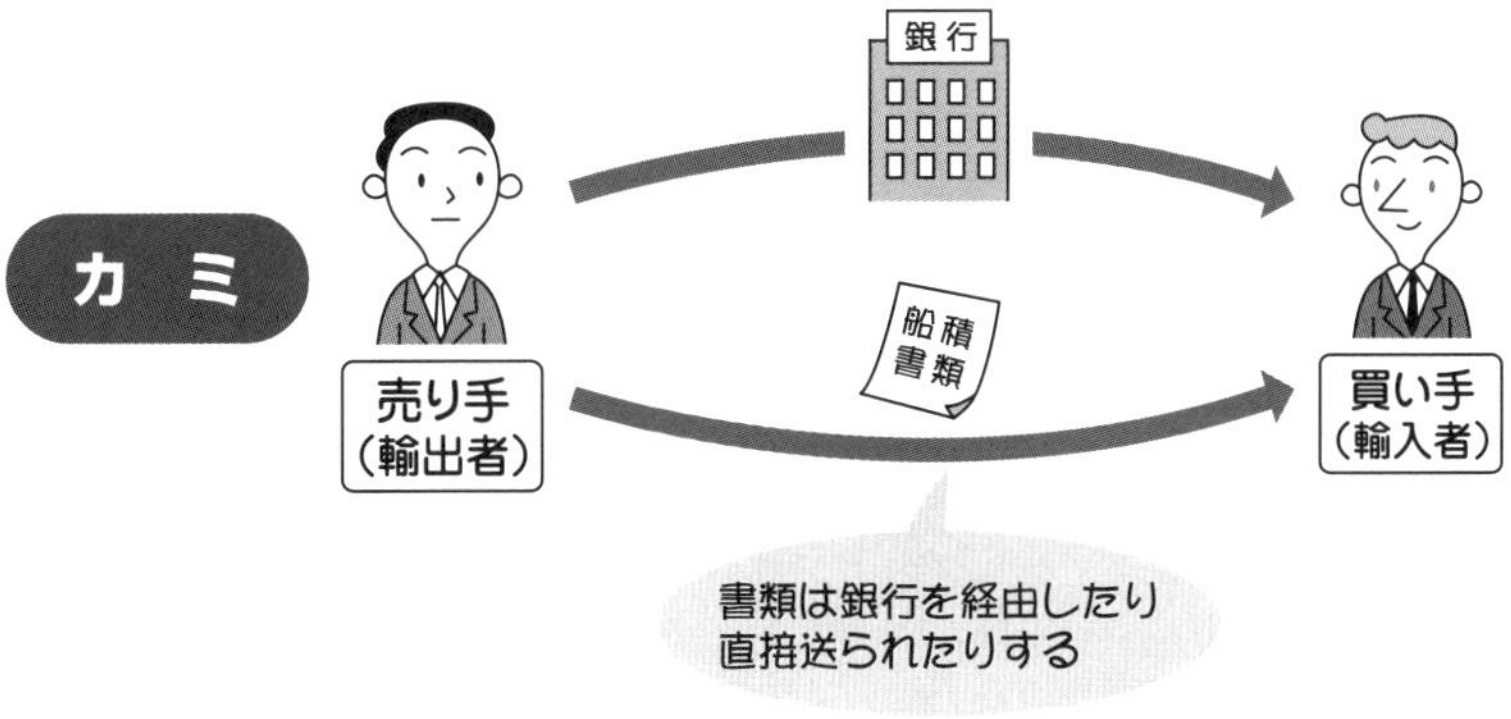

請求権を持つ有価証券なので、所有権を売り手から買い手に移転させることに使われます。

◯船積書類の機能

船積書類は売り手から買い手に、直接または銀行を経由して送られます。

銀行経由の場合は、荷為替手形の一部として送られ、買い手は銀行と手形決済を行うことと交換に船積書類を入手し、貨物を引き取ります。

このように、船積書類は代金決済の道具として、貨物の代わりに流通する機能を持っています。

5 貿易取引の当事者

➡ 貿易取引の契約上の当事者は、輸出者である売り手と、輸入者である買い手です。

✪ 貿易取引の当事者とは

貿易取引の当事者は、モノを販売する売り手と、モノを購入する買い手です。

貿易ノウハウの豊富な商社が当事者となって契約を行うのが主流ですが、現在では生産者や製造者が直接海外の取引先と売買契約を結ぶケースも多く見られます。

輸送業者から見れば、輸出地で貨物の船積みを行う売り手企業のことを「荷主（シッパー）」と呼びます。

一方、仕向地《しむけち》で貨物を引き取る買い手企業を「受荷主（コンサイニー）」と呼びます。

一般に、売り手は売主＝荷主＝輸出者であり、買い手は買主＝受荷主＝輸入者になります。

✪ 契約上の本人と代理人とは

契約上の「本人」とは、貿易取引の契約の義務と責任を担う契約当事者を指し、売買から得る利益や損失は本人に帰属します。つまり、貿易取引の売り手と買い手が本人です。

契約上の「代理人」とは、本人の委託を受けて販売行為を行う代理店などの企業のことです。代理人は、売買のリスクは負わず、本人からの委託料を収入にします。

貿易取引を進めるうえでは、契約を結ぶ当事者がだれであるか、すなわちだれが契約上の義務と責任を担っているのかを確認することが重要です。

貿易取引の当事者

直接貿易

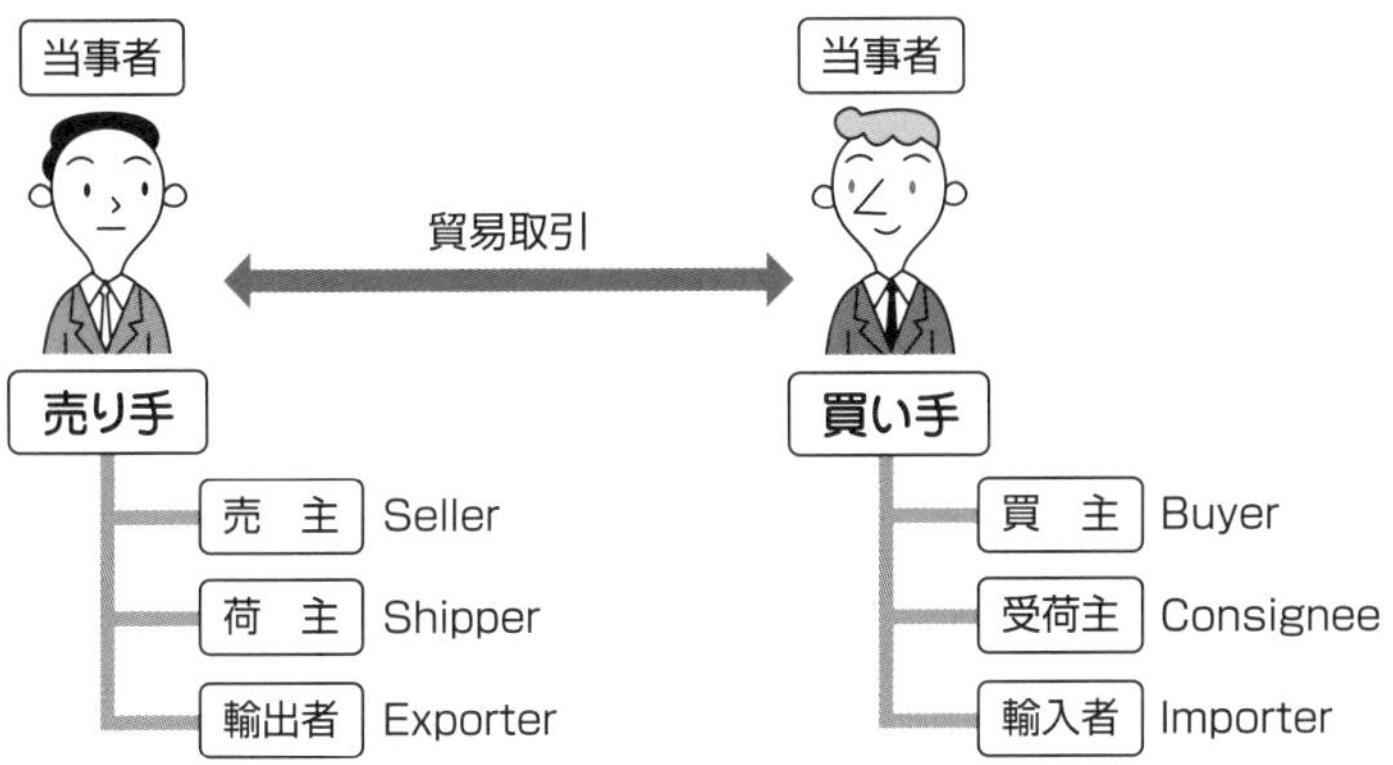

間接貿易

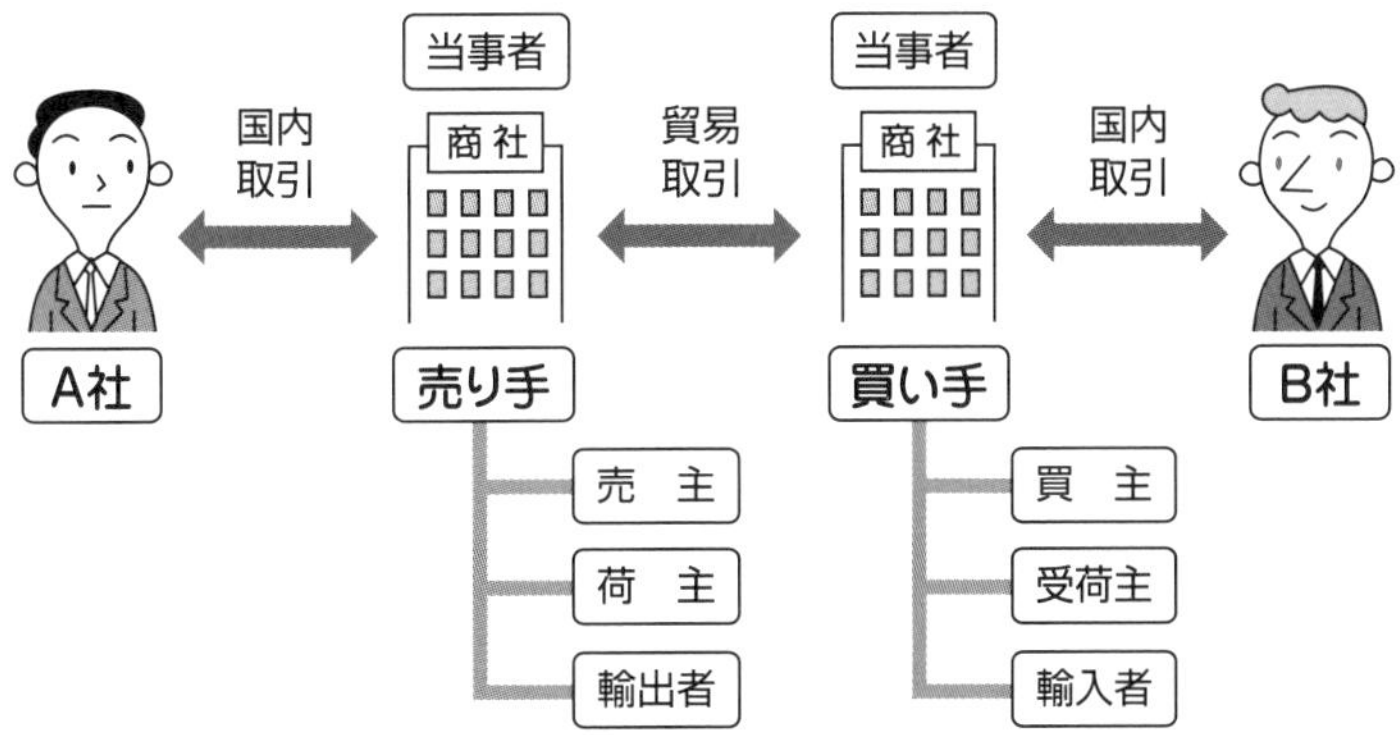

6 輸送の当事者

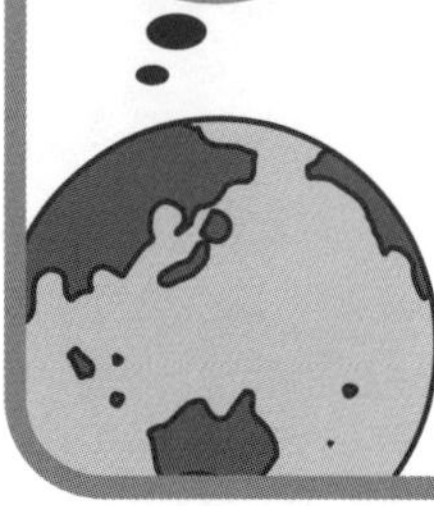

➡輸送では、海上輸送、航空輸送、陸上輸送など輸送手段ごとに業者がそれぞれ活躍しています。

☆輸送業者の種類

輸送業者には、海上輸送、航空輸送、陸上輸送を請け負う業者のほかに、輸送を一貫して請け負う「複合運送人」（➡P128）という業者があります。

☆海上輸送業者とは

海上輸送業者とは、自ら船を運航して輸送を引き受ける船会社のことです。

貿易輸送を行う船には、いろいろなタイプや大きさの船があるので、貨物の性状や取引量に合わせて目的に適した船を選びます。

○固体を運ぶ船の種類

・在来型貨物船
・バラ積貨物船
・コンテナ船
・RORO船（フェリーのようなランプウェー付きの貨物船で、ロールオン・ロールオフ船という）
・自動車専用船
・チップ専用船（パルプ原料の木材チップを輸送する大容積の船倉を持つ）

○液体を運ぶ船の種類

・原油タンカー
・LPGタンカー（液化石油ガス輸送の船）
・LNGタンカー（液化天然ガス輸送の船）など

☆航空輸送業者とは

航空輸送を請け負う業者には、航空会社のほかに、小口貨物を取

輸送の当事者

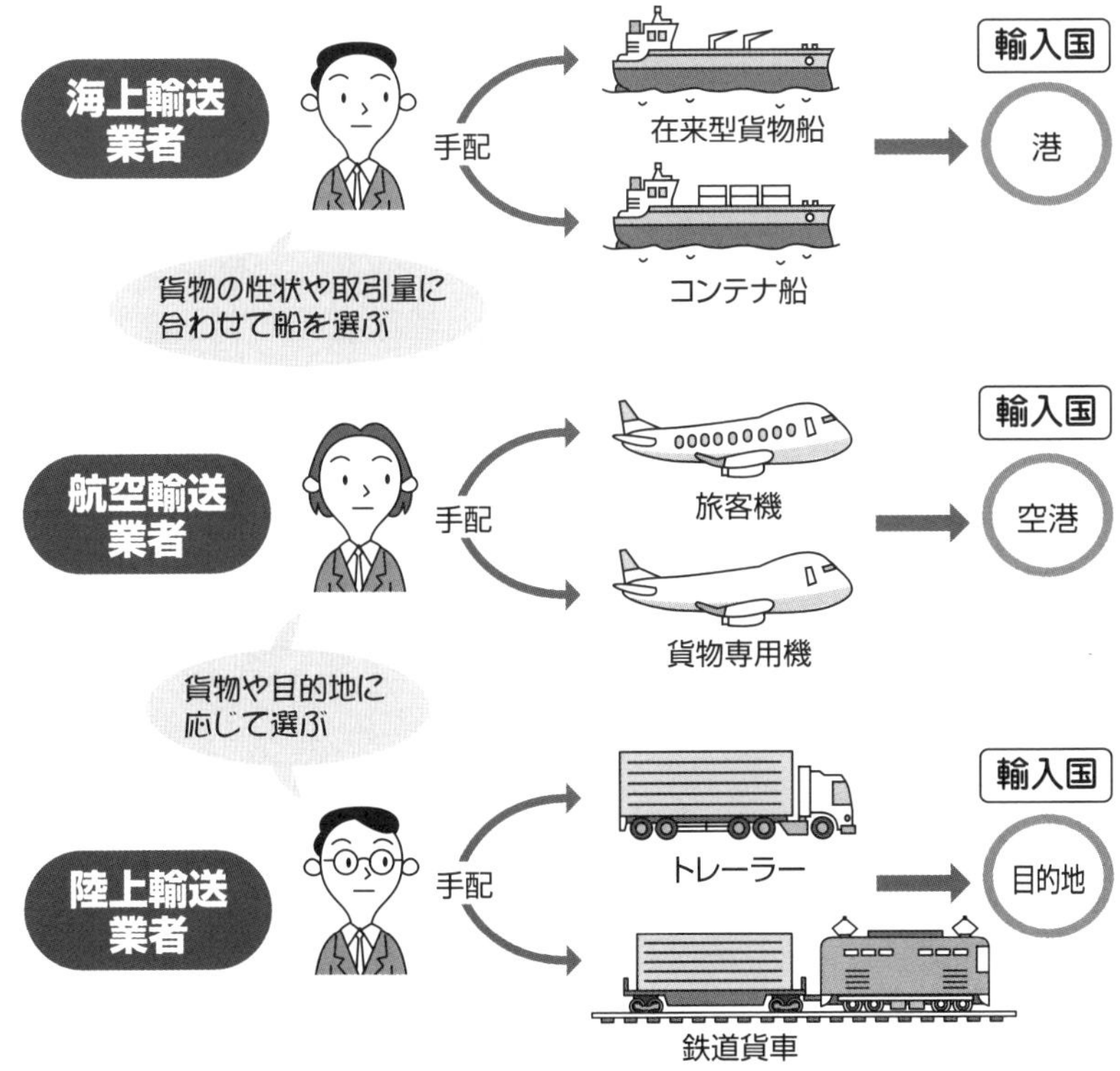

りまとめて輸送を引き受ける混載貨物事業者（フォワーダー）があります。使用される飛行機は次のとおりです。

・旅客機
・貨物専用機

✪陸上輸送業者とは

陸上輸送では、鉄道会社やトラック運送会社があります。

陸上輸送は貨車やトラックを利用して内陸の地点から地点への輸送を行います。

海上輸送や航空輸送との組み合わせで、倉庫や工場までの一貫輸送手段として用いられています。

・トレーラー
・トラック
・鉄道貨車　など

7 通関の当事者

➡ 通関では、税関をはじめ、通関業者や乙仲と呼ばれる海貨業者などがそれぞれ活躍しています。

✪ 税関の役割とは

税関の役割は、秩序ある貿易の管理です。

主な業務である輸出入貨物の通関にくわえて、輸入貨物の関税や消費税の徴収、保税地域の管理監督、密輸の取り締まり、貿易統計の作成などを行っています。

- **輸出入貨物の通関**
- **関税や消費税の徴収**
- **保税地域の管理監督**
- **密輸の取り締まり**
- **貿易統計の作成**　など

✪ 通関業者の役割とは

通関業者とは、輸出入貨物の税関への申告手続きを代行する企業で、通関業法にもとづいて所轄税関長の許可を取得しています。

輸出入申告は、輸出者あるいは輸入者自身が直接税関に行うことができますが、通常は通関業務に精通した通関士を抱えている通関業者に代行を依頼しています。

- **通関手続きの代行**　など

✪ 海貨業者の役割とは

港湾地区での荷役や輸送を引き受ける「海貨《かいか》業者（乙仲《おつなか》）」の多くは通関手続きの代行もしています。

通関を含めた港湾地区でのさまざまな仕事をまとめて依頼を受けているので、効率的に業務を進めることができます。

- **通関手続きの代行**
- **港湾地区での荷役や輸送**　など

通関の当事者

税　関
STOP
密輸品
海外
密輸の取り締まりや貨物の通関、関税の徴収など

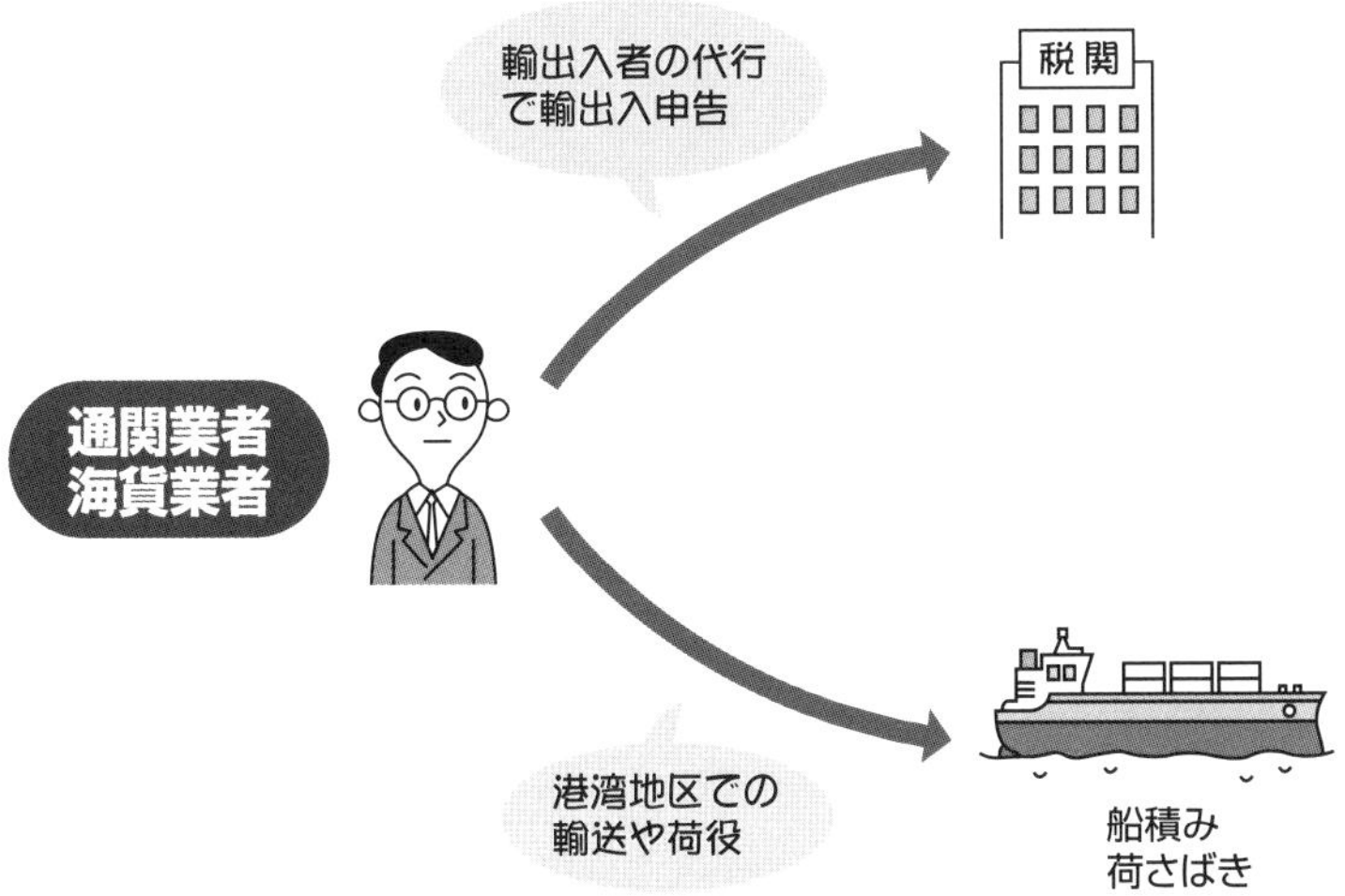
通関業者
海貨業者
輸出入者の代行で輸出入申告
税関
港湾地区での輸送や荷役
船積み
荷さばき

8 決済と保険の当事者

➡ 決済と保険には、銀行や保険会社がそれぞれの役割をもって、活躍しています。

✪ 銀行の役割とは

銀行は、お金の流れや調達を円滑に進める役割を担います。具体的には、商品代金の送金や取り立てといった決済業務や、商品代金の支払いを保証する信用状の発行などの業務を行っています。

輸出入の相手国に自行の海外支店がない場合は、決済業務や信用状の送付などの外国為替業務を相手国の銀行に委託します。

この契約を「コルレス契約」、相手先の銀行を「コルレス銀行」と呼びます。

- **代金の決済業務**
- **信用状の発行**
- **外国為替業務**　など

✪ 保険会社の役割とは

貨物の事故による損害や製品欠陥が原因の賠償責任に対する補償を目的に、損害保険会社などが保険を引き受けています。

貨物の保険には輸送中の事故によって商品が損傷を受けたときの損害を補てんする「貨物海上保険」、賠償責任の保険には製品の欠陥が原因の事故による訴訟損害を補てんする「ＰＬ保険（製造物賠償責任保険）」、お金の保険には買い手から代金決済が受けられなかった場合の損害を補てんする「貿易保険」などがあります。

- **貨物海上保険**
- **ＰＬ保険**
- **貿易保険**

決済と保険の当事者

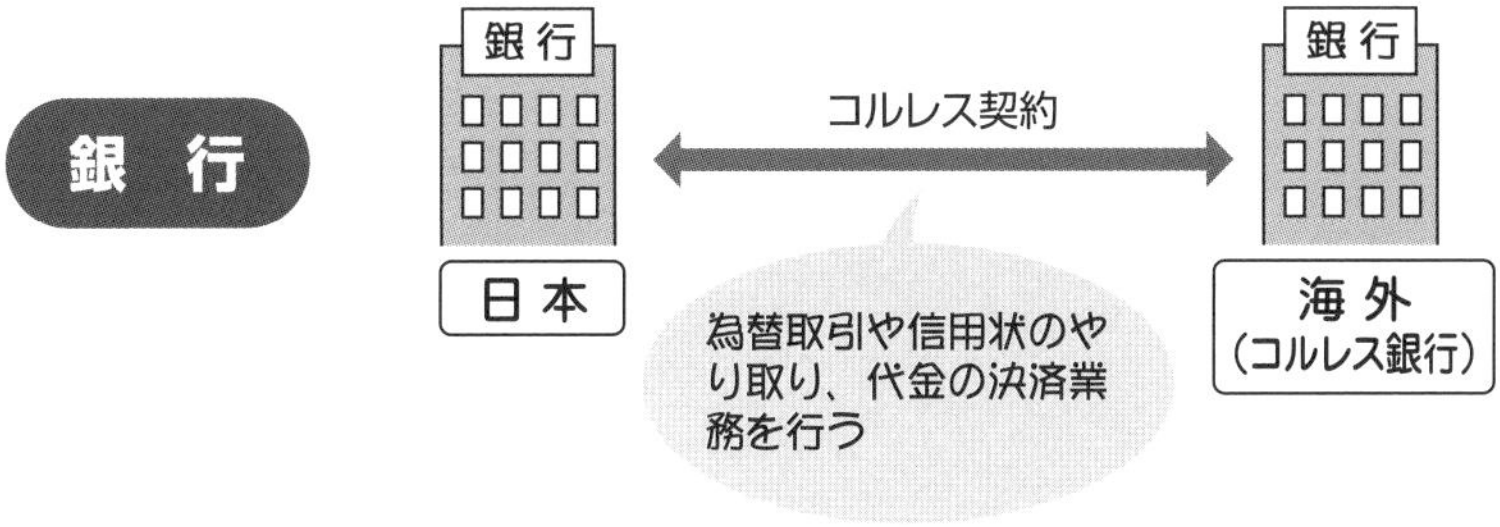
銀　行
銀行
コルレス契約
銀行
日本
海外
（コルレス銀行）
為替取引や信用状のやり取り、代金の決済業務を行う

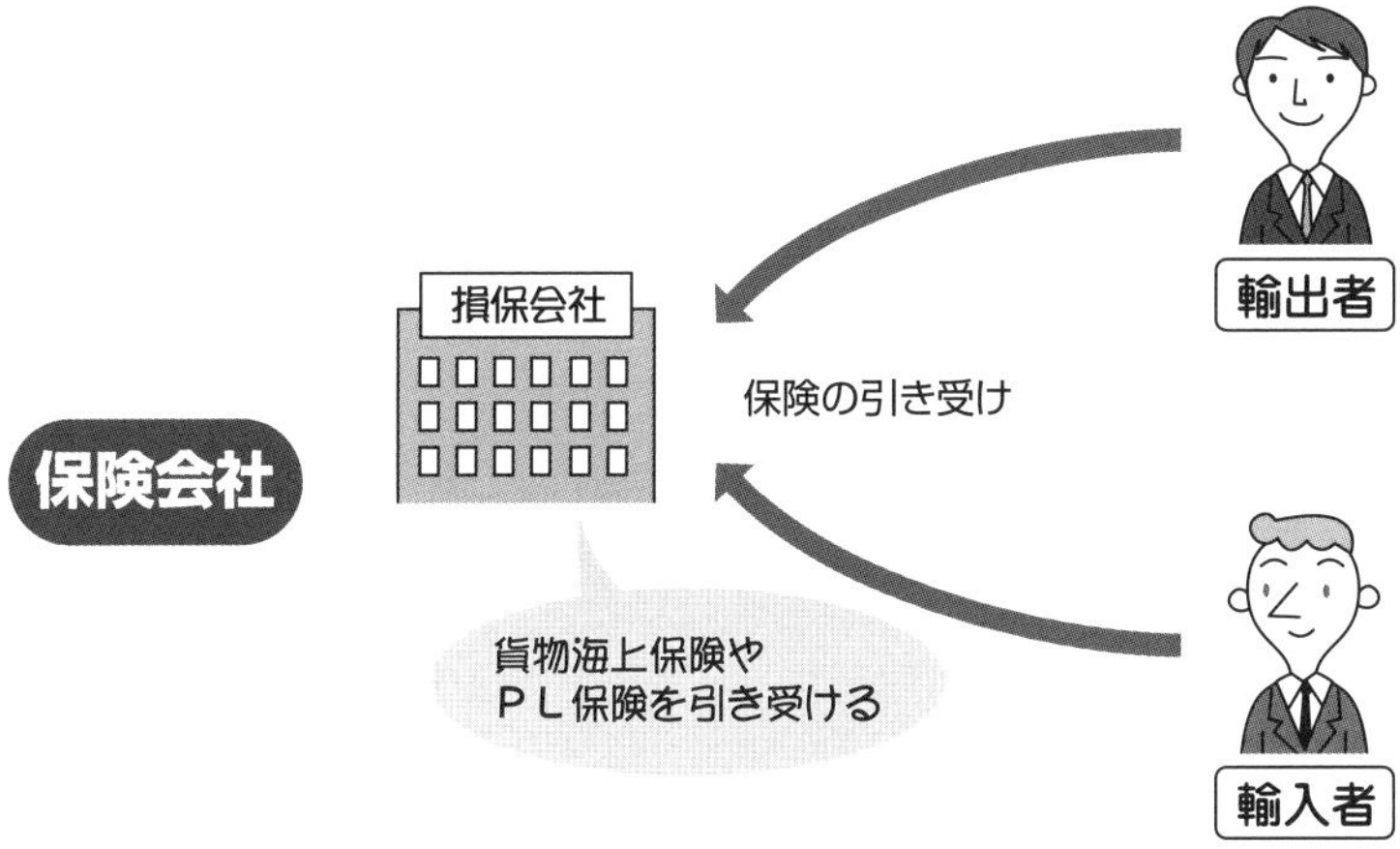
保険会社
損保会社
保険の引き受け
輸出者
輸入者
貨物海上保険やＰＬ保険を引き受ける

貿易実務用語① 貿易全般

日本語	英 語	略 称	参照ページ
貿易	Trade		14
輸出	Export		14
輸入	Import		14
相手先ブランド製造	Original Equipment Manufacturing	OEM	19
輸送	Transportation		20
海上輸送	Marine Transportation		20
船	Ship/Vessel		20
コンテナ船	Container Ship		20
タンカー	Tanker		20
航空輸送	Air Transportation		20
飛行機	Airplane		20
陸上輸送	Land Transportation		21
貨車	Freight Car/Rail Wagon		21
輸出者	Exporter		24
売り手	Seller		24
荷主	Shipper		24
輸入者	Importer		24
買い手	Buyer		24
受荷主	Consignee		24
ワシントン条約	Convention on International Trade in Endangered Species of Wild Fauna and Flora	CITES	40
バーゼル条約	Basel Convention		40
モントリオール議定書	Montreal Protocol		40
ワッセナー・アレンジメント	Wassenaar Arrangement		40
国際商業会議所	International Chamber of Commerce	ICC	50

CHAPTER 2

第2章

取引条件のしくみ

1 貿易マーケティングとは

➡ 輸入の場合は国内の市場、輸出の場合は相手国の市場などを調査するマーケティング活動です。

✪輸出入マーケティング

貿易取引の際に、商品を販売する市場調査などを行うことを貿易マーケティングといいます。輸入の際に国内市場の調査を行うのが「輸入マーケティング」、輸出の際に相手国の市場調査などを行うのが「輸出マーケティング」です。

輸入マーケティングで調査する主な項目は、法規制、国内市場の規模、消費者動向、競合製品などで、それらを調査した後に輸入品の流通経路や価格設定をします。

輸出マーケティングでは、相手国の風土や気候、政治や法制度、経済や金融制度、流通や通信などの基本情報にくわえ、その国全体や地域の市場規模、輸出商品の競合品、販売ルートなど、商品販売の戦略を考えるための情報を幅広く集めて価格などを設定します。

✪マーケティングの4P

マーケティングを行う際の重要な4つの要素として、製品、価格、販売促進、流通が挙げられます。

・**製品（Product）**
どの商品を輸出入するか

・**価格（Price）**
商品の価格をいくらにするか

・**販売促進（Promotion）**
どのような販促を展開するか

・**流通（Place）**
どの流通経路で販売するか

この4つのPを組み合わせて販売戦略を練る手法を「マーケティングミックス」と呼んでいます。

貿易マーケティング

輸入マーケティング

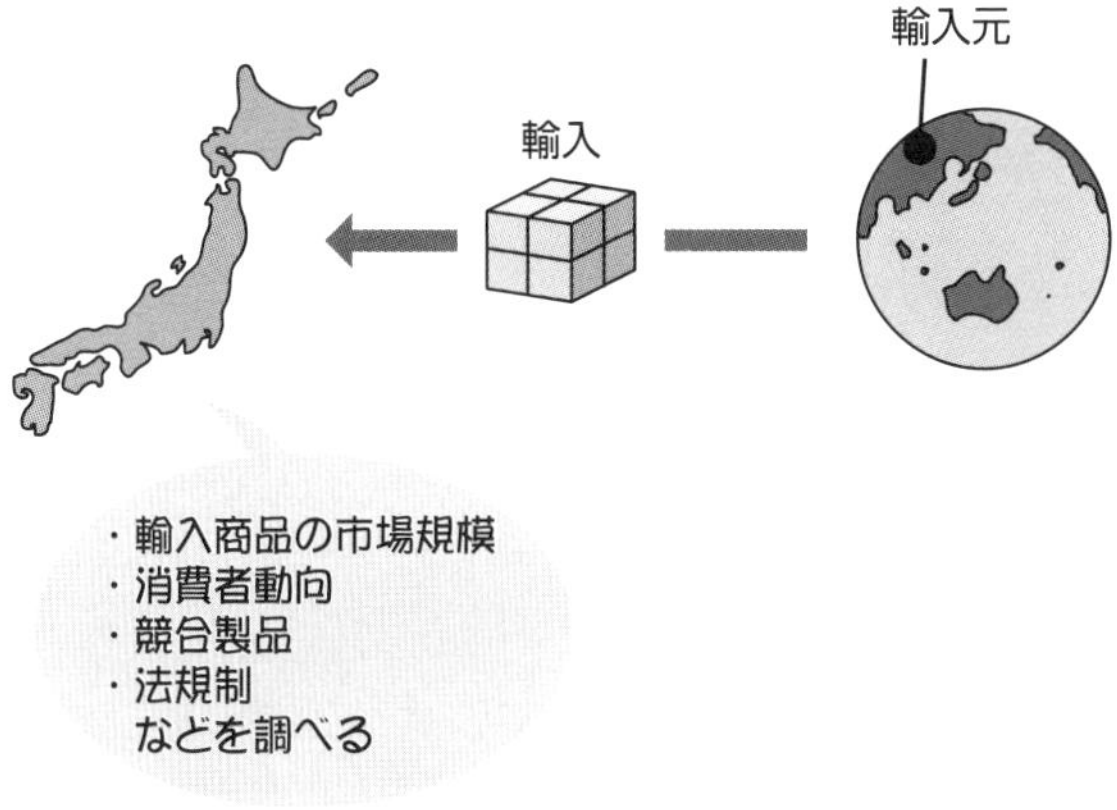

輸出マーケティング

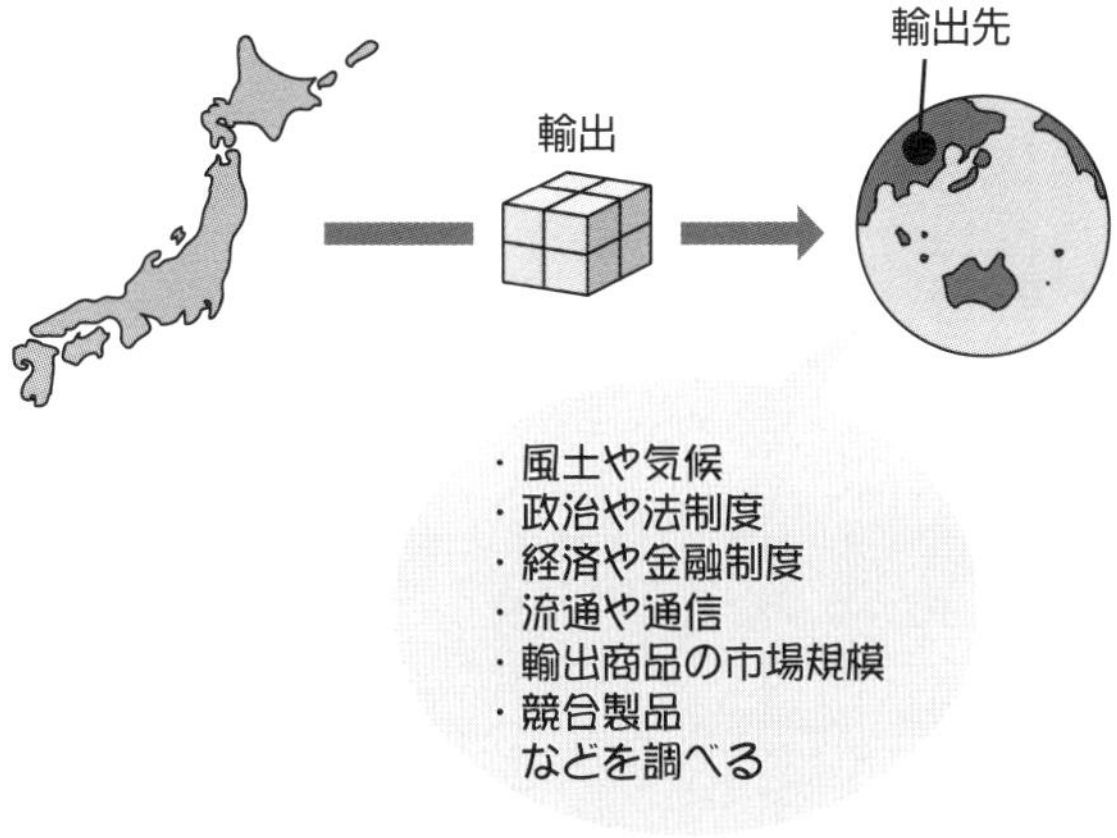

2 取引先を探す方法

➡取引先を探すには、公的機関へ問い合わせたり、展示会へ参加するなどさまざまな方法があります。

✪取引先の探し方

貿易取引の相手探しには、さまざまな方法があります。たとえば一般的な取引相手を探す手段としては、次のようなものがあります。

○取引関係業者の紹介

すでに貿易取引を行っているのであれば、相手国の取引先や国内の同業者、または知人に取引相手を紹介してもらうことができます。

○公的機関への問い合わせ

ジェトロ（日本貿易振興機構）や、大使館などの在日外国機関に問い合わせることができます。

○雑誌やインターネット情報

特定商品の業界紙や専門誌を利用したり、インターネットの検索で取引相手を探すこともできます。最近では、インターネットのマッチングサイトが充実してきています。たとえばジェトロでは、TTPP（トレード・タイアップ・プロモーション・プログラム）という国際的なビジネスパートナー探しを支援するサービスを提供しています。

○国際見本市や展示会への参加

各業界で実施されている国際見本市や展示会は、多くの売り手と買い手が一堂に会するので、取引先探しや商品情報の収集に有効な場となっています。

売り手企業は、ブースを構えて自社製品のサンプルを展示して紹介します。ブースの一角に商談コーナーを設置して展示会の場で商談を成立させる場合もあります。

取引先を探す方法

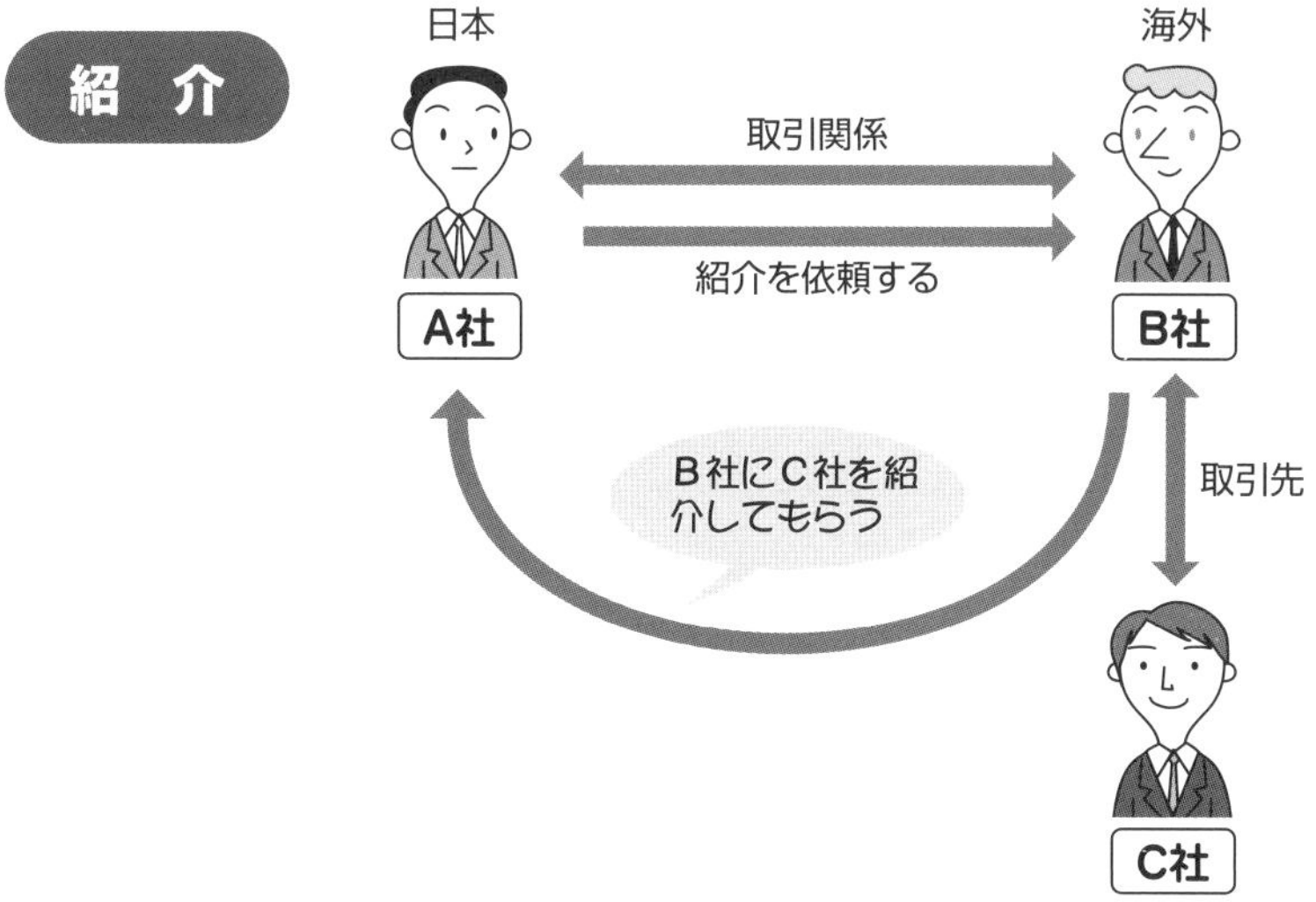
紹　介
日本
海外
取引関係
紹介を依頼する
A社
B社
B社にC社を紹介してもらう
取引先
C社

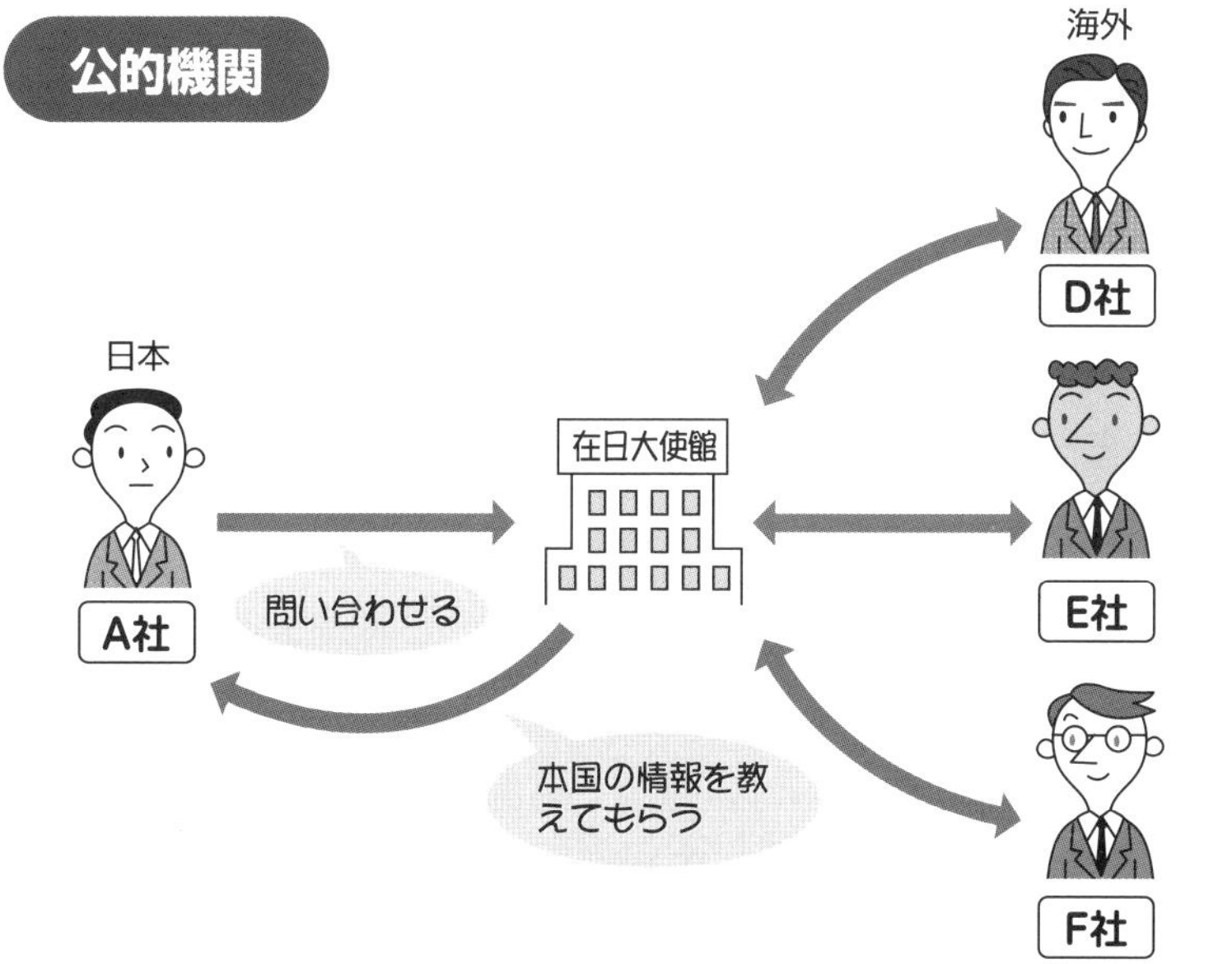
公的機関
海外
D社
日本
在日大使館
A社
問い合わせる
E社
本国の情報を教えてもらう
F社

3 信用調査とは

➡取引候補先を選定したら、その会社の信用度を調査する必要があります。

✪信用調査の方法

信用調査には、大きく分けて次の3つの方法があります。

○業界情報

候補先企業と取引のある会社やその業界をよく知る業界人から、調査相手のビジネス上のマナーや業界内での評判などの情報を得て調査する方法です。

○銀行情報

候補先企業の取引銀行や国内の取引銀行から、相手先の財務内容や支払状況などの情報を得て調査する方法です。

○信用調査機関情報

専門の調査機関に信用調査を依頼する方法です。料金はかかりますが、客観的な評価を短時間で得ることができます。

ダンレポートの名で知られる米国のダン・ブラッドストリート社や帝国データバンクなどの調査機関がサービスを提供しています。

✪信用調査の内容

信用調査では、主として次の3つの項目を調べます。

○性格（Character）

相手先の評判や信頼性などを調べて、ビジネスに対する誠実さを調査する重要な項目です。

○能力（Capacity）

技術力や営業力、取引量など、相手先の取引能力を調べます。

○資産（Capital）

資本や支払能力など、相手先の財務状況を調べます。

信用調査

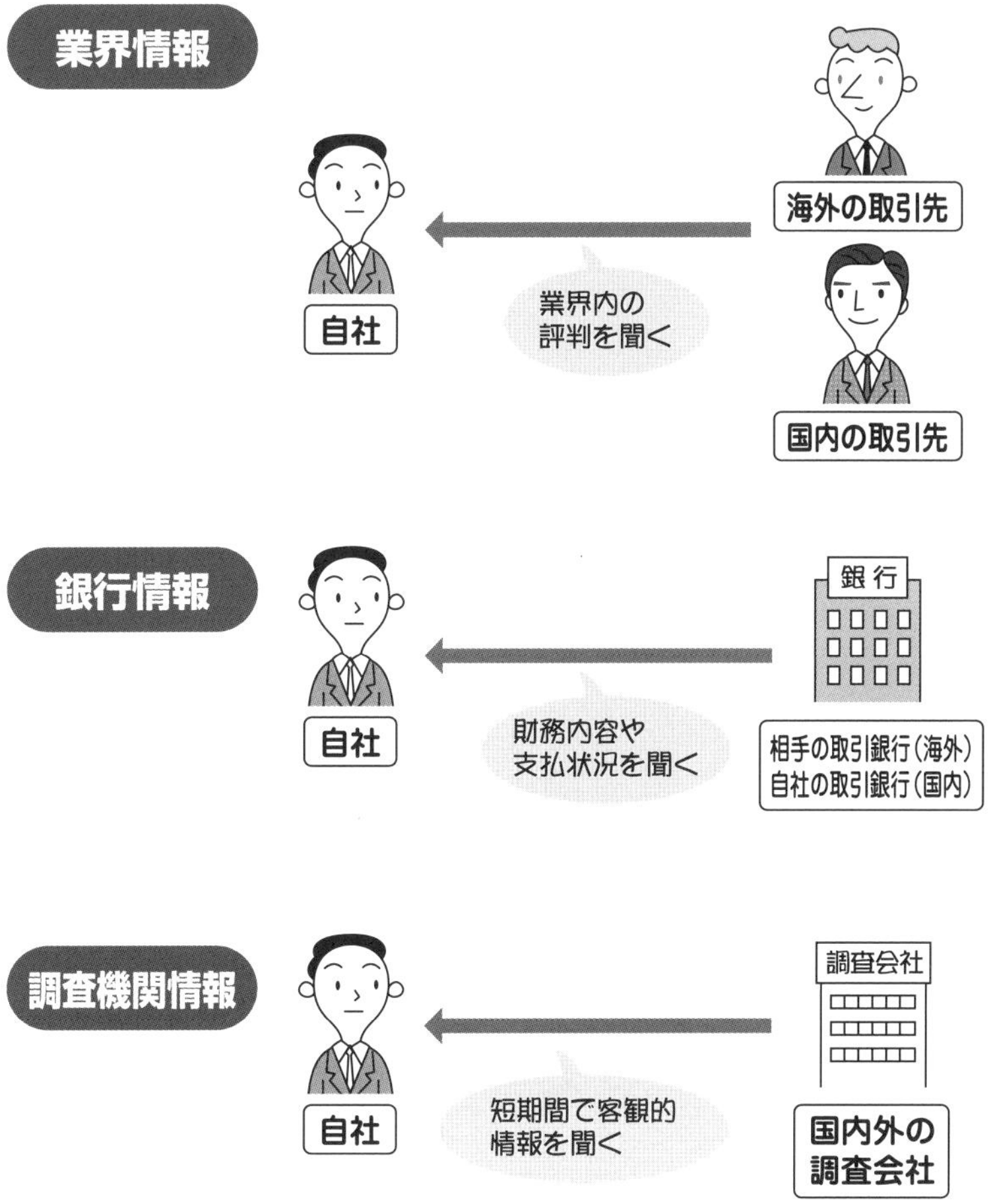

◎調査項目

・業種
・役員名
・設立時期
・資産
・従業員数
・会社の沿革
・財務内容
・事業内容
・支払状況
・取引銀行
など

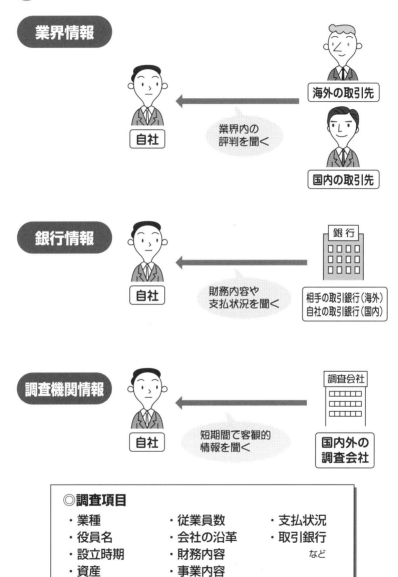

4 法規制の調査とは

➡ 貿易取引では、輸出入貨物が法律上の規制を受けるかどうかを調べなければなりません。

☆国際条約や協定による規制

トラブルなく貿易取引を行うための取り組みとして、多くの国際条約や協定が結ばれています。

○ワシントン条約

絶滅危機にある野生動植物とその加工製品の貿易を規制する条約です。

○バーゼル条約

一定の有害廃棄物の貿易を規制する条約です。

○モントリオール議定書

オゾン層破壊物質の製造・消費と貿易を規制する取り決めです。

○ワッセナー・アレンジメント

大量破壊兵器や通常兵器の開発に用いられる汎用品の貿易を規制する協定です。

☆国内法規による規制

貿易を管理するための法律は、各国がそれぞれ国内法として定めています。

日本の場合は、「外国為替及び外国貿易法（外為法）」が貿易管理の基本法で、関税法や輸出入関連の法律が各分野を補完しています。

○輸出規制の概要

輸出貿易管理令と外国為替令によって定められている規制です。

・リスト規制

・キャッチオール規制

○輸入規制の概要

輸入貿易管理令によって定められている規制です。

主な国際条約や協定

ワシントン条約

カリフォルニアラッコ

絶滅危機にある野生動植物の貿易を規制

バーゼル条約

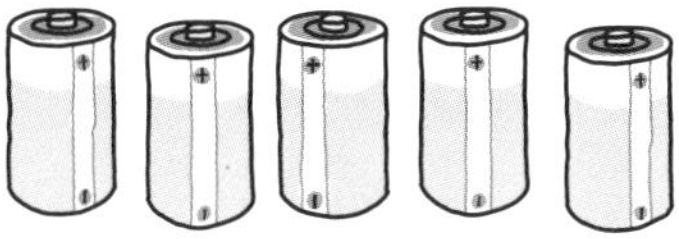
使用済カドミウム電池

特定の有害廃棄物の貿易を規制

モントリオール議定書

クロロフルオロカーボン

オゾン層破壊物質の生産・消費と貿易を規制

ワッセナー・アレンジメント

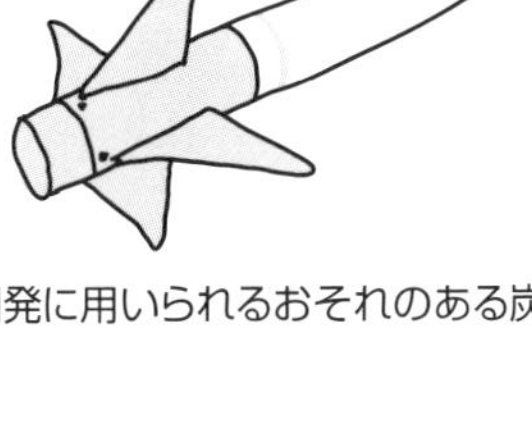
ミサイル開発に用いられるおそれのある炭素繊維

大量破壊兵器や通常兵器の開発に用いられるおそれのある汎用品の貿易を規制

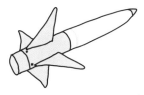

5 取引成立までの流れ

➡ 貿易取引の交渉は、引き合いから始まり、取引交渉、契約締結の順で進みます。

✪ 引き合い

　取引候補先が見つかったら、自社が売買したい商品や取引条件を相手に伝えて交渉への誘いをかけていきます。これを「引き合い」と呼びます。

　こちらの引き合いに相手先が興味を持てば、契約に向けて具体的な商品の数量や価格などの交渉段階へと移行していきます。

✪ 取引交渉

　引き合いを経て交渉相手の絞り込みができれば、売買契約の交渉を始めます。

　取引交渉は、売り手と買い手のどちらかがオファーを出すことから始まります。オファーとは、「この条件で売る」あるいは「この条件で買う」という意思を、相手に確約する条件提示のことです。

　オファーには、契約の主要事項である「商品の明細」「品質」「数量」「価格」「引渡場所」「納期」「代金支払条件」などを記載します。

　相手が出してきたオファーをそのまま承諾すれば、契約は成立します。

　相手からのオファーで決まらない場合は、取引条件を変更したカウンターオファーを提示します。これを何度か繰り返し、最新のカウンターオファーを受け取った側が承諾する返事を期限内にすれば、契約が成立することになります。

　オファーの伝え方には、電話、

取引成立までの流れ

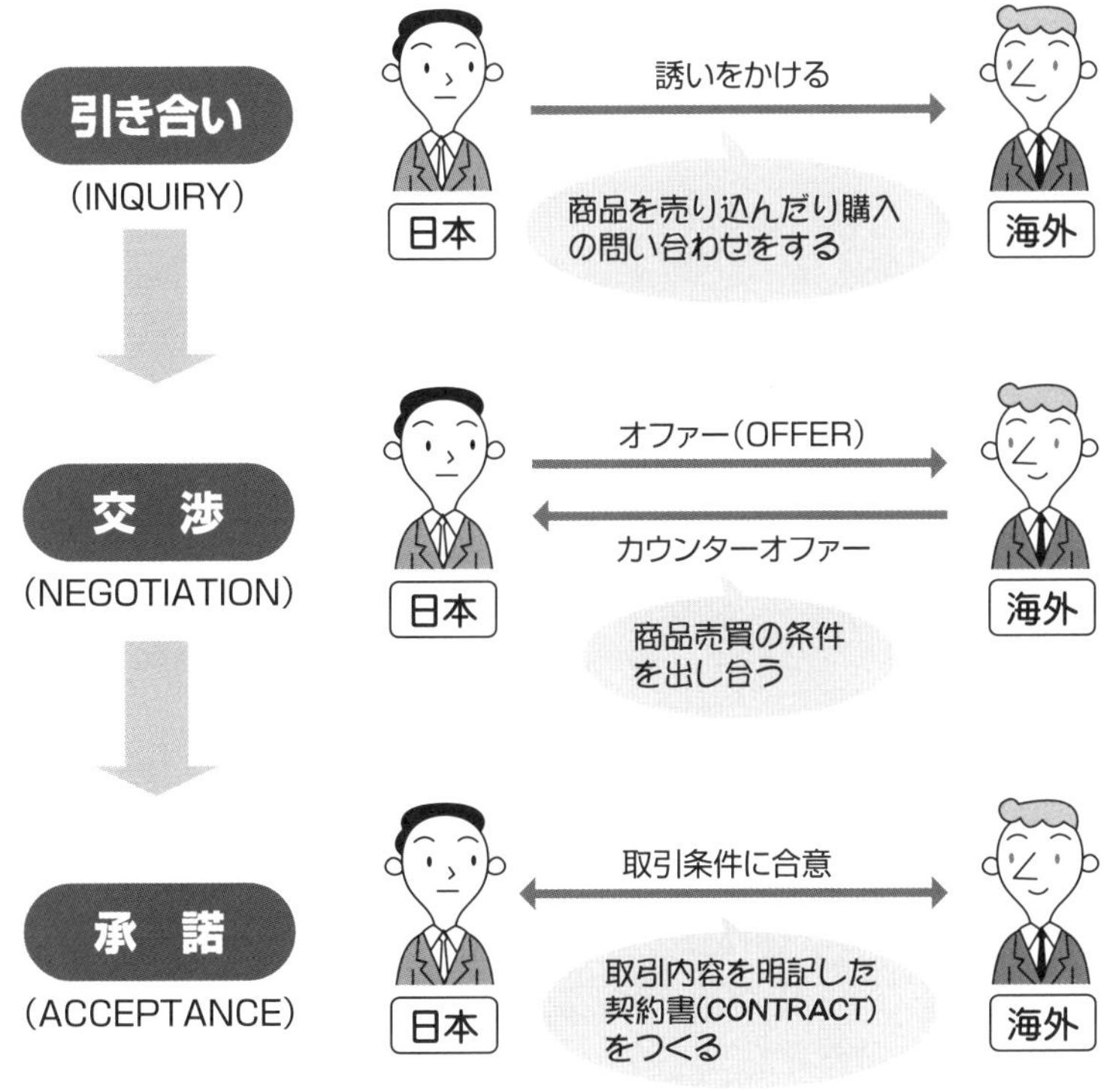

ファクシミリ、レター、Eメールなどがありますが、どのような手段で伝えても有効です。

ただし、電話など口頭でオファーの内容を伝えた場合は、その内容を記録した書面を残しておかなければなりません。後で起こるかもしれないトラブルを、未前に回避するためです。

条件の承諾と契約書

取引条件を承諾すれば、オファーやカウンターオファーで合意した取引内容を明記して契約書をつくります。

契約書の作成では、オファーやカウンターオファーに盛り込まれていない条件についても検討し、合意事項を明記します。

6 オファーの種類

➡オファーには、ファームオファー、条件付オファー、カウンターオファーなどがあります。

ファームオファーとは

ファームオファーとは、記載した内容で相手に売買の意思を確約するオファーのことです。そのため、ファームオファーを受け取った相手が期限内に承諾すれば、契約は成立します。

オファーはとくに何も明記されていなくても、ファームオファーとして扱われます。しかし、何の前提条件も付いていないことを明確にして、相手に念を押す意味で、あえてファームオファーと一般的に呼ばれています。

条件付オファーとは

条件付オファーとは、「先売り御免」など何らかの前提条件が付いているオファーのことです。したがって、条件付オファーは承諾されただけでは、契約は成立しません。前提条件が満たされてはじめて、契約は成立することになります。

たとえば、「先売り御免」という条件が付いたオファーを受け取った買い手が、そのオファーを承諾したとしても、その商品がほかに売れてしまえば、契約は成立しません。

この場合、オファーに付帯した条件＝「先売り御免」が競合他社によって先行されたため、契約は不成立となるのです。

つまり、条件付オファーは提示内容を確約するものではないことに注意する必要があります。

オファーの種類

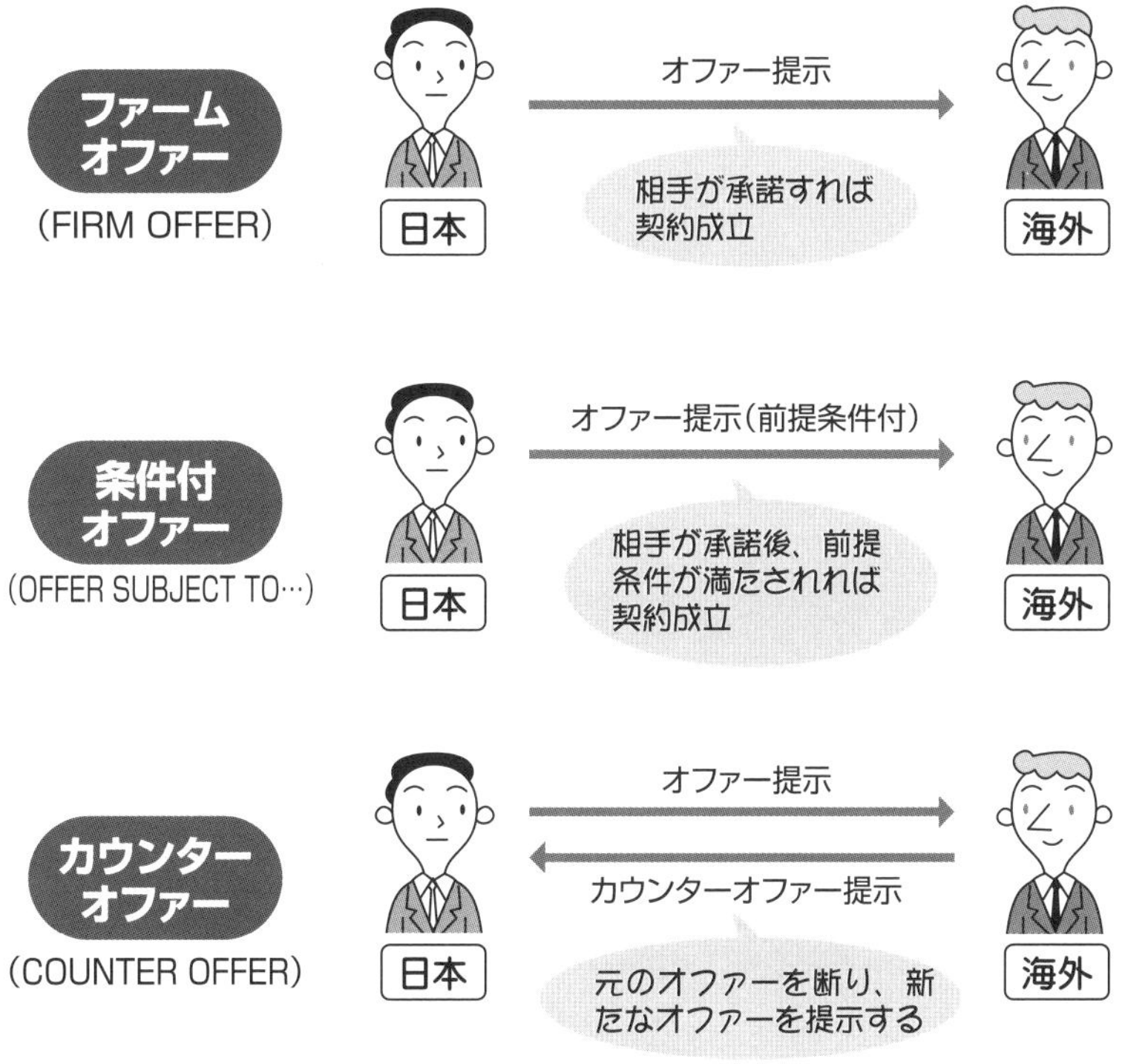

カウンターオファーとは

オファーを受け取った側がその内容を承諾しない場合は、そのオファーを断って交渉を打ち切るか、逆に自分の望む取引条件を相手に回答する方法があります。

このように、回答を確約の意思表示として相手に返す行為を、カウンターオファーと呼びます。カウンターオファーは、元のオファーを断った後に新たなファームオファーを提示するものなので、カウンターオファーを返した時点で元のオファーは無効となります。

通常の取引交渉では、カウンターオファーの応酬が繰り返された後に条件の承諾に至り、契約成立となります。

7 契約書の内容とは

➡ 貿易取引では、契約成立の証として売買契約書を交わしますが、注文書や注文請書も代用されます。

✪ 書式の内容と記載事項

売買契約が成立した証として、合意した事項を確認するために売買契約書を交わします。契約書は、国際商業会議所などの機関が提供しているフォームを利用すると、比較的簡単に作成できます。

また、「注文書（買約書）」や「注文請書（売約書）」などの自社の書式を用いて売買契約の確認を行うことも、一般的に行われています。どちらも、主要な記載内容に大きな違いはありません。

契約書の表面には商品明細、支払条件、船積条件、取引条件など取引の合意事項が、裏面には売り手と買い手の責任範囲、クレーム条項、不可抗力条項などの一般取引条項が記載されています。

契約書の作成は、取引交渉で合意した主要事項を表面にタイプし、裏面も含めて詳細を点検し、修正を必要とする点があればタイプや手書きで加えます。

すべての項目で合意に達すれば、売り手と買い手双方が契約書にサインし、契約書の作成は完了します。

記載事項は、後から記入した事項である「手書き」「タイプ」「印刷」の順で優先されます。

○表面の主要事項

①売り手（輸出者）
②代金決済条件
③船積条件
④商品明細
⑤買い手のサイン

注文書例

XYZ Company（買い手のレターヘッド）

PURCHASE ORDER（注文書）

DATE : March 1, 20XX

MESSERS: ABC Company（①売り手）

We place order as follows;

Payment terms: L/C at sight（②代金決済条件）

Shipment: By May 31, 20XX from Japanese Port by container
（③船積条件）

Description of goods（品名）	Quantity（数量）	Unit Price（単価）	Amount（金額）	Remarks（摘要）
Steel Sheet X-YYY TYPE	800 Sheets	CIP Long Beach US$20.00 Per Sheet	US$16,000.00	
（④品名、数量、金額などの商品明細）				
Total Amount			US$16,000.00	

備考　Others as per your estimation sheet No.xxxxxx dated ○○ ××.
（その他条件は、○○月 ×× 日付け貴社見積書（番号 xxxxxx）どおり）

XYZ Company
（⑤買い手のサイン）

8 取引条件とは

➡ 商品の取引価格は、売買価格のほかに輸送や保険、通関の負担があるため、取引条件によって異なります。

✪ 売買価格

貿易取引での商品の売買価格は、売り手または買い手の国の通貨か、米ドルなど国際的に流通している通貨で決められます。

売買価格は、「商品1個当たりの価格」を表示する場合と、「重さ」「容積」「長さ」などの計量単位を使って表示される場合があります。

現在、多くの国で計量単位にメートル法が採用されていますが、米国などの一部の国では昔からの単位も並行して使用されているので注意が必要です。

たとえば重さを表すトンは、メートル法と米国の旧計量単位では違いがあり、メートル法のトンをメトリックトン、米国の旧計量単位のトンをショートトンと呼んで区別しています。

✪ 取引条件にかかわる費用

貿易取引は輸送距離が長いので、商品が輸出国の生産地から輸入国の最終仕《し》向《むけ》地《ち》まで移動する間に、さまざまな費用が発生します。

主な費用としては、次のようなものがあります

- ・輸出国での生産地から港までの国内輸送費
- ・輸出通関費用
- ・輸入国への海上（航空）輸送費
- ・貨物保険料
- ・輸入国での輸入通関費用
- ・輸入関税
- ・最終仕向地への国内輸送費

取引条件にかかわる費用

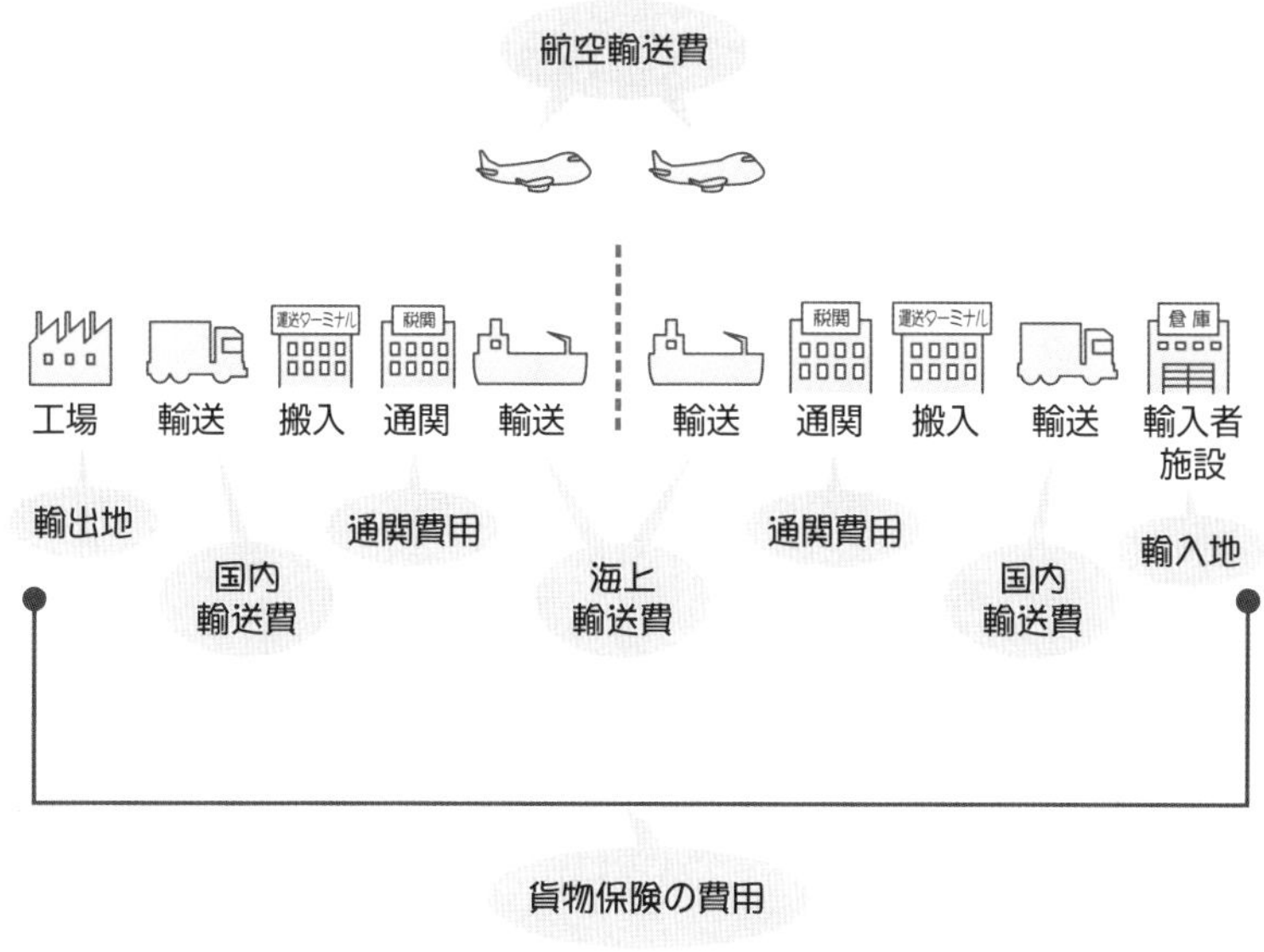

これらの費用の負担についても、取引条件で定めておく必要があります。

取引条件の確認

商品の取引価格は取引の条件によって変わります。つまり、商品の売買価格のほかに、輸送や保険、通関費用などの負担が取引条件で異なるからです。

　主な取引条件には、次のようなものがあります。

・商品の引渡場所（危険と費用の負担の分岐点）
・商品の引渡時期
・品質や数量の決定方法と時期
・商品代金支払方法と時期
・輸送や保険、通関費用の分担

9 インコタームズとは（INCOTERMS®2020）

➡ 貿易取引で取引条件を取り決める際に利用されるのが、インコタームズと呼ばれる国際規則です。

☆インコタームズ

貿易取引の価格交渉は、一般的にはインコタームズと呼ばれる国際商業会議所（ＩＣＣ）が策定した貿易取引規則のもと行われます。

インコタームズは、貿易取引条件をまとめたもので、売り手と買い手の間で輸送中の貨物のリスクが移る「危険移転の分岐点」と、商品代金に付随する輸送、貨物保険、通関などの「費用の分担」等を取り決めています。

☆2020年版インコタームズ

2020年版インコタームズ（2020年1月1日発効）では、2つのグループに分けた11種類の規則が規定されています。

①全輸送手段に適した規則

陸・海・空すべての輸送モードに適応した、7種類の規則です。

コンテナ船輸送、海上輸送、航空輸送、陸上輸送と複数の輸送手段を組み合わせた複合一貫輸送など、全輸送モードに使用できます。

危険や費用の分岐点は、「売り手の施設や指定場所」と「運送人への引渡場所」、輸入国側の「仕向地」を指定する規則です。

②船舶輸送にのみ適した規則

海上と河川などの内陸水路を航行する船舶輸送にのみ適応した、4種類の規則です。

危険の分岐点は、「船積港」（輸出国側）とし、費用の分岐点は「船積港」や「仕向港」（輸入国側）を指定する規則です。

2020年版インコタームズ

●すべての輸送手段に適した規則
（原文では、「Rules for any mode or modes of transport」いかなる単一または複数の運送手段にも適した規則）

インコタームズ貿易規則	英文での呼称（和文での呼称）	使用方法
EXW	EX WORKS（工場渡し）	EXW（insert named place of delivery）（指定引渡地を挿入）
FCA	FREE CARRIER（運送人渡し）	FCA（insert named place of delivery）（指定引渡地を挿入）
CPT	CARRIAGE PAID TO（輸送費込み）	CPT（insert named place of destination）（指定仕向地を挿入）
CIP	CARRIAGE AND INSURANCE PAID TO（輸送費保険料込み）	CIP（insert named place of destination）（指定仕向地を挿入）
DAP	DELIVERED AT PLACE（仕向地持込渡し）	DAP（insert named place of destination）（指定仕向地を挿入）
DPU	DELIVERED AT PLACE UNLOADED（荷卸込持込渡し）	DPU（insert named place of destination）（指定仕向地を挿入）
DDP	DELIVERED DUTY PAID（関税込持込渡し）	DDP（insert named place of destination）（指定仕向地を挿入）

●船舶輸送にのみ適した規則
（原文では「Rules for sea and inland waterway transport」海上および内陸水路運送のための規則）

インコタームズ貿易規則	英文での呼称（和文での呼称）	使用方法（使用例）
FAS	FREE ALONGSIDE SHIP（船側渡し）	FAS（insert named port of shipment）（指定船積港を挿入）
FOB	FREE ON BOARD（本船渡し）	FOB（insert named port of shipment）（指定船積港を挿入）
CFR	COST AND FREIGHT（運賃込み）	CFR（insert named port of destination）（指定仕向港を挿入）
CIF	COST, INSURANCE AND FREIGHT（運賃保険料込み）	CIF（insert named port of destination）（指定仕向港を挿入）

＊2010年版インコタームズとの比較は巻末資料（→P232）を参照

10 インコタームズの使用法

➡インコタームズは、適切な規則を選択し、指定場所や港を正確に特定することが大切です。

☆インコタームズの使用法とは

インコタームズは、国際的な規則であって条約や法律ではありません。そのため、インコタームズを適用する場合、次ページの例のように、当事者は売買契約書にその旨を記載する必要があります。

○適切な規則の選択

インコタームズの11規則は、それぞれ危険と費用負担の分岐点を規定しています。売買当事者は、輸送手段と負担する危険や費用を考慮して、適切な規則を選択することが重要になります。

○指定する場所や港の特定

インコタームズは、正確な場所や港などを指定することで、効力を発揮します。指定場所や指定港は、危険と費用負担の分岐点となる重要な情報なので、正確に記載することが大切です。

○所有権の移転は無関係

インコタームズは、危険と費用負担の分岐点を規定しているだけで、商品の所有権の移転や代金支払いなどは規定していません。

これらは、契約書で取り決めるか、契約を規律する法律により規定されることになります。

○インコタームズ規則の変更

売買当事者間で合意があれば、インコタームズの各規則に変更を加えて、カスタマイズして使用することもできます。変更する場合は、危険と費用負担の分岐点をどのように変更するか確認し、契約書に記載しておく必要があります。

インコタームズの使用法

売買契約書への記載例

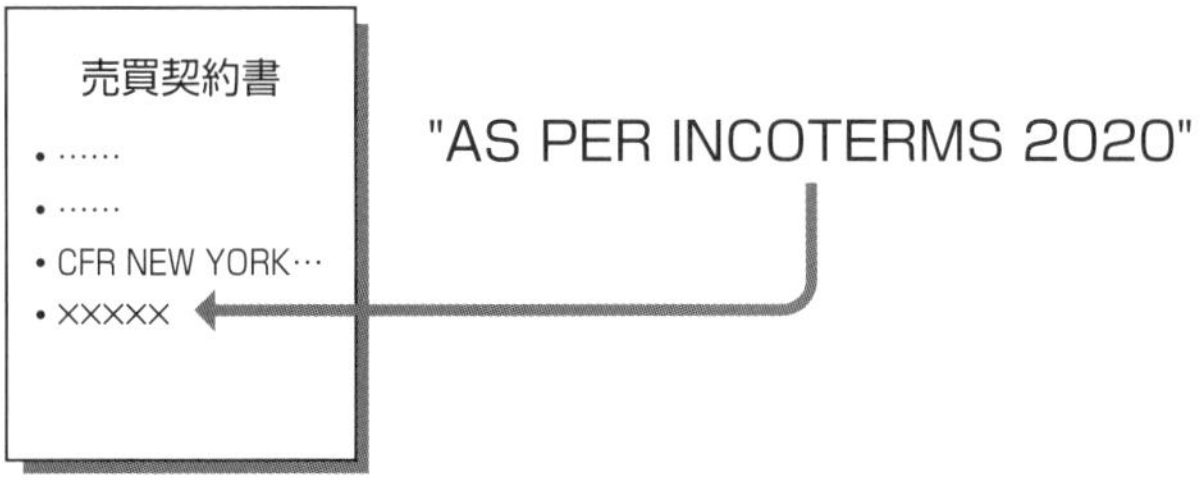

適切なインコタームズ規則の選択

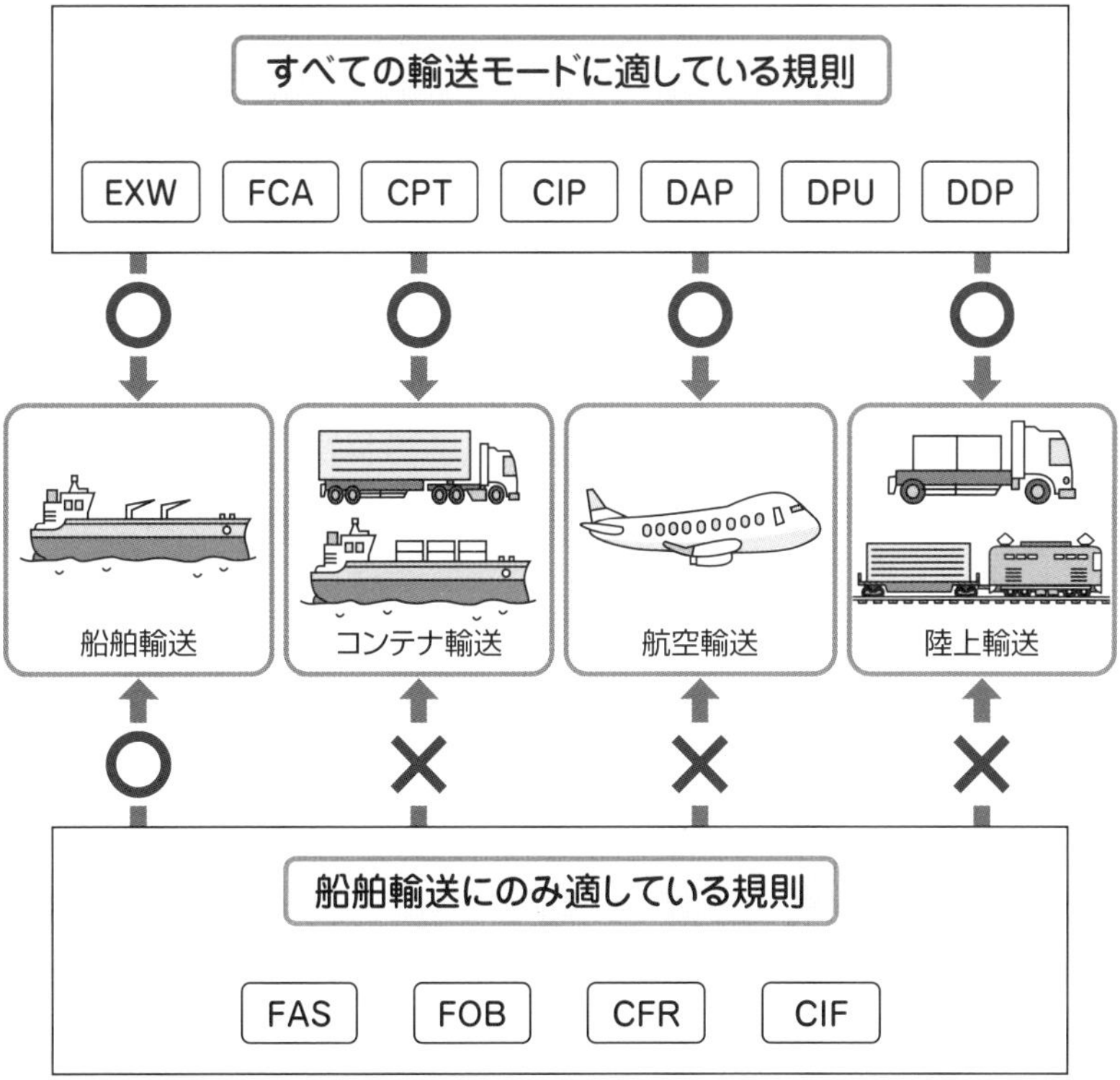

11 ＥＸＷ(工場渡し)とは

➡ＥＸＷは、売り手の工場などの指定場所で商品を引き渡したときに、危険と費用負担が移転します。

☆ＥＸＷの規則と危険分岐点

　ＥＸＷは、売り手の工場や倉庫などの「指定場所」で、危険と費用負担が移転する規則です。

　契約で合意した期日または期間内に、買い手が手配した商品を引き取るためのトラックなどの輸送手段に、売り手が商品を引き渡した時点で、危険が移転します。

　買い手は、トラックなどの車輌への積み込みと、それ以降の危険を負担します。

○費用負担の分岐点

　ＥＸＷの費用負担の分岐点は、危険と一致しています。つまり買い手が、手配した車輌への積み込みを含め、引き渡し以降発生する費用を負担します。

○ＥＸＷの通関

　輸出通関、輸入通関ともに、買い手の負担になります。通関には、輸出入通関手続きに必要な費用、関税、税金などが含まれます。

　ただし、関係省庁からの輸出許認可取得や、輸出通関を行う際に買い手に必要な情報を提供する助力義務は、売り手に残ります。

○ＥＸＷの留意点

　ＥＸＷは、売り手の負担が最小、買い手の負担が最大の規則です。

　買い手が直接または間接に輸出通関許可を取得できない場合は、ＥＸＷの使用は避けるべきです。

　また、「指定場所」で売り手の危険と費用でトラックに積み込むと契約する場合は、ＦＣＡ（➡Ｐ56）を使用するほうが適切です。

EXW（工場渡し）

規　則

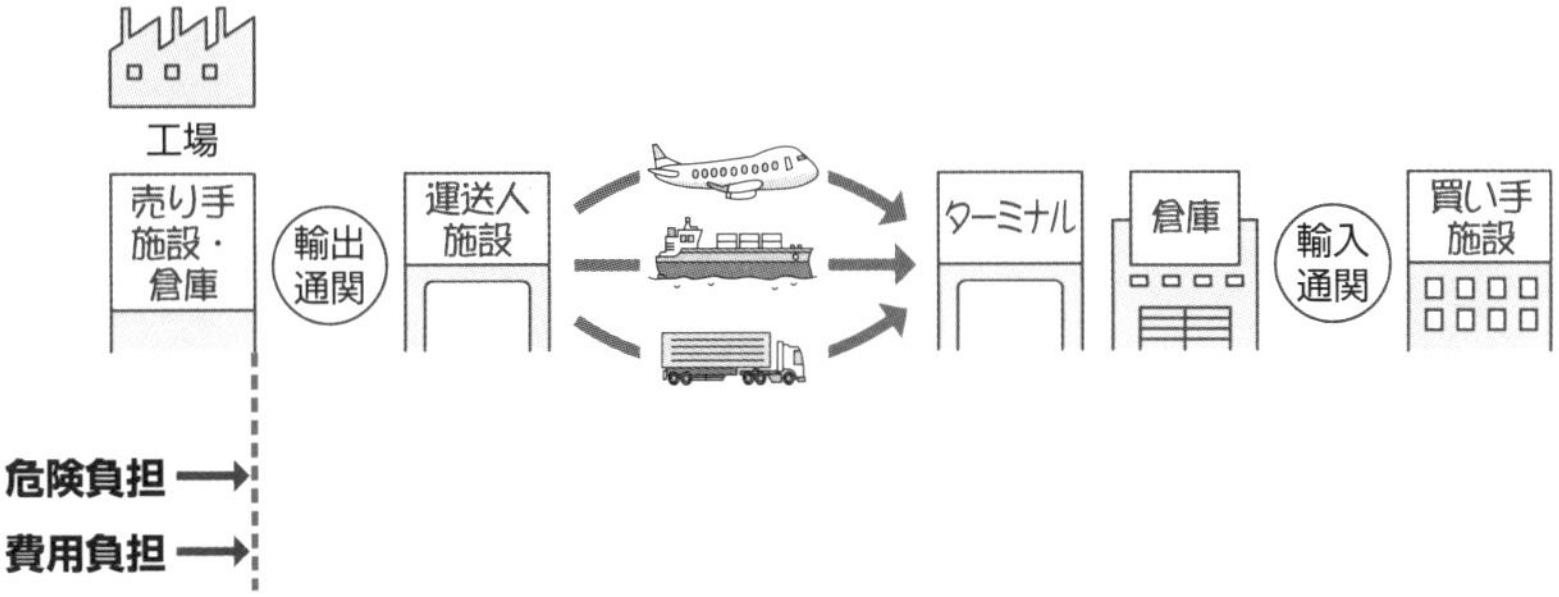

使用例

EXW MI STEEL URAYASU FACTORY, JAPAN

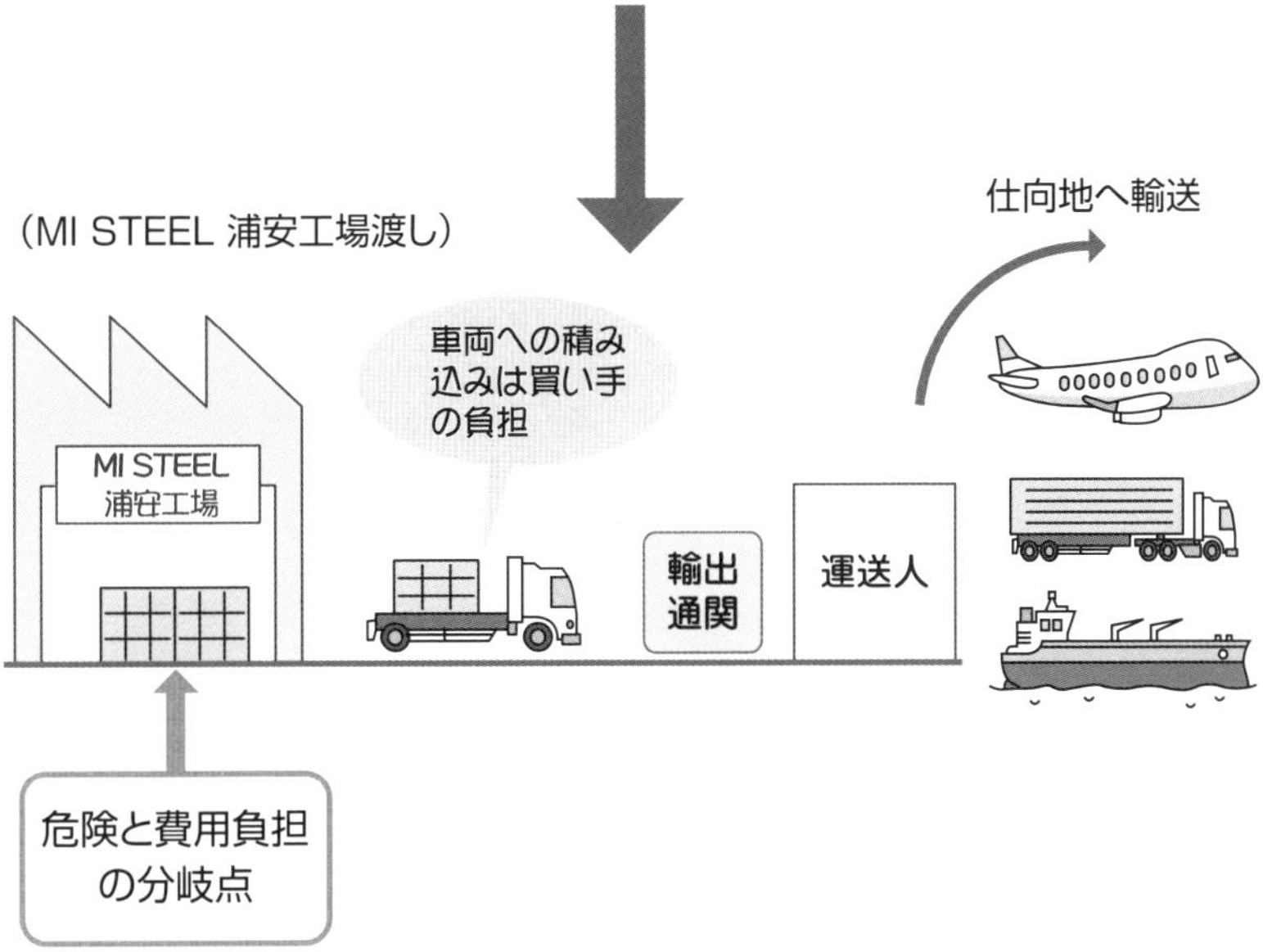

12 FCA（運送人渡し）とは

➡ ＦＣＡは、売り手が指定地で運送人に商品を引き渡したときに、危険と費用負担が移転します。

☆ＦＣＡの規則と危険分岐点

ＦＣＡは、買い手が手配した運送人に、売り手が「指定地」で商品を引き渡した時点で、危険と費用負担が移転する規則です。

買い手は、契約で定められた期日または期間内に、商品を指定地で引き取るためのコンテナ船や航空機、貨車、トラックなど輸送手段を手配します。売り手は、税関での輸出通関後、商品を指定地に搬入し、運送人に引き渡します。

引き渡し指定地には、コンテナ船輸送ではコンテナヤード（ＣＹ）やコンテナフレートステーション（ＣＦＳ）、航空輸送ではフォワーダーの倉庫や空港の貨物ターミナル、陸上輸送では駅の貨物ターミナルなどが使われます。

危険の分岐点は、指定地がＣＹの場合はコンテナをＣＹのゲートに搬入した時点、指定地がＣＦＳの場合は到着した輸送手段の上、たとえばトラック荷台上で運送人に引き渡した時点になります。

売り手の施設で引き渡しを行う場合、トラックなどの車両への積み込みは売り手の負担になり、危険の分岐点は輸送手段の上で運送人に引き渡した時点になります。

○費用負担の分岐点

費用負担の分岐点は危険と一致。指定地で運送人に引き渡した時点で、費用負担は移転します。

○ＦＣＡの通関

輸出通関は売り手、輸入通関は買い手の負担になります。

FCA（運送人渡し）

規　則

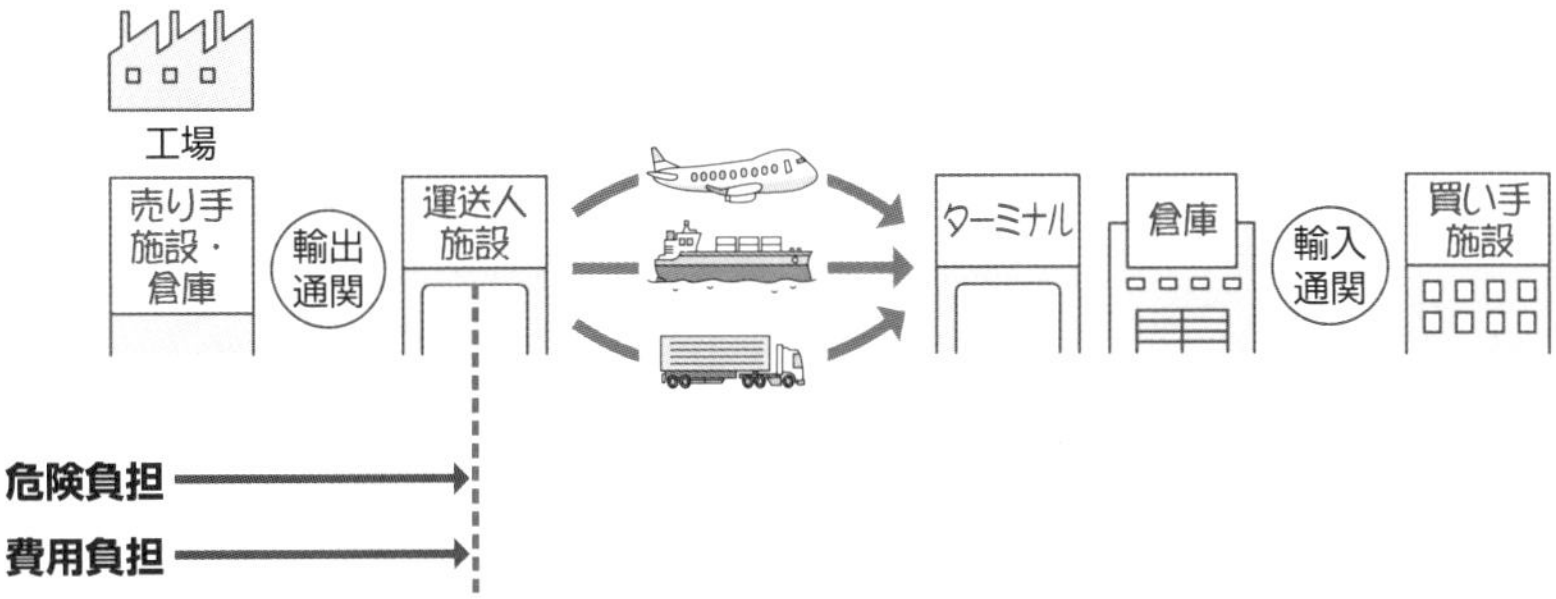

使用例

FCA TOKYO AOMI CY, JAPAN

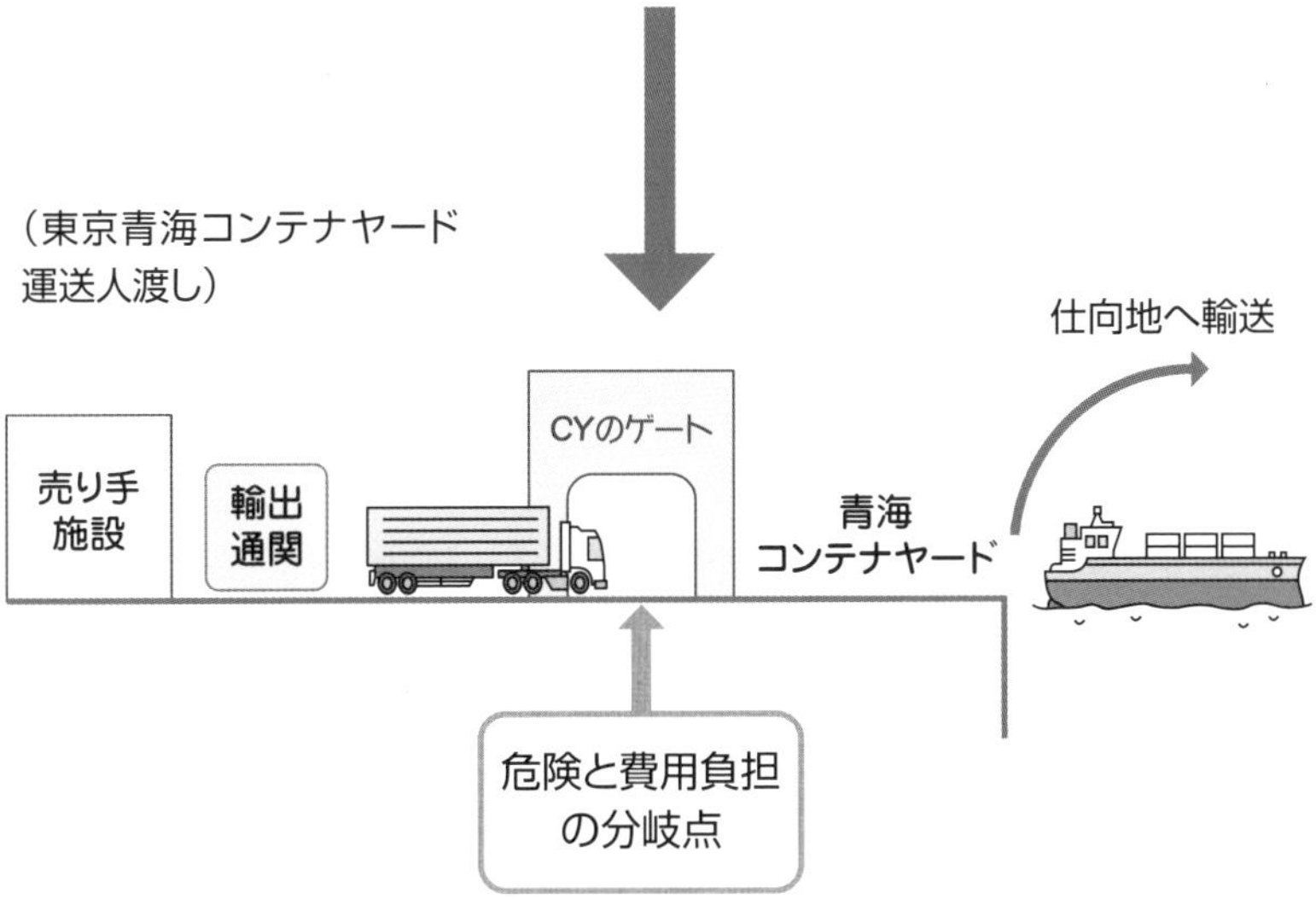

13 CPT（輸送費込み）とは

➡ CPTは、売り手が運送人に商品を引き渡したときに危険が移転、費用は指定仕向地までの輸送費を売り手が負担します。

✪CPTの規則と危険分岐点

CPTは、売り手が輸送を手配し商品を「運送人に引き渡した時点」で、危険が移転する規則です。

CPTでは、売り手が、指定仕向地までの輸送を手配します。輸送手段には、コンテナ船、航空機、貨車、トラックなどがあります。

売り手は輸出通関後、契約で定められた期日または期間内に、商品を運送人に引き渡します。

引き渡し場所には、コンテナ船輸送ではコンテナヤード（CY）やコンテナフレートステーション（CFS）、航空輸送ではフォワーダーの倉庫や空港の貨物ターミナル、陸上輸送では駅の貨物ターミナルなどが使われます。

CPTでは、指定仕向地を記載するので、危険の分岐点となる運送人への引き渡し場所は、必要があれば契約で確認しておきます。

○費用負担の分岐点

CPTは、費用負担と危険の分岐点が異なります。売り手は、危険分岐点である運送人への引き渡し地点までの費用に加え、指定仕向地までの輸送費を負担します。

また、船や航空機からの荷おろし費用は、運送契約に従うことになりますが、一般的にコンテナ船輸送や航空輸送では、荷おろし費用は輸送費に含まれています。

○CPTの通関

輸出通関は売り手、輸入通関は買い手の負担になります。

CPT（輸送費込み）

規　則

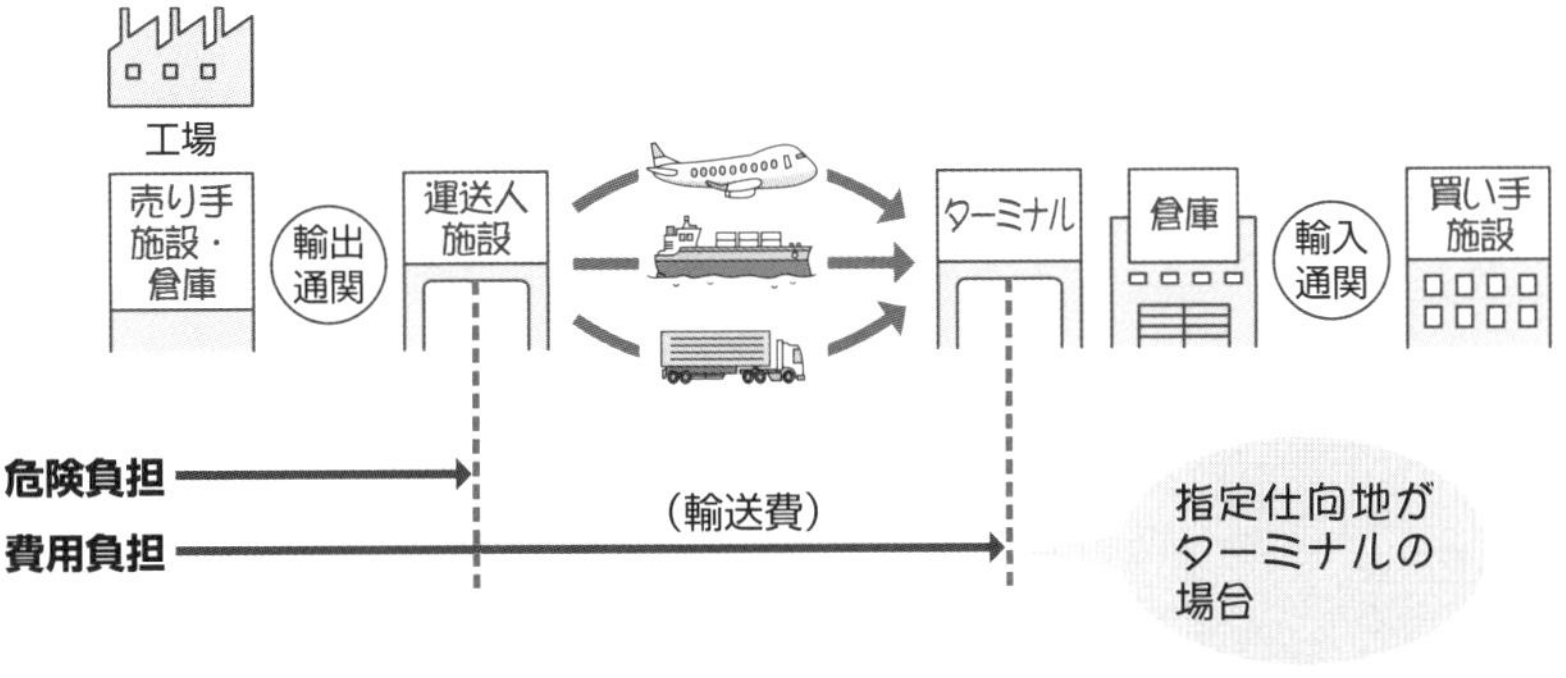

使用例

CPT SHANGHAI CFS, CHINA

（上海コンテナフレートステーション向け輸送費込み）

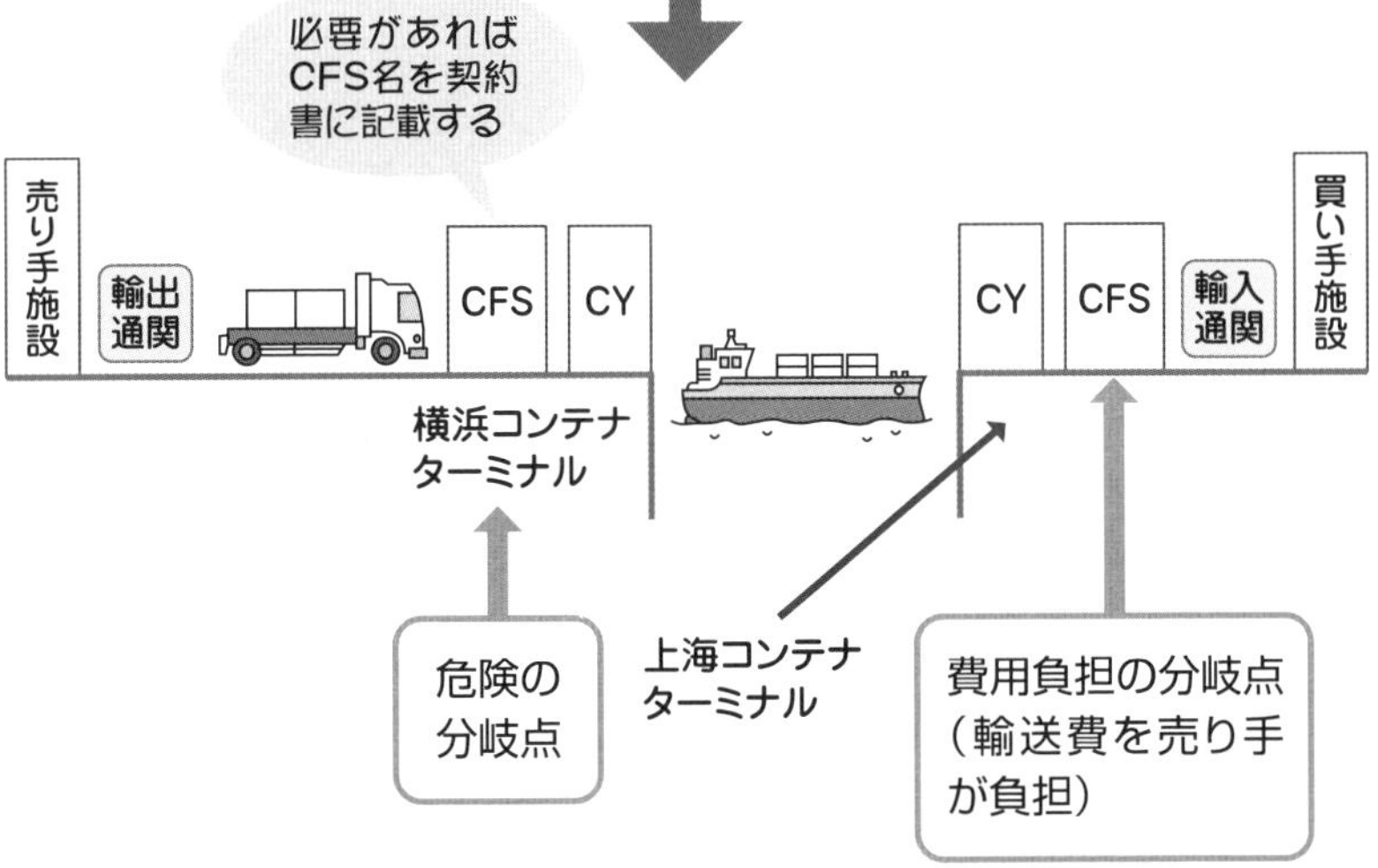

14 CIP(輸送費保険料込み)とは

➡CIPは、売り手が運送人に商品を引き渡したときに危険が移転、費用は指定仕向地までの輸送費と保険費用を売り手が負担します。

✪CIPの規則と危険分岐点

CIPは、売り手が、輸送を手配し、商品を「運送人に引き渡した時点」で、危険が移転する規則です。

CIPでは、売り手が、指定仕向地までの輸送と保険を手配します。輸送手段には、コンテナ船、航空機、貨車、トラックなどがあります。

売り手は輸出通関後、契約で定められた期日または期間内に商品を運送人に引き渡します。引き渡し場所はCPTの場合と同じです。

CIPでも、指定仕向地を記載するので、危険の分岐点となる運送人への引き渡し場所は、必要があれば契約で確認しておきます。

○費用負担の分岐点

CIPも、費用負担と危険の分岐点が異なります。CIPでは、売り手は、危険分岐点である運送人への引き渡し地点までの費用に加え、指定仕向地までの輸送費と保険料を負担します。

○CIPの通関

輸出通関は売り手、輸入通関は買い手の負担になります。

○CIPの保険契約

2020年版の改定により、CIPで売り手に義務付けられる保険条件は、最も広いてん補範囲のICC約款（A）と規定されました。買い手がさらに戦争・ストライキ危険の特約（➡P207）を売り手に求める場合、契約段階で合意しておく必要があります。

CIP（輸送費保険料込み）

規　則

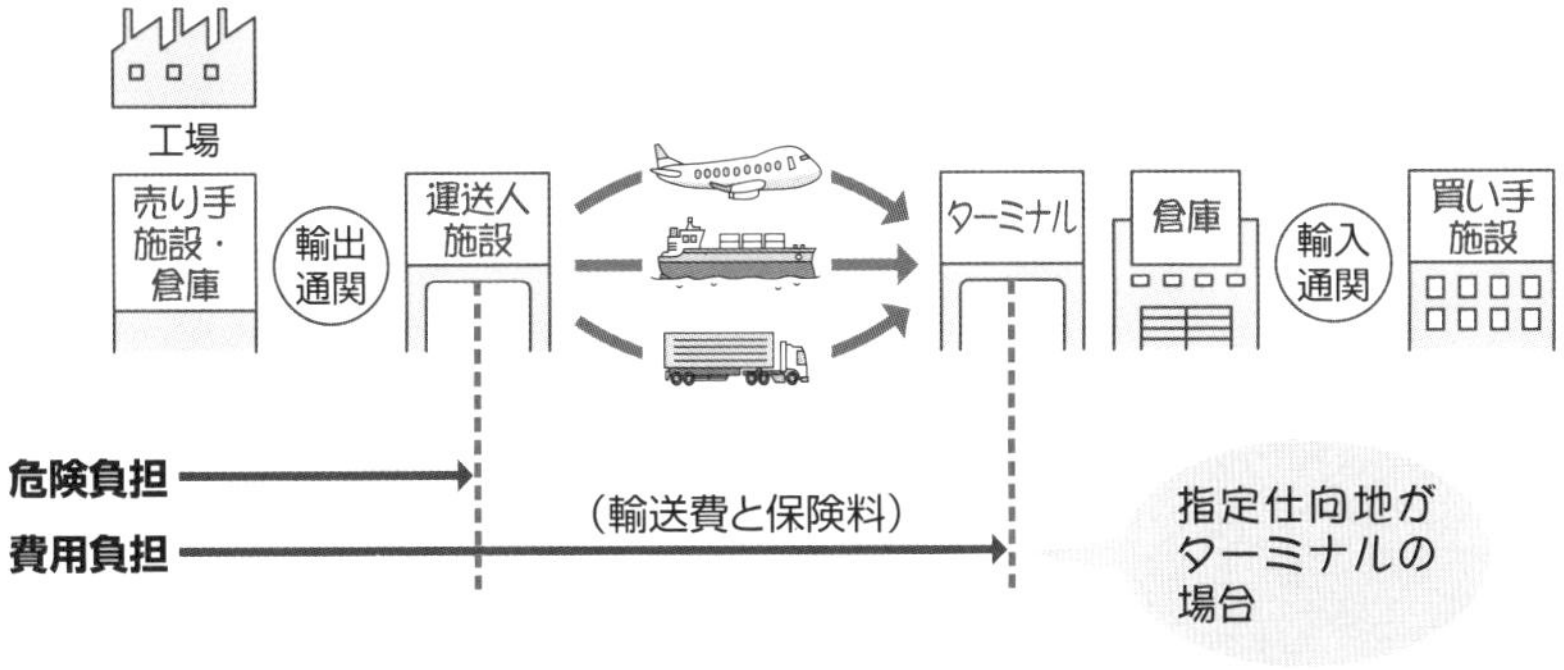

使用例

CIP FRANKFURT AIRPORT, GERMANY

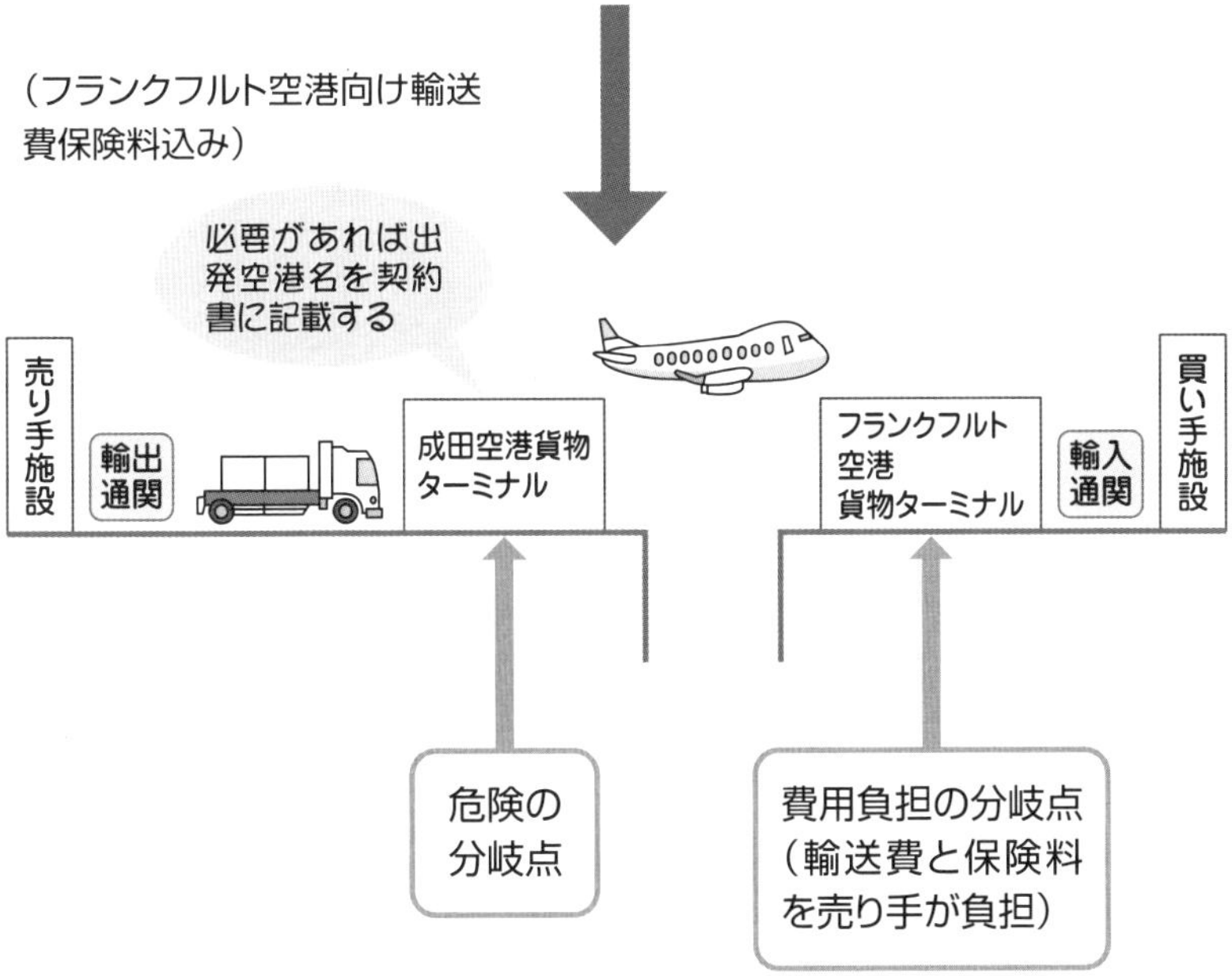

15 DAP(仕向地持込渡し)とは

➡ＤＡＰは、輸入国側の指定仕向地に到着して、荷おろし前に危険と費用が移転します。

☆ＤＡＰの規則と危険分岐点

ＤＡＰは、輸入国側の「指定仕向地」で、輸入通関前に、到着した輸送手段の上で荷おろしの準備ができた状態で、商品を買い手に引き渡し、危険が移転する規則です。

売り手は、コンテナ船や航空機などの輸送手段を使い、商品を輸入国側の指定仕向地まで、売り手の危険と費用負担で輸送します。

ＤＡＰは、仕向港や空港のターミナルに荷おろしした商品を、さらにほかの場所へ輸送して、荷さばきをするような場合に適しています。この場合の指定仕向地には、配送センターなどが使われます。

○費用負担の分岐点

費用負担の分岐点は、危険と一致しています。指定仕向地でのトラックなどからの荷おろし費用は、買い手の負担になります。

そのため、商品の引き渡し場所の指定地は、できるだけ契約時点で特定しておくことが大切です。

○ＤＡＰの通関

輸出通関は売り手、輸入通関は買い手の負担になります。

○ＤＡＰはＤ条件を統合した規則

ＤＡＰは２０１０年版インコタームズで新設された規則です。それまでのインコタームズで使用されていたＤＥＳ（本船持込渡し）、ＤＤＵ（関税抜持込渡し）、ＤＡＦ（国境持込渡し）は、ＤＡＰに吸収されました。

DAP（仕向地持込渡し）

規　則

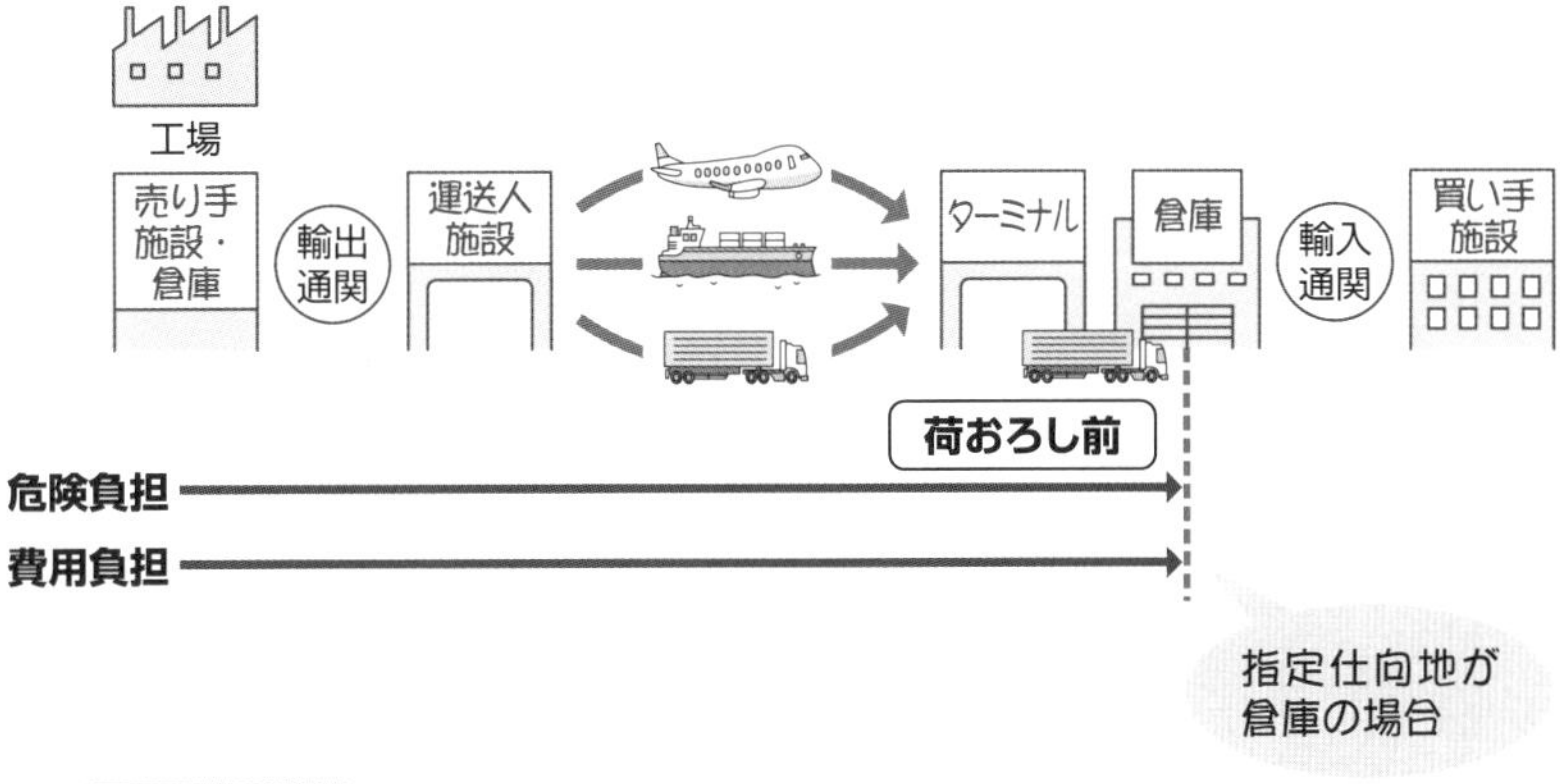

使用例

DAP ABC DISTRIBUTION CENTER
100 MAIN ST. MAKATI CITY, PHILIPPINES

（フィリピン マカティ市 ABC配送センター持込渡し）

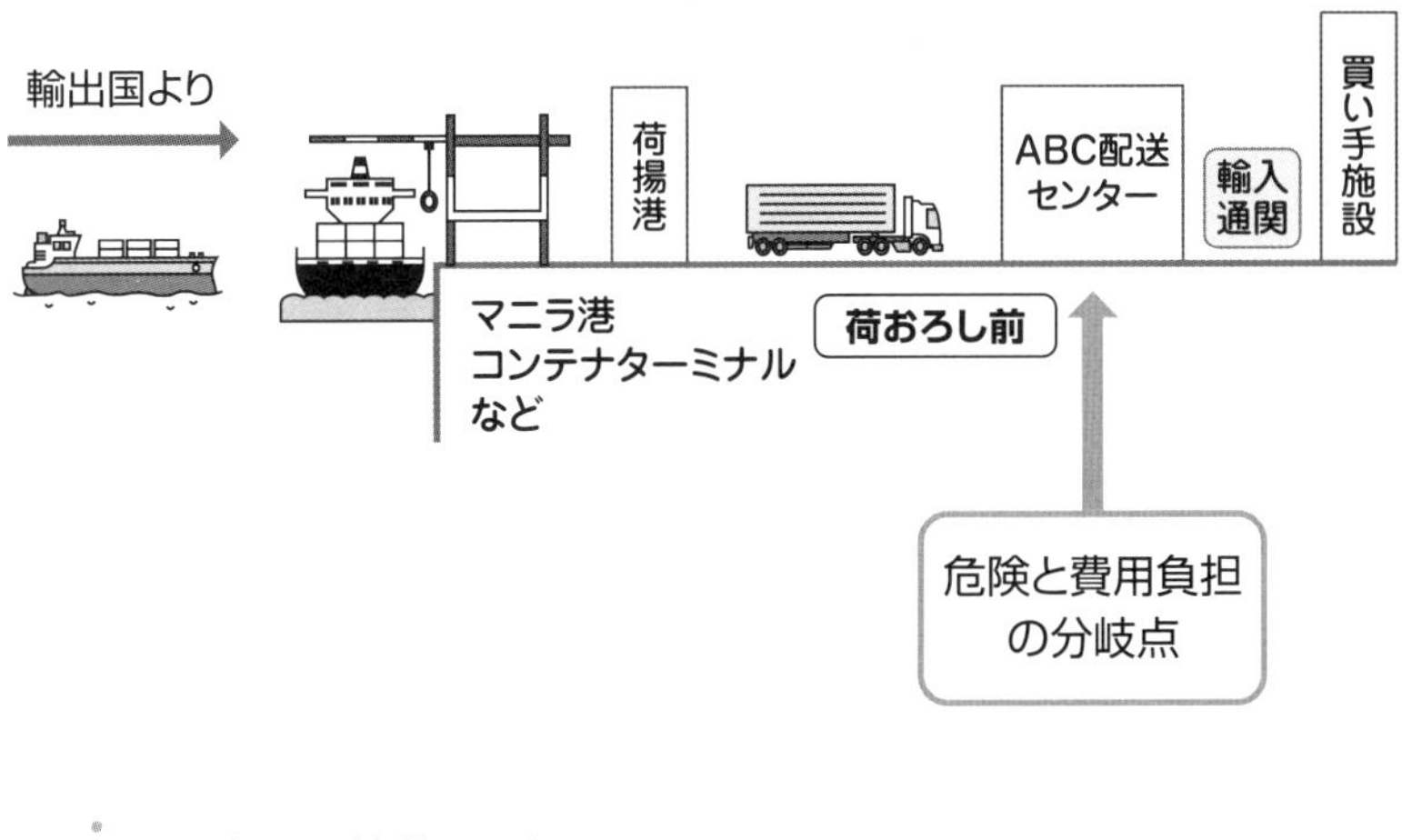

16 DPU（荷卸込持込渡し）とは

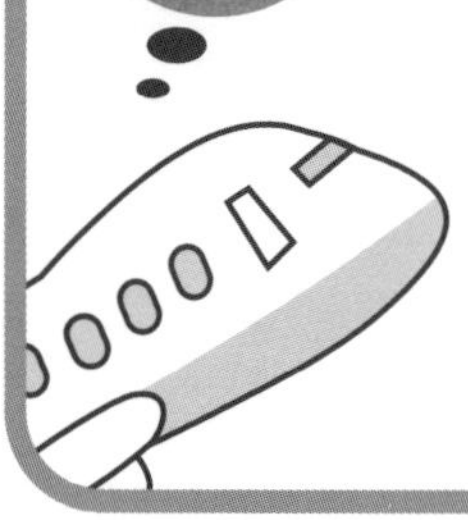

➡ＤＰＵは、輸入国側の指定仕向地に到着して、荷おろし後に、危険と費用負担が移転します。

✪ＤＰＵの規則と危険分岐点

ＤＰＵは、輸入国側の「指定仕向地」で、輸入通関前に、到着した運送手段から荷おろし後、商品を買い手に引渡し、危険が移転する規則です。

ＤＰＵの前身である２０１０年版のＤＡＴは、到着したターミナルに荷おろしされた状態で引渡しを行う規則ですが、２０２０年版では、仕向地をターミナルに限定せず「いかなる場所でも可」と範囲を広げて、ＤＰＵに改称しました。これに伴い、荷おろし前に引渡しが行われるＤＡＰを前に順序を入れ替えました。

ＤＰＵは、仕向港や空港のターミナルで引渡す場合、あるいはさらに貨物をほかの場所に輸送して荷さばきをするような場合に適しています。

指定仕向地がコンテナヤード（ＣＹ）や空港貨物ターミナルでない場合には、その場所で売り手の手配で荷おろしができることを確認しておく必要があります。

○費用負担の分岐点

費用負担の分岐点は危険と一致しています。

○ＤＰＵの通関

輸出通関は売り手、輸入通関は買い手の負担になります。

○ＤＰＵは荷おろし後の引渡し

インコタームズ規則の中で、運送手段から「荷おろし後」に商品を引き渡すと規定しているのはＤＰＵのみです。

DPU（荷卸込持込渡し）

規　則

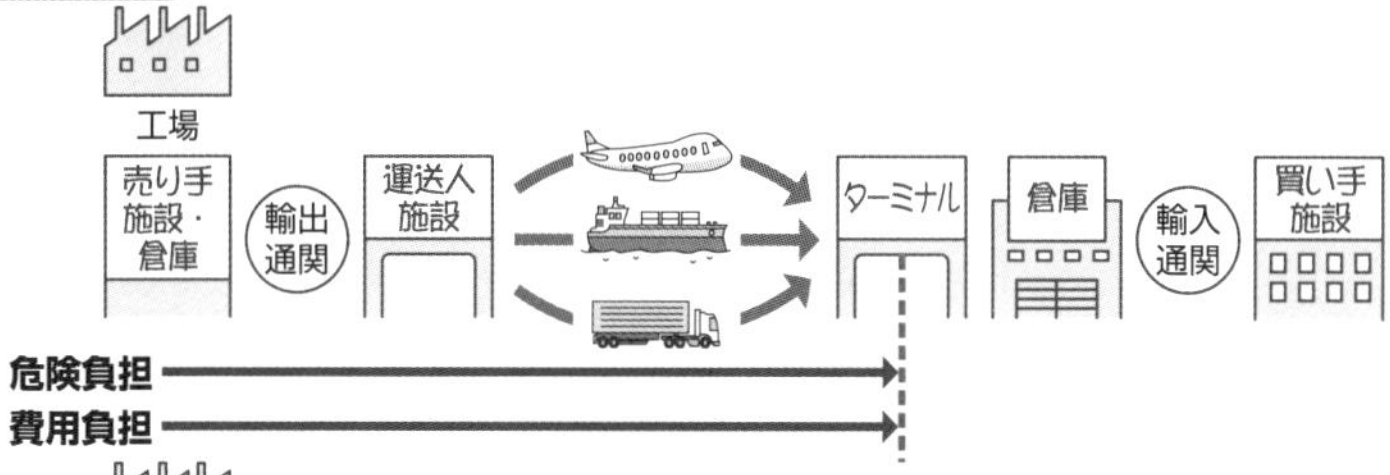

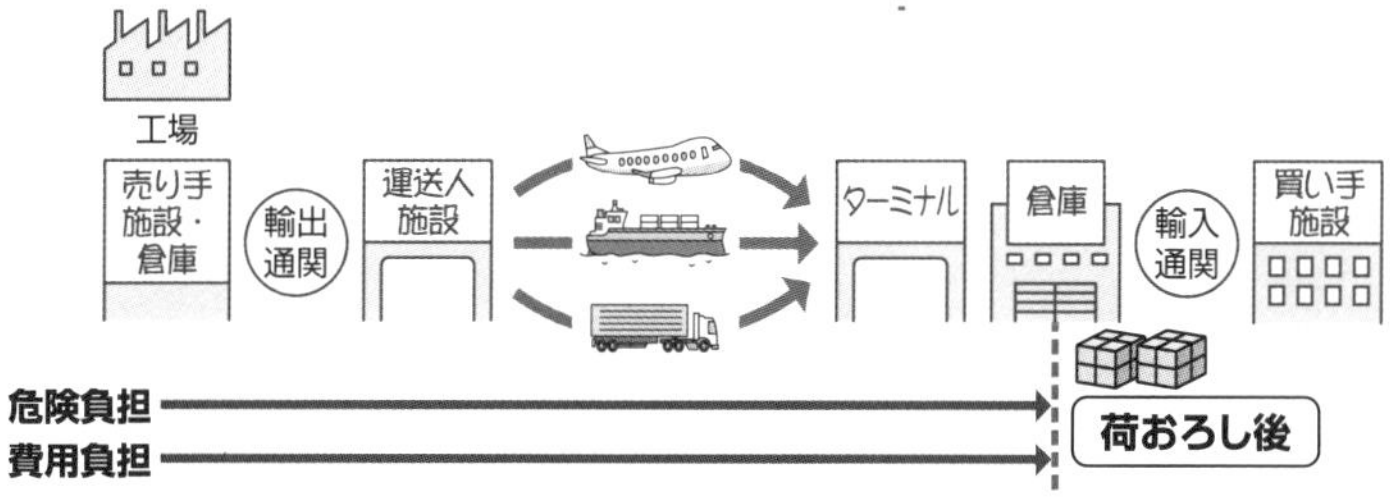

使用例

DPU BANGKOK CONTAINER TERMINAL, THAILAND

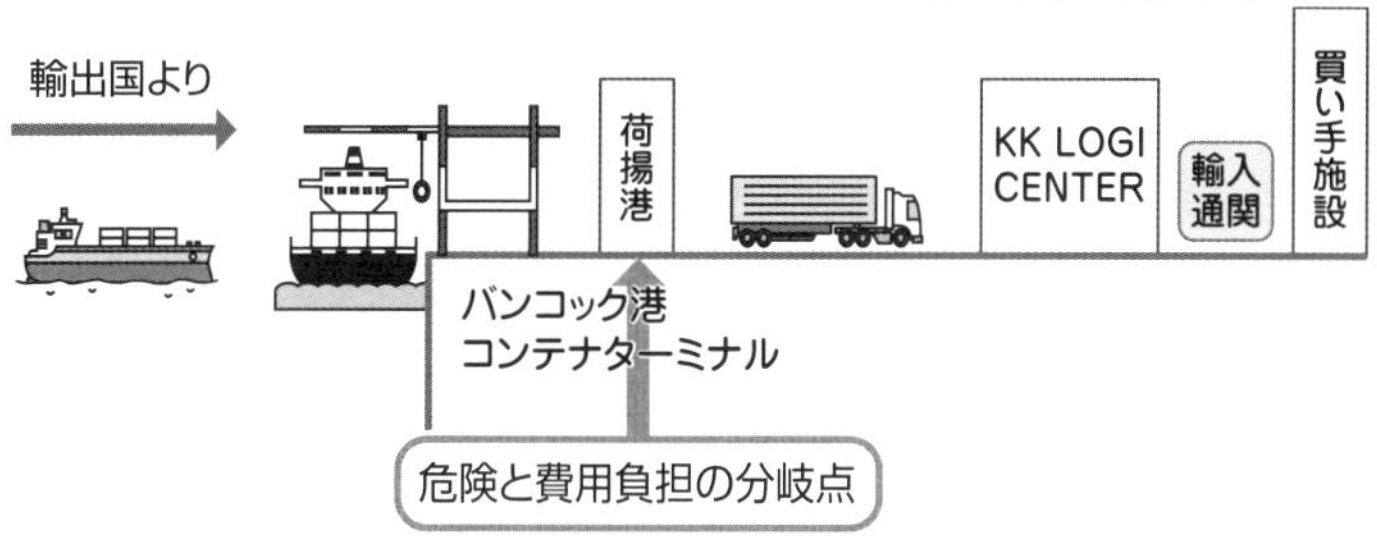

DPU KK LOGISTICS CENTER, BANGKOK, THAILAND

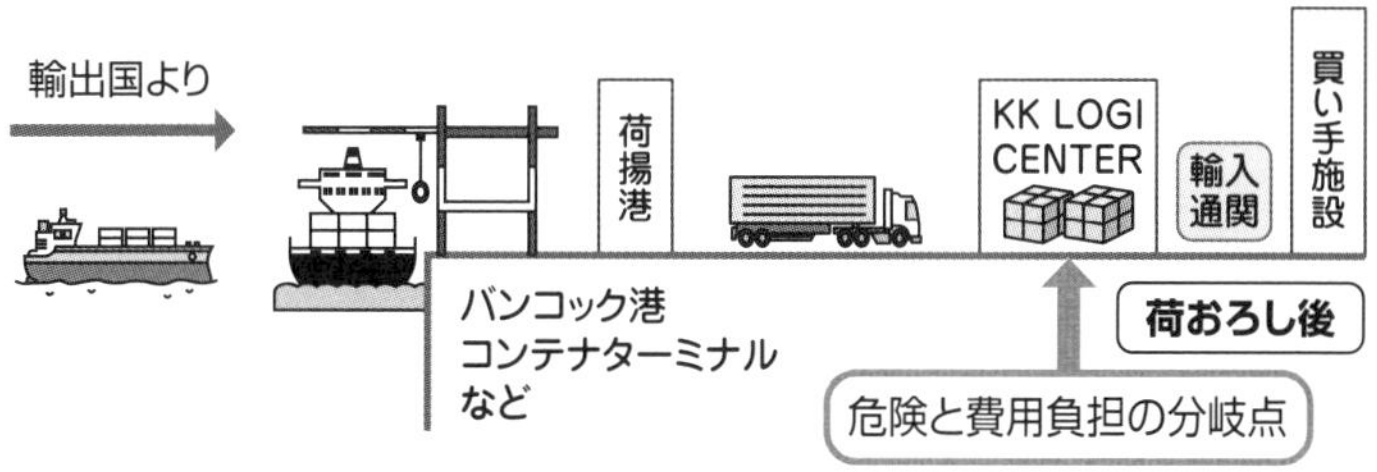

17 DDP（関税込持込渡し）とは

➡DDPは、輸入国側の指定仕向地で危険と費用負担が移転します。この規則では、売り手が輸入通関と輸入関税を支払います。

☆DDPの規則と危険分岐点

DDPは、輸入国側の「指定仕向地」で、輸入通関後に危険と費用負担が移転する規則です。

売り手は、コンテナ船や航空機などの手段を使って、商品を輸入国側の指定仕向地まで、売り手の危険と費用負担で輸送します。

さらに売り手は税関への輸入通関手続後、輸入関税と関連する諸税を支払い、契約で定められた期日または期間内に、輸送手段の上で商品を買い手に引き渡します。

○費用負担の分岐点

費用負担の分岐点は、危険と一致しています。指定仕向地での輸送手段からの荷おろし費用は、DAPと同様に買い手の負担です。

○DDPの通関

DDPでは、輸出通関、輸入通関ともに売り手の負担になります。

通関には、輸出入通関手続きに必要な費用や関税が含まれます。輸入に際して支払われる付加価値税、そのほかの税金などは、売買契約で別途合意しないかぎり、売り手の負担になります。

○DDPの留意点

DDPは、売り手の負担が最大、買い手の負担が最小の規則です。

売り手は、輸送中の商品ダメージの危険のほかに、輸送や輸入通関での遅延リスクも負担します。

売り手が、直接または間接に許認可取得や通関許可を取得できない場合は、DDPは避けてDAPを使用するほうが安全です。

DDP（関税込持込渡し）

規　則

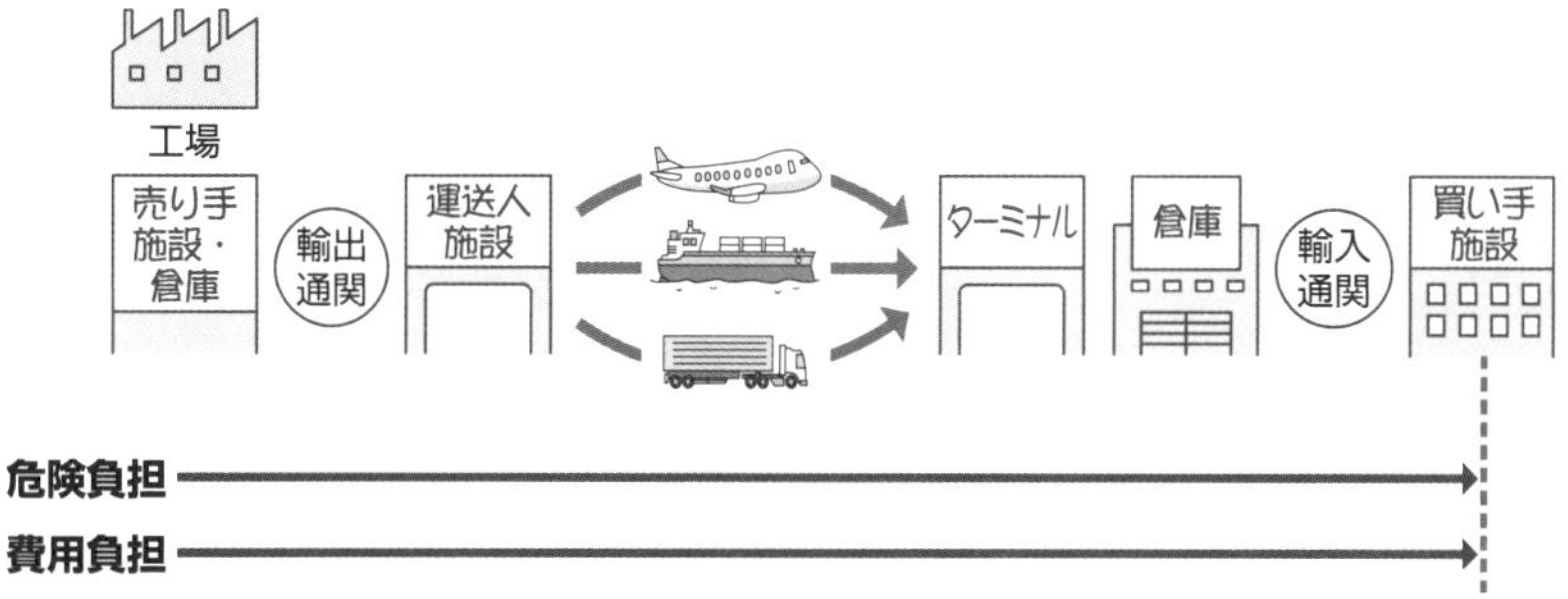

使用例

**DDP XYZ COMPANY, 444 OCEAN BLVD.
LONG BEACH, CA 90802, U.S.A.**

（米国カリフォルニア州ロングビーチ市 XYZ社 関税込持込渡し）

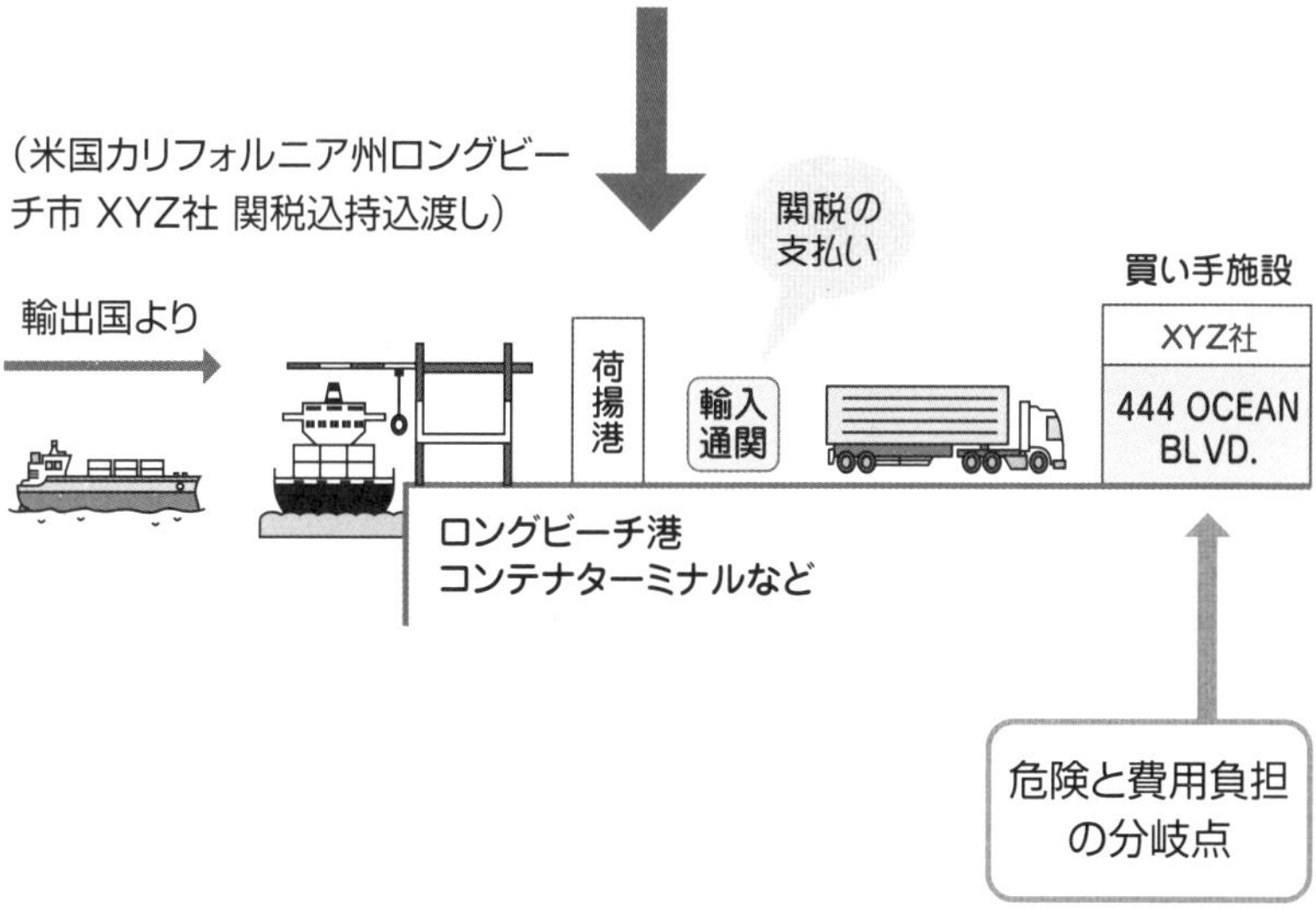

18 FAS（船側渡し）とは

➡ＦＡＳは、指定船積港の本船船側で危険と費用負担が移転します。コンテナ輸送の場合はＦＣＡ（➡P56）を使用します。

☆ＦＡＳの規則と危険分岐点

　ＦＡＳは、輸出国側の指定船積港で、買い手が手配した「本船の船側《せんそく》」に売り手が商品を置いた時点で、危険と費用負担が移転する規則です。ＦＡＳは、船舶輸送にのみ適しています。

　買い手は、契約で定められた期日または期間内に、商品を指定船積港で引き取るための船舶を手配します。売り手は、税関での輸出通関後、商品を本船の船側まで輸送して、運送人に引き渡します。

　本船の船側は、本船が着岸している「埠頭」や、沖の係留ブイなどで船積みをする際に本船に横付けする「はしけ」などの場合があります。

○費用負担の分岐点

　費用負担の分岐点は、危険と一致しています。

○ＦＡＳの通関

　輸出通関は売り手、輸入通関は買い手の負担になります。

○コンテナ船輸送には不適切

　コンテナ船で輸送する場合にＦＡＳの規則を使用することは、適切ではありません。

　コンテナ船輸送では、売り手はコンテナヤード（ＣＹ）やコンテナフレートステーション（ＣＦＳ）で運送人への引き渡しをするため、本船船側での引き渡しを規定するＦＡＳは実態と合わないのです。コンテナ船で輸送する契約の場合は、ＦＡＳではなくＦＣＡ（⬇Ｐ56）を使用します。

FAS（船側渡し）

規 則

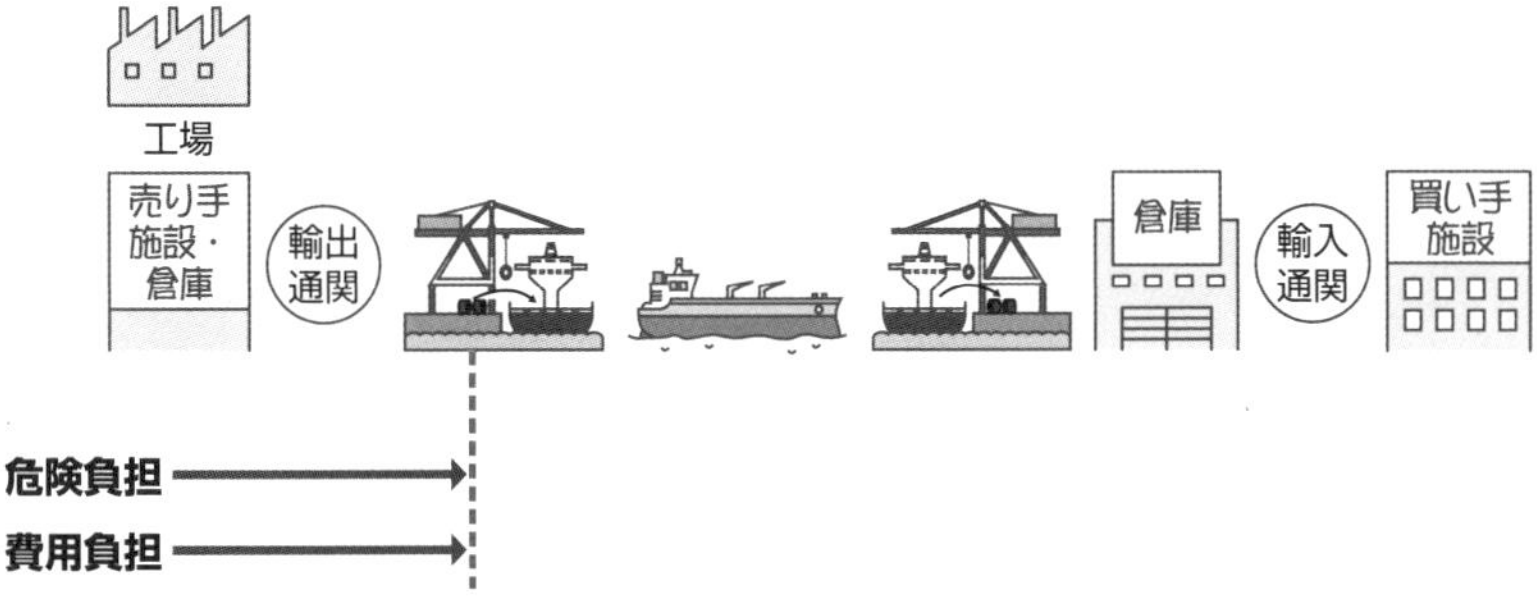

使用例

FAS PORT OF YOKOHAMA PIER, JAPAN

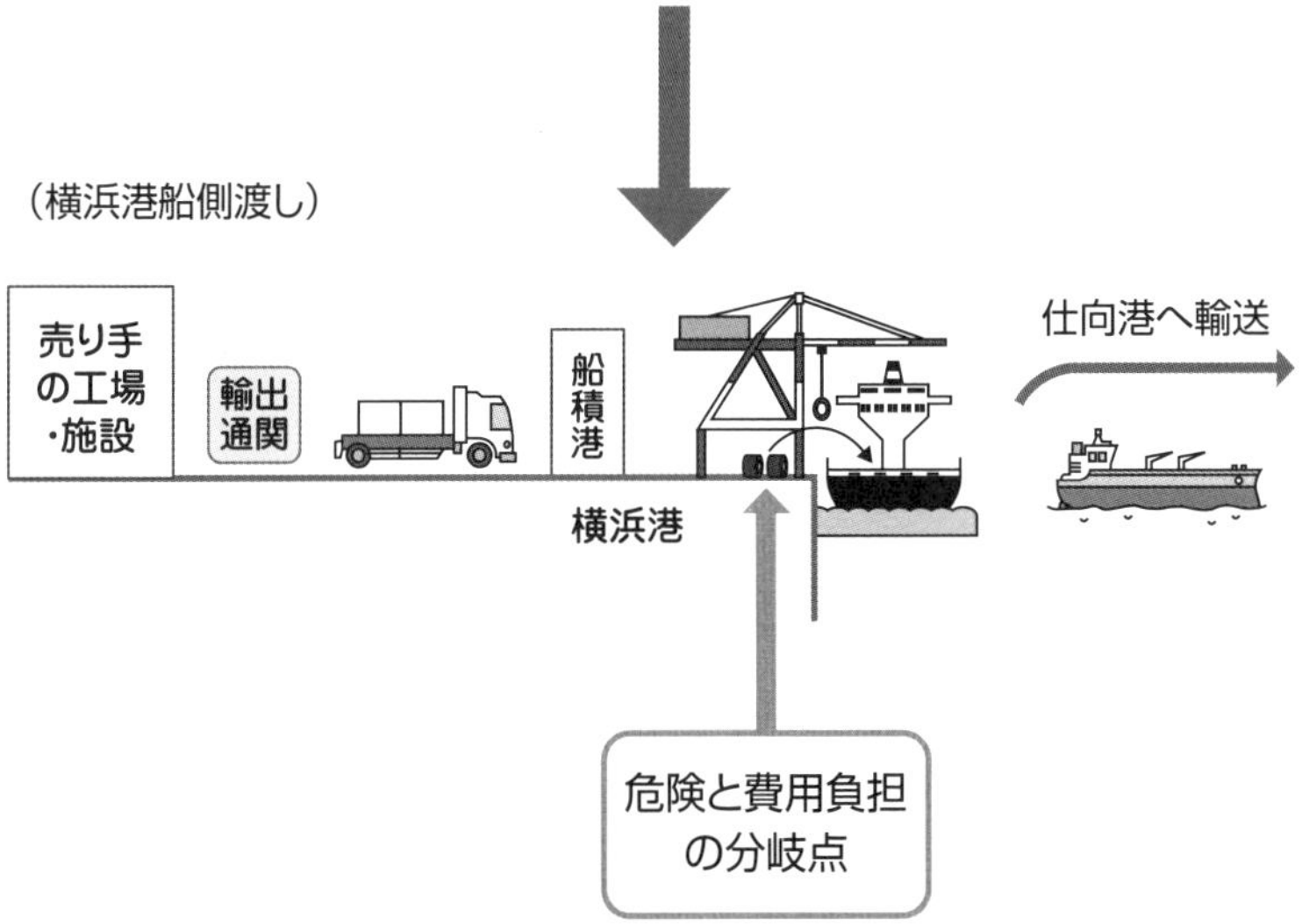

19 FOB（本船渡し）とは

➡ＦＯＢは、指定船積港の本船上で危険と費用が移転します。コンテナ輸送の場合はＦＣＡ（➡P56）を使用します。

★ＦＯＢの規則と危険分岐点

　ＦＯＢは、輸出国側の指定船積港で買い手が手配した本船に売り手が商品を積み込み、「本船上」で危険と費用負担が移転する規則です。

　買い手は、契約で定められた期日または期間内に、指定船積港で商品を引き取るための船舶を手配します。売り手は、税関での輸出通関後、商品を本船に積み込み、本船上で買い手に引き渡します。

○費用負担の分岐点

　費用負担の分岐点は、危険と一致します。

○ＦＯＢの通関

　輸出通関は売り手、輸入通関は買い手の負担になります。

○コンテナ船輸送には不適切

　ＦＡＳと同様、コンテナ船で輸送する場合にＦＯＢの規則を使用することは、適切ではありません。

　前節のＦＡＳで説明したように、コンテナ船の輸送は、本船上での引き渡しを規定するＦＯＢの規則とは実態が合わないのです。

　そのため、コンテナ船で輸送する契約の場合は、ＦＯＢではなくＦＣＡ（⬇Ｐ56）を使用します。

○本船てすりの考え方の削除

　従来のインコタームズでは、ＦＯＢの危険と費用負担の分岐点は、「商品が本船の手すり（Ship's Rail）を通過した時点」と規定されていましたが、２０１０版インコタームズ改定時に「本船の手すり」の考え方は削除されました。

FOB（本船渡し）

規　則

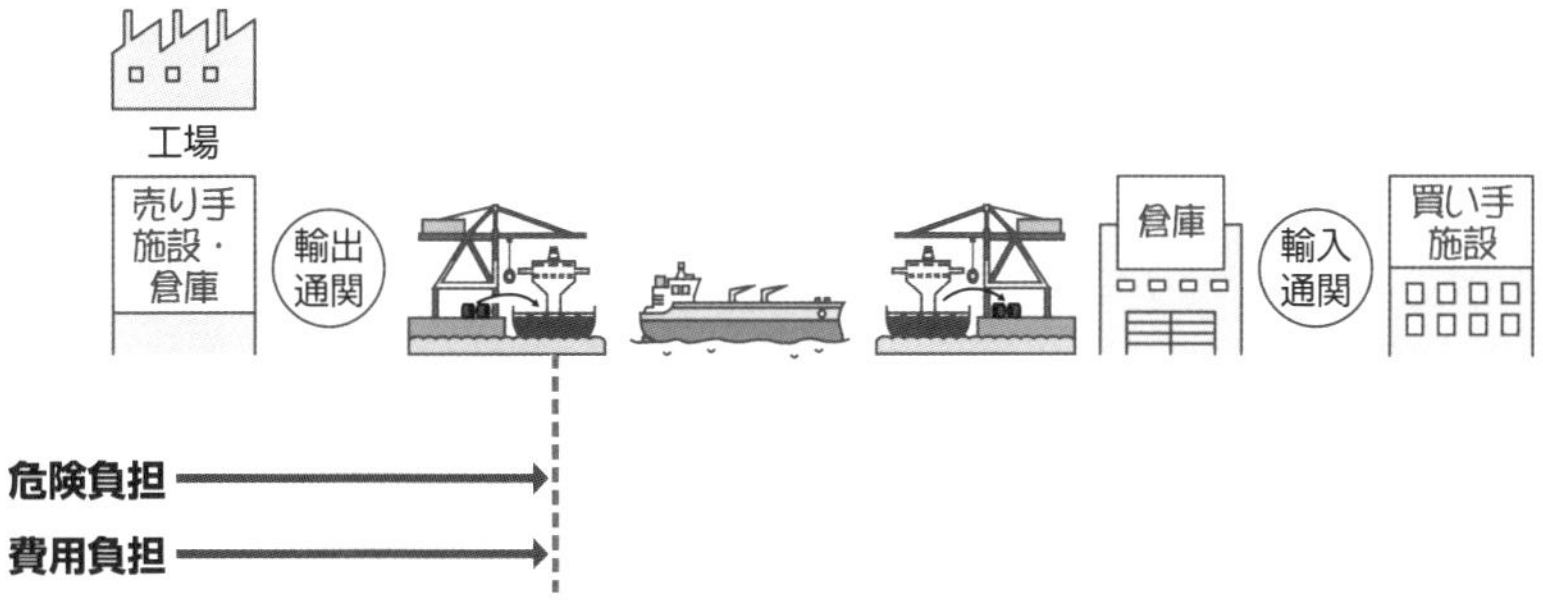

使用例

FOB PORT OF MIZUSHIMA, JAPAN

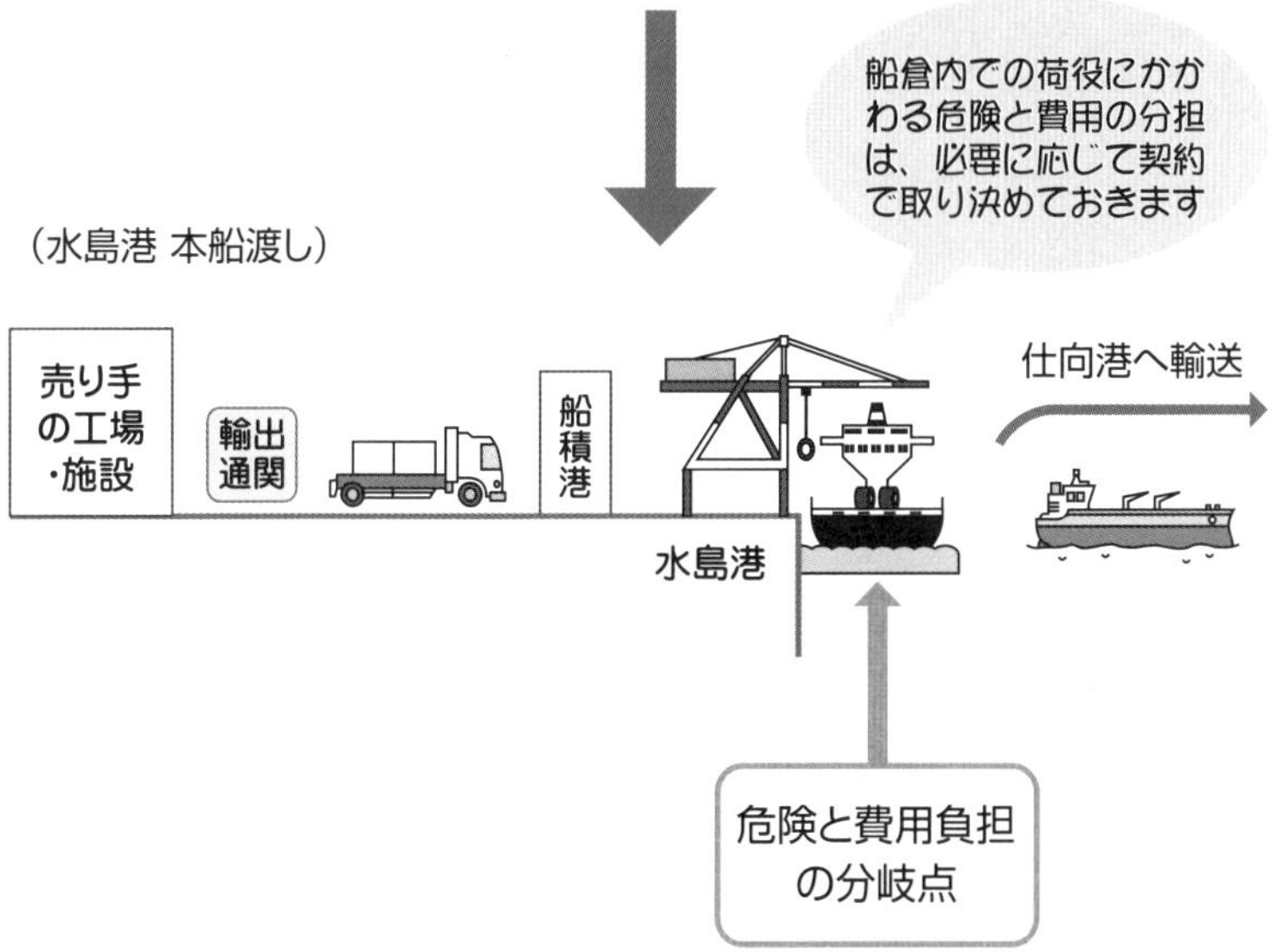

20 CFR（運賃込み）とは

➡ＣＦＲは、船積港の本船上で危険が移転します。この規則では、売り手が指定仕向港までの運賃を負担します。コンテナ輸送の場合はＣＰＴ（➡P58）を使用します。

✪ＣＦＲの規則と危険分岐点

ＣＦＲは、売り手が、輸出国側の船積港で手配した本船に商品を積み込んだ時点、「本船上」で危険が移転する規則です。

売り手は、契約で定められた期日または期間内に船積みを行い、指定仕向港まで輸送する船舶を手配します。売り手は、輸出通関後、商品を本船に積み込み、船積港の本船上で買い手に引き渡します。

ＣＦＲでは、指定仕向港を記載するので、危険の分岐点となる運送人への引き渡し場所は、必要があれば契約で確認しておきます。

○費用負担の分岐点

ＣＦＲは、危険と費用負担の分岐点が異なります。売り手は、危険分岐点までの費用に加えて、指定仕向港までの運賃を負担します。

運賃に仕向港での荷おろし費用が含まれるかどうかは、契約時に合意しておき、売り手はその合意に従って船会社と輸送契約を結びます。

一般的に、定期船利用の場合は運賃に荷おろし費用が含まれていますが、不定期船の場合はケースバイケースです。

○ＣＦＲの通関

輸出通関は売り手、輸入通関は買い手の負担になります。

○コンテナ船輸送には不適切

ＣＦＲは、ＦＡＳやＦＯＢと同様にコンテナ船の輸送に合わないため、コンテナ船で輸送する場合はＣＰＴ（⬇Ｐ58）を使用します。

CFR（運賃込み）

規　則

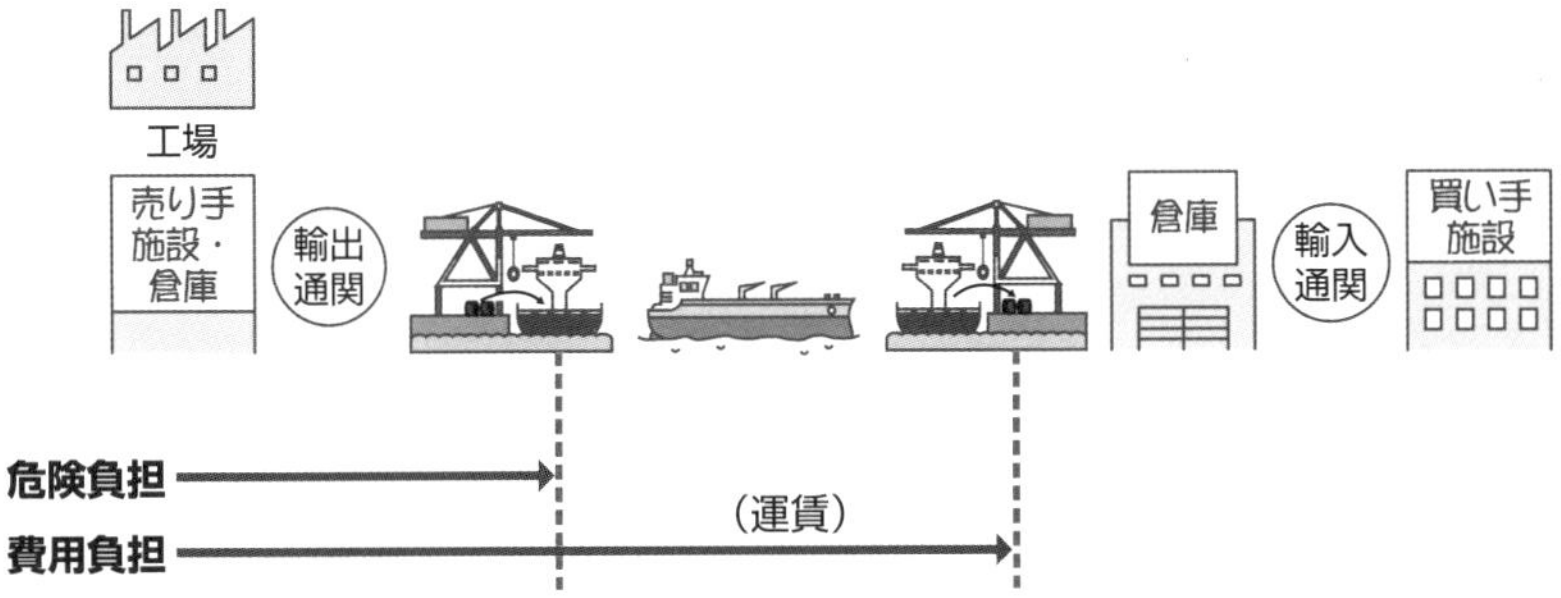

使用例

CFR PORT OF CHENNAI, INDIA

（インド チェンナイ港向け運賃込み）

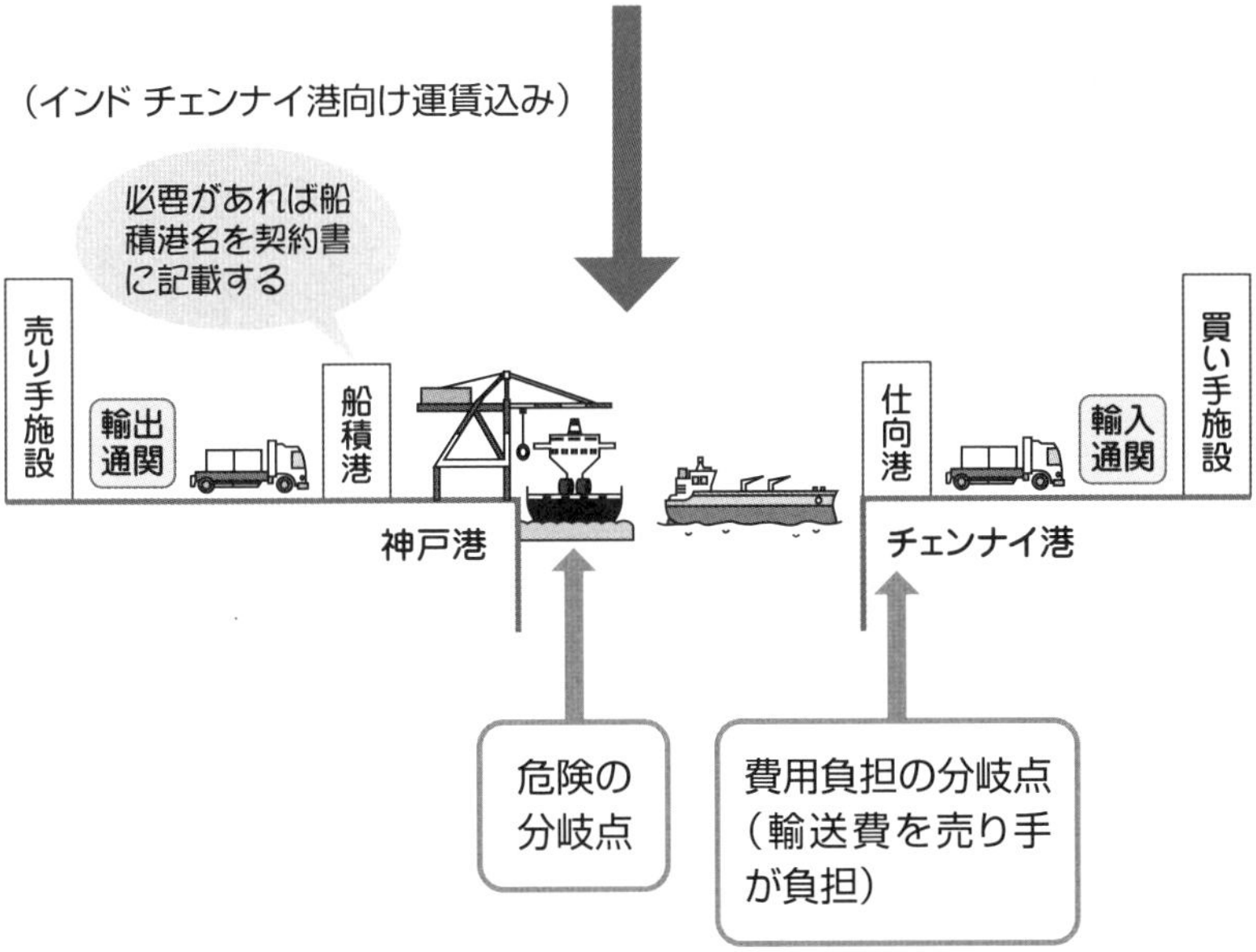

21 CIF（運賃保険料込み）とは

➡ＣＩＦは、船積港の本船上で危険が移転します。この規則では、売り手が指定仕向港までの運賃と保険料を負担します。コンテナ輸送の場合はＣＩＰ（➡Ｐ60）を使用します。

✪ＣＩＦの規則と危険分岐点

ＣＩＦは、売り手が、輸出国側の船積港で手配した本船に商品を積み込み、「本船上」で危険が移転する規則です。

売り手は、契約で定められた期日または期間内に船積みを行い、指定仕向港まで輸送する船舶を手配し、輸出通関後、商品を積み込み本船上で買い手に引き渡します。

ＣＩＦでは、指定仕向港を記載するので、危険の分岐点となる運送人への引き渡し場所は、必要があれば契約で確認しておきます。

○費用負担の分岐点

ＣＩＦは、危険と費用負担の分岐点が異なります。売り手は、危険分岐点までの費用に加え、指定仕向港までの運賃と保険料を負担します。

仕向港での荷おろし費用については、前節のＣＦＲと同じです。

○ＣＩＦの通関

輸出通関は売り手、輸入通関は買い手の負担になります。

○ＣＩＦの保険契約

ＣＩＦで売り手に義務付けられている保険条件は、最低限のてん補範囲であるＩＣＣ約款（Ｃ）と規定されています。買い手がそれより広いてん補範囲の保険条件手配を売り手に求める場合、契約段階で合意しておく必要があります。

○コンテナ船輸送には不適切

ＣＩＦは、コンテナ船の輸送に合わないため、コンテナ船で輸送する場合はＣＩＰを使用します。

CIF（運賃保険料込み）

規　則

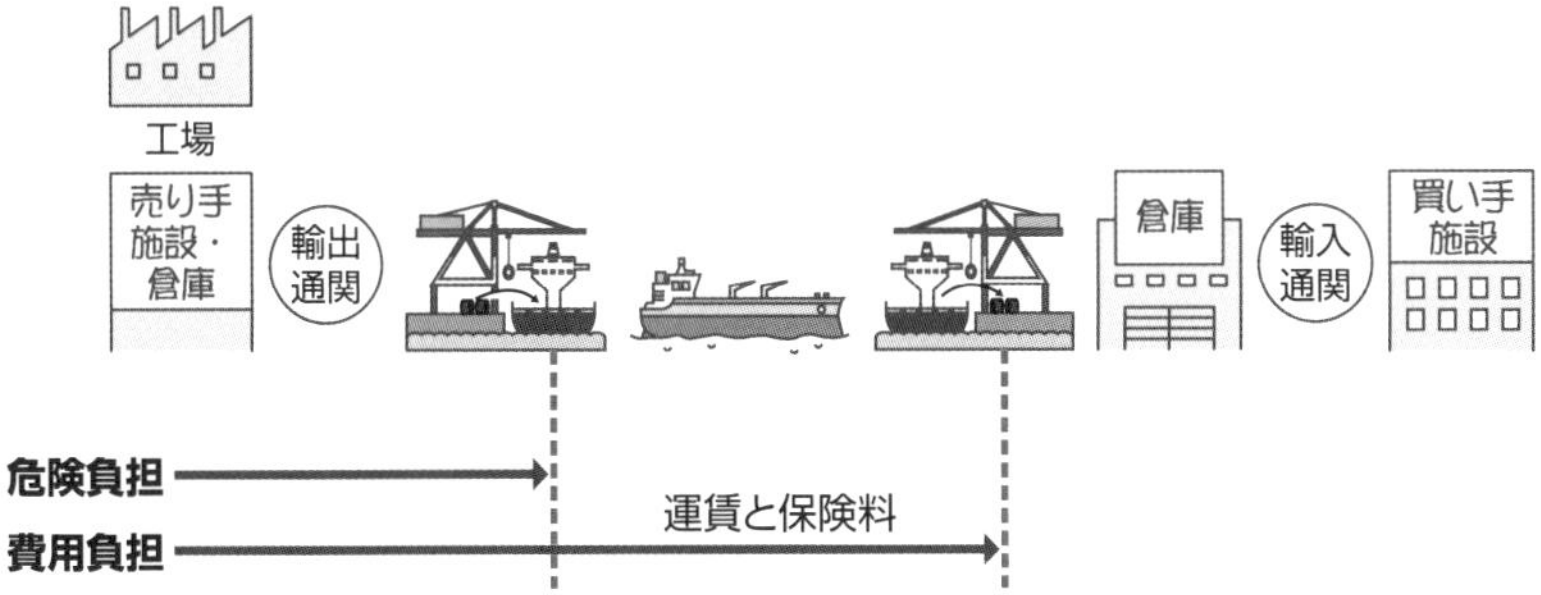

使用例

CIF PORT OF SYDNEY, AUSTRALIA

（オーストラリア シドニー港向け
運賃保険料込み）

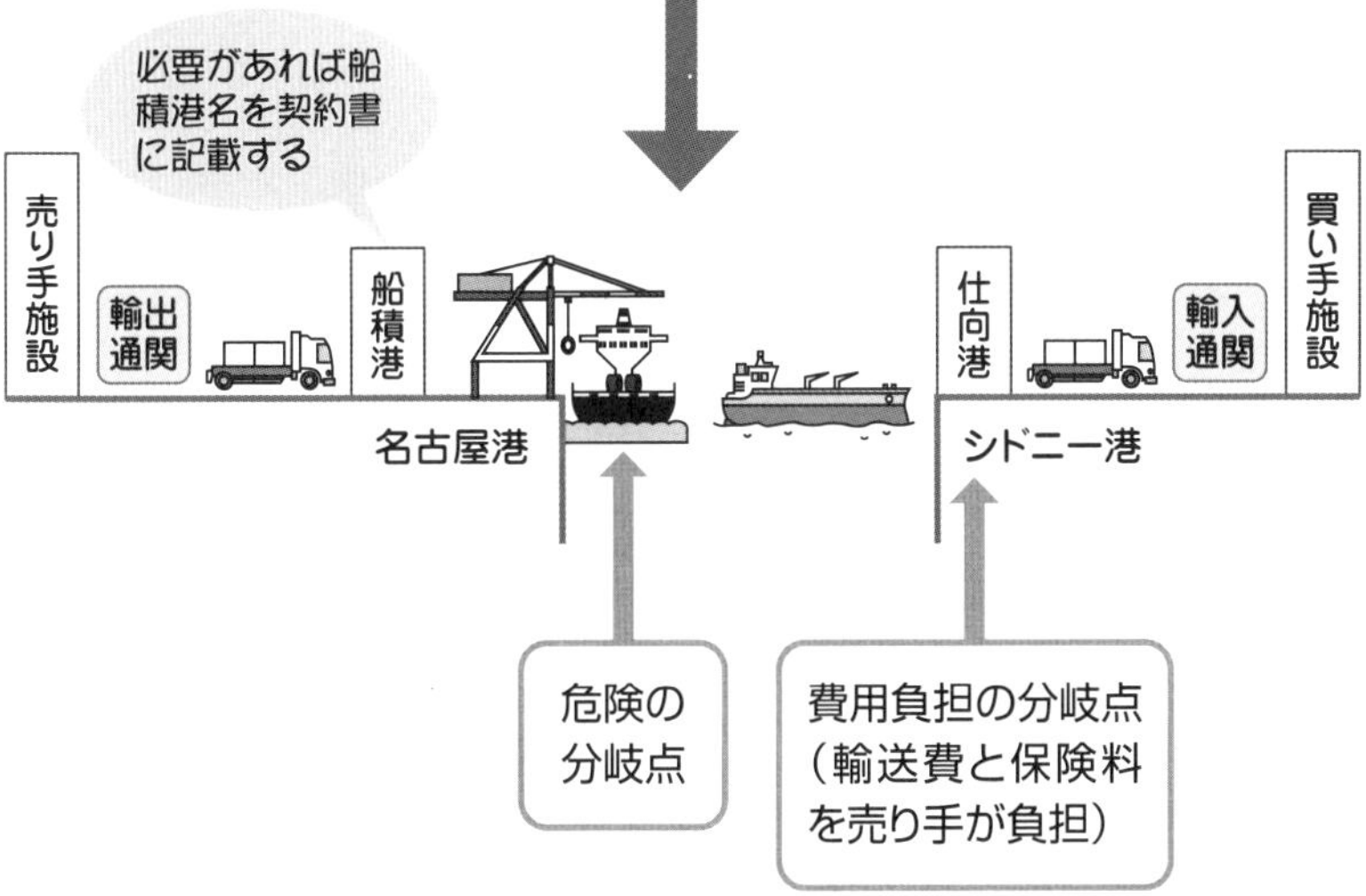

22 品質条件とは

➡ 品質条件の決め方には、見本売買、標準品売買、仕様書売買、規格売買、銘柄売買などがあります。

✪品質条件の決定方法

商品の品質の決め方には、「見本売買」「標準品売買」「仕様書売買」「規格売買」「銘柄売買」の方法があります。

どの決定方法を採用するかは、その商品の性状と商慣習によって異なります。

○見本売買

見本品の形や機能を基準として品質を決める方法で、繊維製品などの製造加工品に用いられます。

売り手は、見本と同じ品質の製品を提供する義務を負うことになります。

○標準品売買

標準的な品質の商品を基準として取引を行う方法です。農林水産品や鉱業品のように品質が自然に左右される商品などでは、平均的な品質や販売に適した品質を基準にして取引されます。

○仕様書売買

設計図や仕様書によって品質を決める方法です。プラント機械類など商談ごとに仕様の異なることが多い商品に用いられます。

○規格売買

ＩＳＯなどの国際規格によって品質を決める方法です。国際規格が確立されている工業製品に用いられます。

また日本のＪＩＳ規格のように、国ごとに作成されている規格を用いる場合もあります。

○銘柄売買

世界的によく知られたブランド

品質決定の時期

船積品質条件

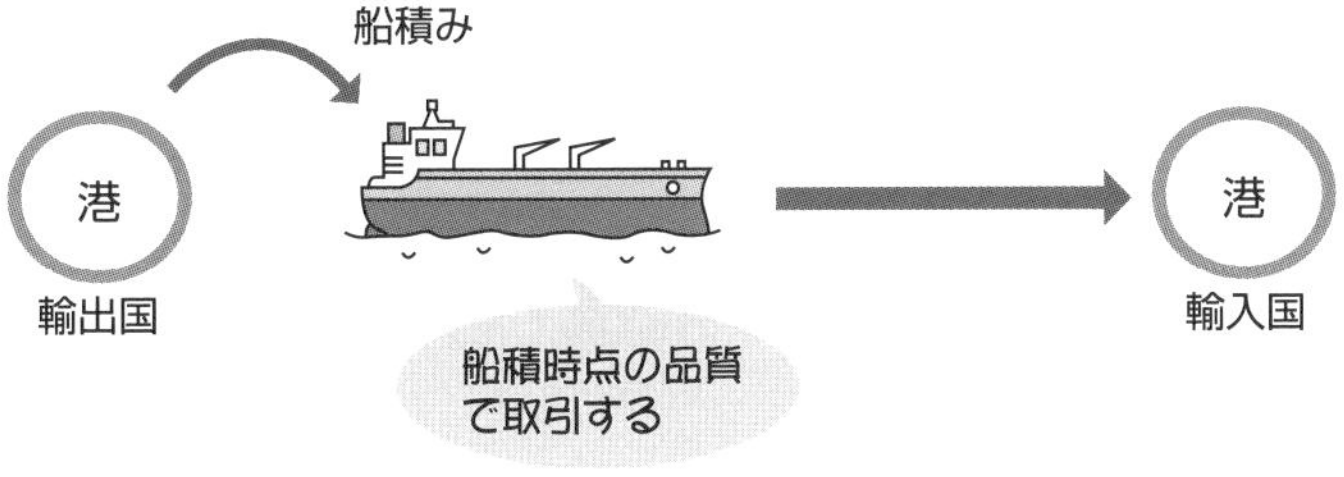

揚地品質条件

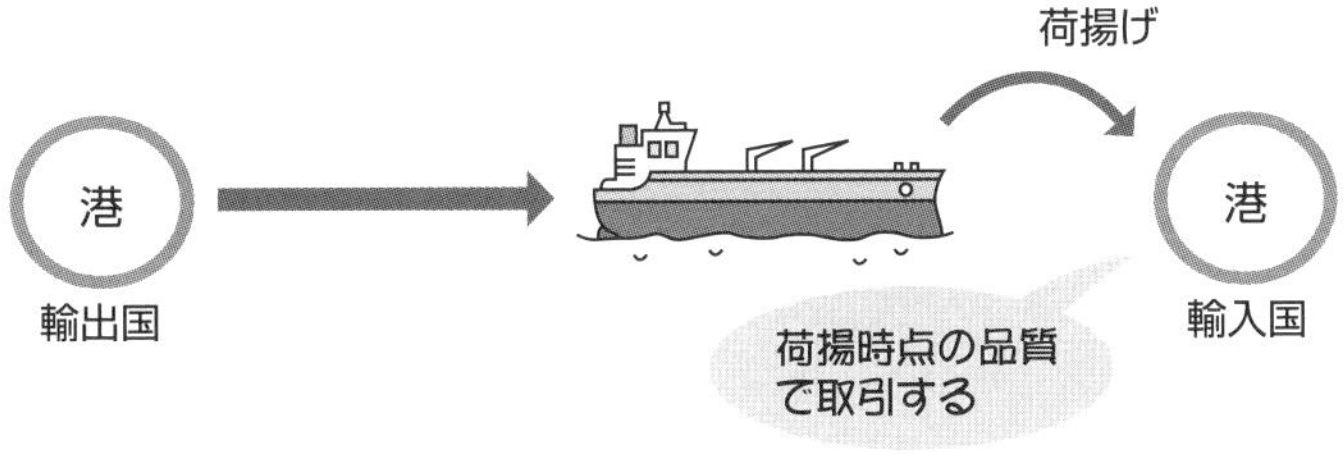

名やトレードマークを指定することで品質を決める方法です。ブランド商品の売買に用いられます。

品質決定の時期

農林水産品のように輸送中に品質に変化が起こる可能性のある商品は、品質決定の時点を船積品質条件とするか、揚地品質条件とするかを取り決めます。

○船積品質条件

商品の品質の決定時期を船積時点とする取引条件です。

○揚地品質条件

商品の品質の決定時期を荷揚時点とする取引条件です。

23 数量条件とは

➡ 数量条件の個数や重さ、容積、長さの単位は、国によって異なることがあるので注意が必要です。

✪ 数量の単位

商品の数量を表す単位には、「個数」「重さ」「容積」「長さ」などが用いられます。

これらの単位は、国によって呼び方が異なったり、同じ呼び名でも基準が異なる場合があるので、取引数量を交渉するときは単位の基準や内容を確認しておく必要があります。

○個数の単位

一般雑貨など個数（数）を基準として数量を決める商品は、数が多い場合はダース（1ダース＝12個）や、グロス（1グロス＝12ダース＝144個）で表示することがあります。

また、食器セットのように1セットを1個として計算する場合もあります。

○重さの単位

鉄鉱石や石炭などの原料類は、重さを数量の基準としています。重さの単位にはポンド（lbs）、キログラム（kg）、トン（t）などがあります。トンは、国によって基準が異なるので、メートル法のトンなのか、英国トンか米国トンなのかの確認が必要になります。

○容積の単位

木材や原油などは、容積を基準として数量を決定しています。容積の単位には、立方メートルや立方フィートのほか、原油などの液体貨物ではバレルが用いられます。

○長さの単位

鉄鋼パイプや電線などの商品は、

重量決定の時期

船積重量条件

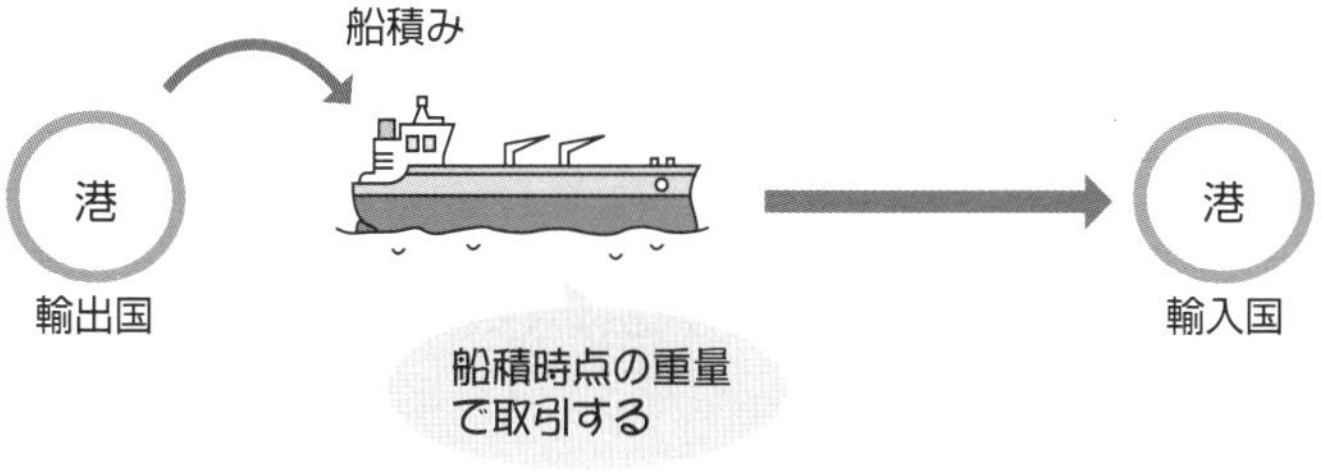

揚地重量条件

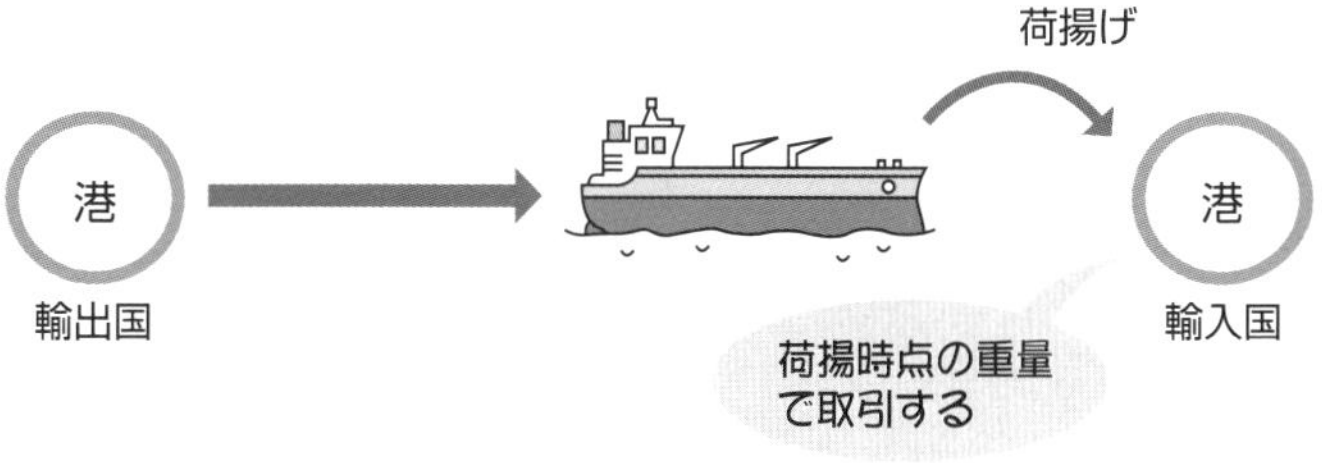

長さを基準にします。長さの単位はメートル法によるメートルやキロメートルのほか、ヤード法によるインチやフィート、ヤードなどが使われます。

重量決定の時点

農林水産品や鉱業原料のように輸送中の乾燥などによって重量が変化する可能性のある商品は、重量決定の時点を船積重量条件とするか、揚地重量条件とするかの取り決めを行います。

○**船積重量条件**

輸出国港で船積みをする時点の重量で取引を行う条件です。

○**揚地重量条件**

輸入国港で荷揚げをする時点の重量で取引を行う条件です。

24 支払条件とは

➡貿易の支払方法には、銀行経由の送金決済と荷為替手形決済、銀行を経由しない決済方法があります。

貿易取引の支払方法は、銀行経由で行う方法と、銀行を経由しない方法に分類されます。

どのような決済条件を選択するかは、取引実績やおたがいの信用度などに応じて変わってきます。

✪銀行経由の決済方法

銀行経由の決済には「送金決済（順為替）」と「荷為替手形決済（逆為替）」の2通りがあります。

○送金決済

送金決済は、買い手が銀行に商品代金を支払った後に、銀行に外国間送金を依頼する方法です。

外国間送金の手段には、スイフト*と呼ばれる銀行間の通信システムを利用する「電信送金*」があります。

・電信送金

○荷為替手形決済

荷為替手形は、売り手が船積書類と引き換えに銀行に代金の取立てを依頼する決済方法で、「信用状付決済」と信用状の付かない「D／P決済」「D／A決済」の3種類があります。

・信用状付決済（L／C決済）
・D／P決済
・D／A決済

✪銀行を経由しない決済方法

銀行を経由しない決済方法には、双方向で売買を行っている企業間で、貸し借りを相殺する「ネッティング」という方法があります。

＊スイフト：SWIFT（Society for Worldwide Interbank Financial Telecommunication）
＊電信送金：T.T.（Telegraphic Transfer）

決済方法

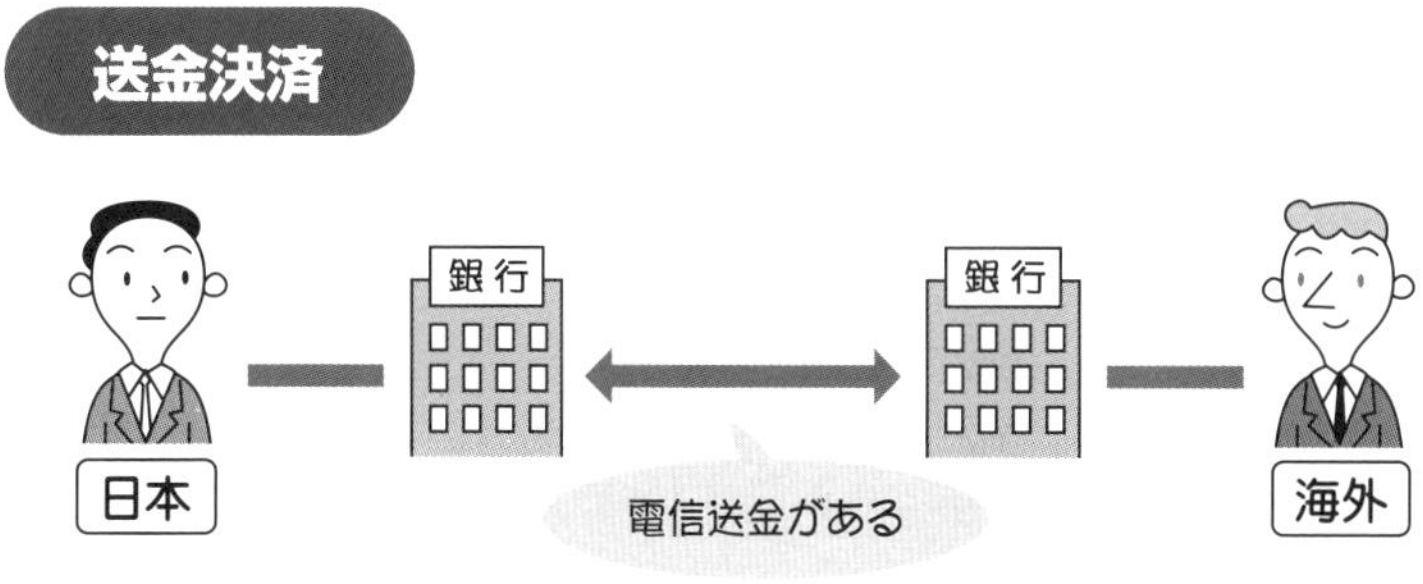
送金決済
銀行
銀行
日本
海外
電信送金がある

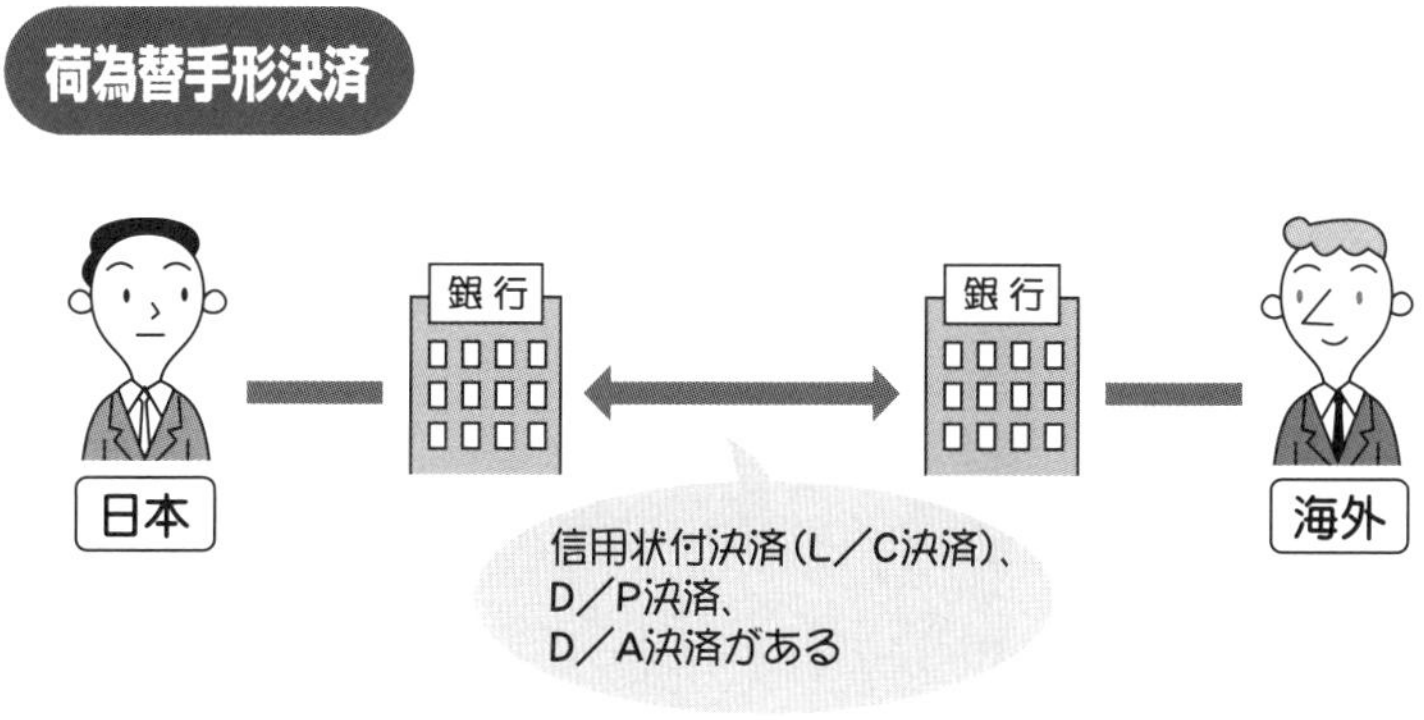
荷為替手形決済
銀行
銀行
日本
海外
信用状付決済(L/C決済)、
D/P決済、
D/A決済がある

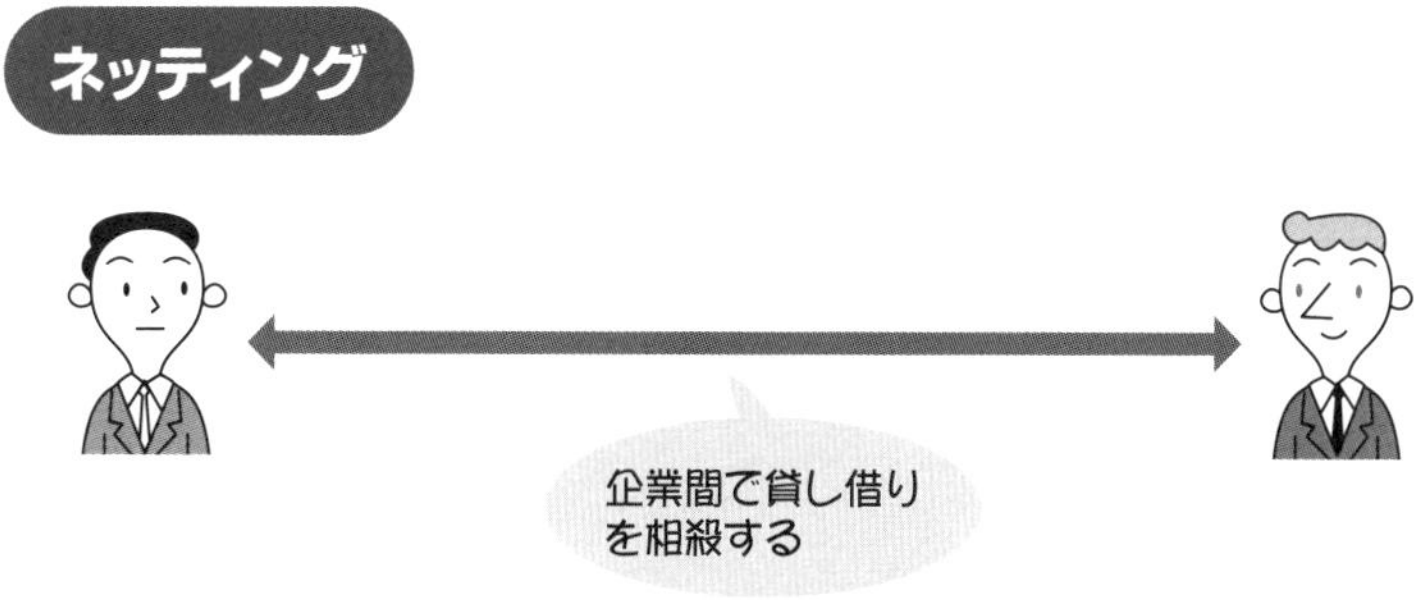
ネッティング
企業間で貸し借り
を相殺する

25 引渡条件とは

➡ 貿易取引の引渡条件では、引き渡しの場所と時期、方法を取り決める必要があります。

貨物の引渡条件では、「いつ」「どこで」「どのような手段で」商品の引き渡しを行うかを取り決めます。

✪引き渡しの場所

引き渡しの場所は、商品輸送リスクが売り手から買い手に移転する場所、すなわちインコタームズが規定する危険移転の場所となります。

インコタームズのE、F、Cの頭文字の規則では輸出国で受け渡しが行われ、Dの規則では輸入国側で受け渡しが行われます。

✪引き渡しの時期

商品の引き渡しをいつ行うかは当事者の合意によりますが、一般的には船積月や期間を指定して取り決めます。たとえば、インコタームズのFCA、CPT、CIPは輸出地で引き渡しを行う条件なので、船積み予定月や期間を引渡し時期として取り決めることになります。

また、船積みの回数が複数になる可能性のある場合には、分割船積みを認める条件をあらかじめ合意しておく必要があります。

✪引き渡しの方法

貨物の引渡方法は、輸送手段により異なります。輸送手段には船、飛行機、貨車、トラックなどがありますが、貨物の種類に応じてどのような手段で輸送するかを取り決めます。

引渡条件

場所

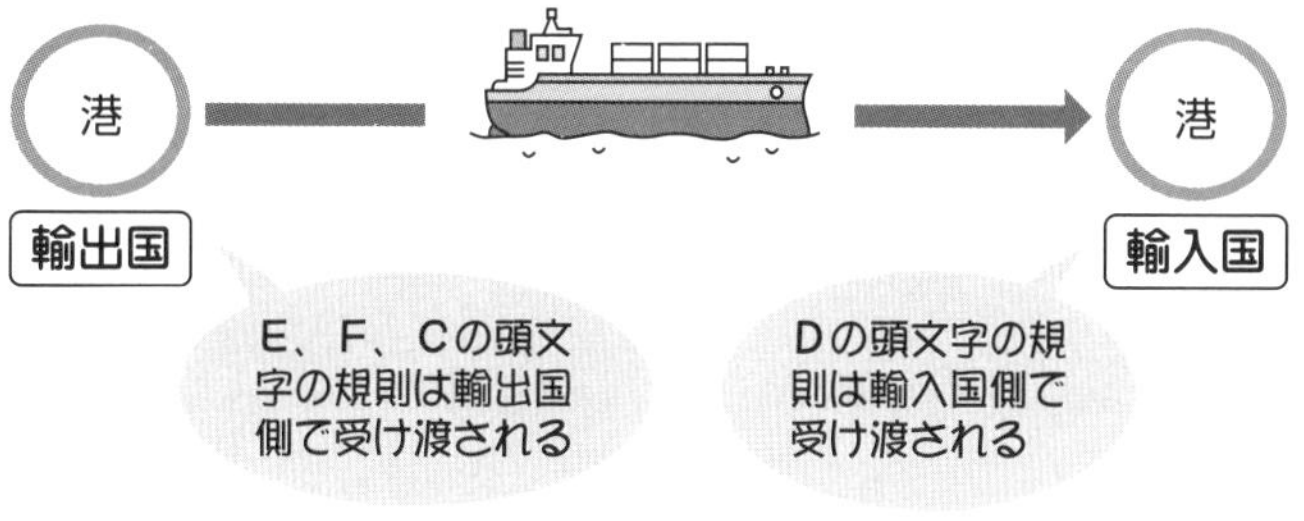
港
輸出国
港
輸入国
E、F、Cの頭文字の規則は輸出国側で受け渡される
Dの頭文字の規則は輸入国側で受け渡される

時期

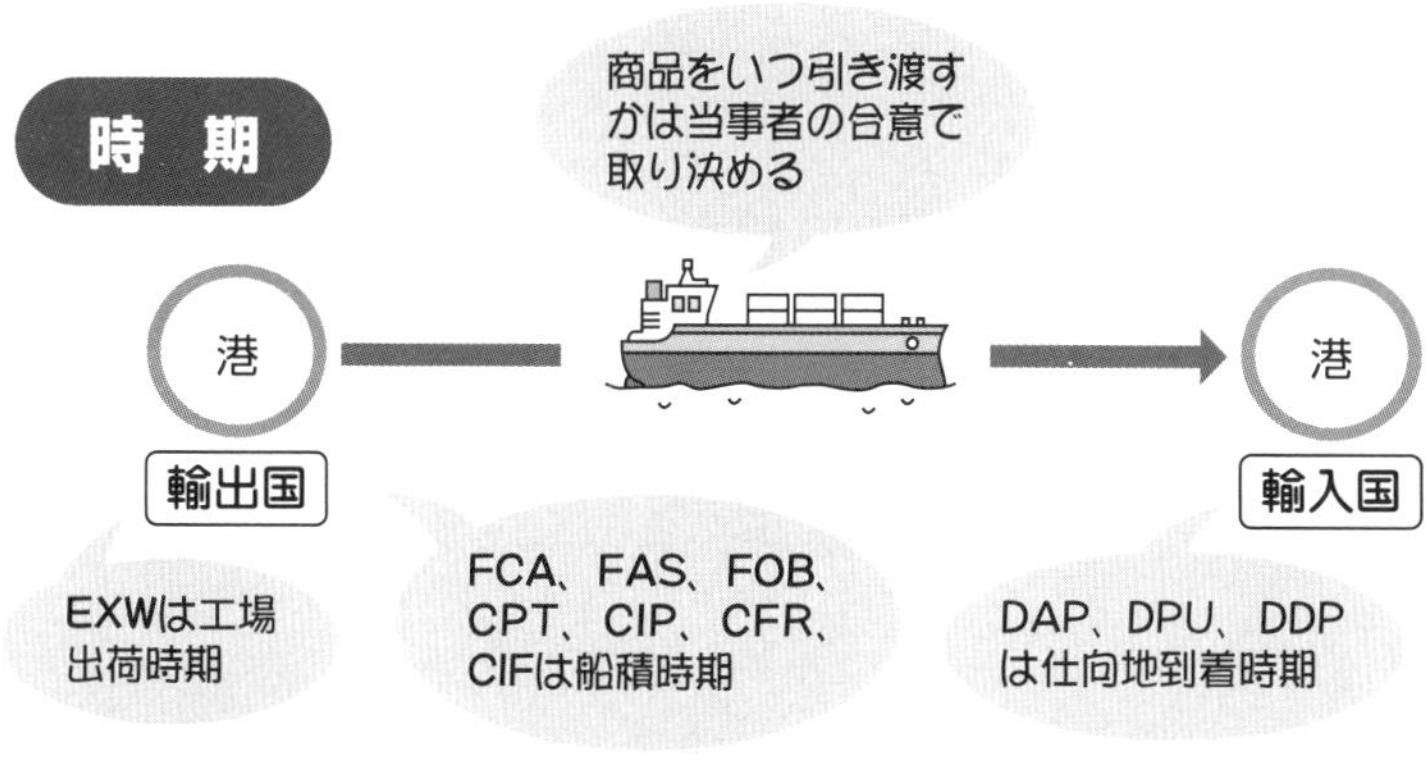
商品をいつ引き渡すかは当事者の合意で取り決める
港
輸出国
港
輸入国
EXWは工場出荷時期
FCA、FAS、FOB、CPT、CIP、CFR、CIFは船積時期
DAP、DPU、DDPは仕向地到着時期

方法

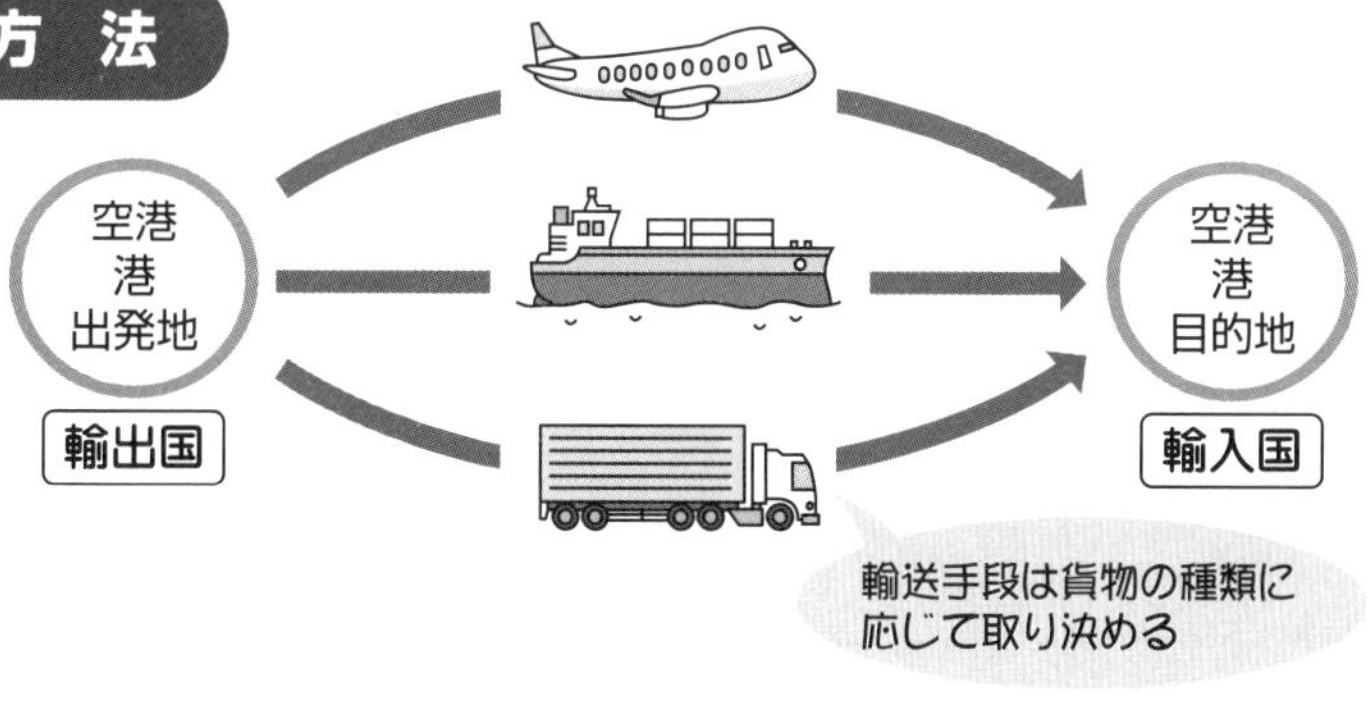
空港
港
出発地
輸出国
空港
港
目的地
輸入国
輸送手段は貨物の種類に応じて取り決める

26 保険条件とは

➡保険条件は、インコタームズの条件によって、売り手と買い手のどちらが負担するかが決まります。

売り手と買い手のどちらが貨物海上保険を手配するかは、保険会社、保険条件、保険料コストなどを考慮して取り決めます。

☆CIPとCIFの場合

インコタームズで貨物海上保険について規定があるのは、CIPとCIFの2つの規則です。

これらの規則では、売り手が買い手のために貨物海上保険を手配すると規定されています。

ここで注意が必要なのは売り手が手配する保険の基本条件です。2010年版のインコタームズでは、CIPとCIFどちらも売り手は必要最小限のてん補、すなわちICC（C）条件でよいとされていましたが、2020年版では、CIFは従来通り最小限てん補のままですが、CIPはてん補範囲の広いICC（A）条件と改定されました。

保険条件は売り手と買い手双方の合意で変更できますので、商品の特性や輸送手段などを考慮に入れて、必要に応じててん補範囲の拡大や縮小を行います。

☆そのほかの取引規則の場合

CIPとCIF以外の取引規則の場合は、売り手と買い手は自社の危険負担範囲をカバーする貨物保険を、自ら手配する必要があります。

この場合も、貨物や輸送方法に適した保険条件の保険を手配することに、留意することが大切です。

保険条件

すべての輸送手段に適した規則の保険負担

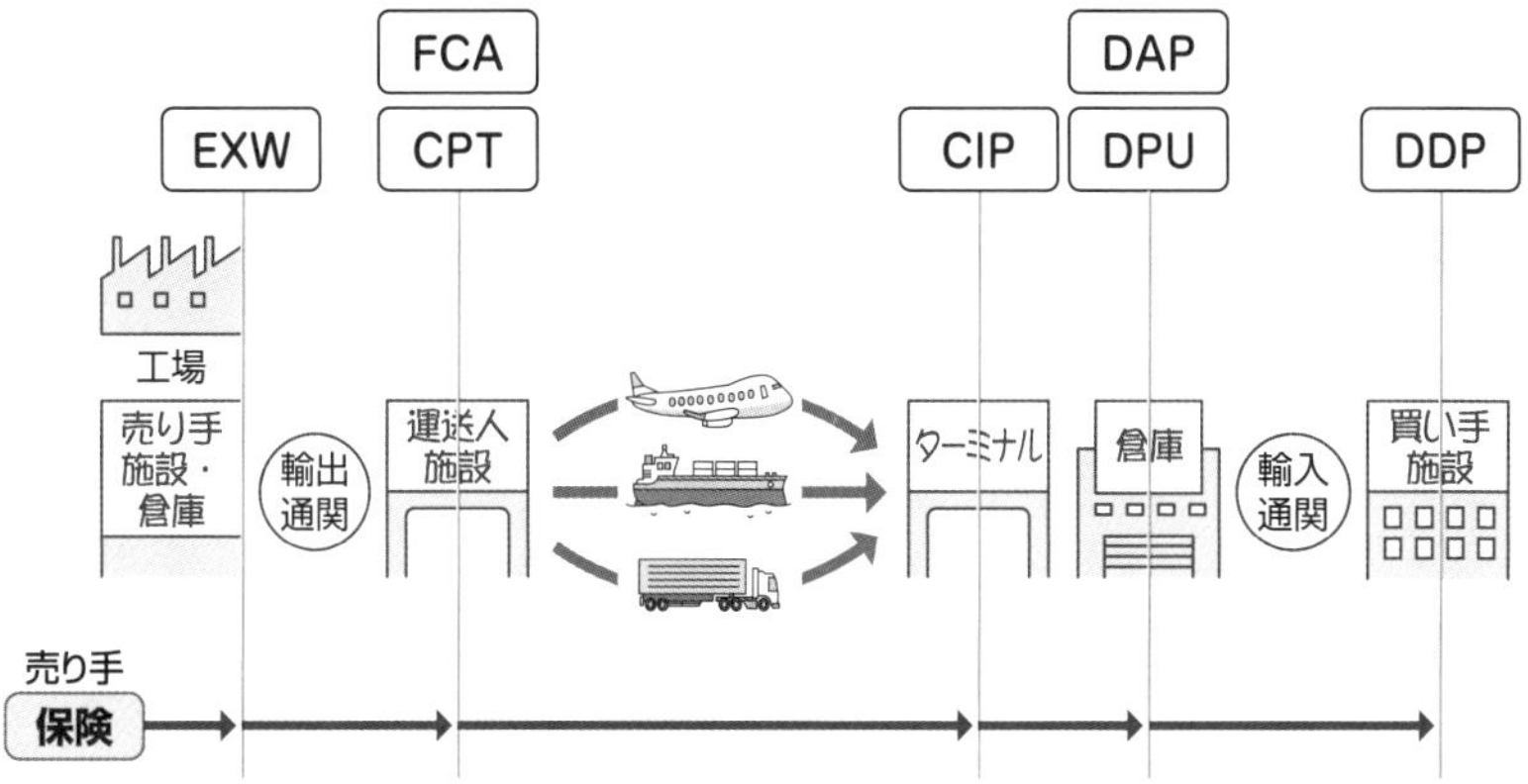

船舶輸送にのみ適した規則の保険負担

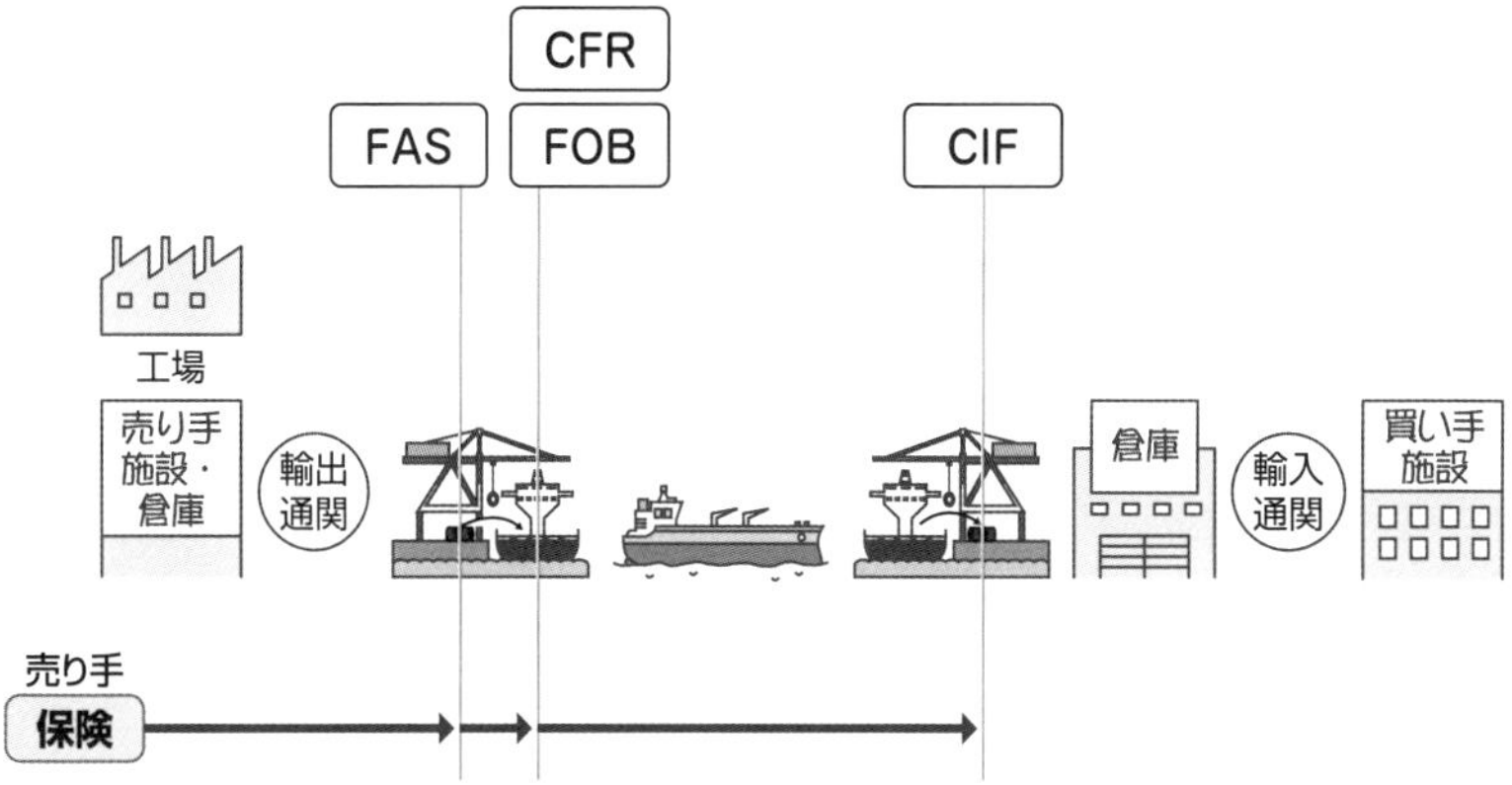

貿易実務用語② 取引条件

日本語	英語	略称	参照ページ
引き合い	Inquiry		42
取引交渉	Negotiation		42
承諾	Acceptance		42
ファームオファー（確定オファー）	Firm Offer		44
条件付オファー（サブコンオファー）	Offer with Subject to Condition		44
カウンターオファー	Counter Offer		45
不可抗力条項	Force Majeure Clause		46
インコタームズ	International Commercial Terms	INCOTERMS	50
工場渡し	Ex Works	EXW	54
運送人渡し	Free Carrier	FCA	56
輸送費込み	Carriage Paid to	CPT	58
輸送費保険料込み	Carriage and Insurance Paid to	CIP	60
仕向地持込渡し	Delivered at Place	DAP	62
荷卸込持込渡し	Delivered at Place Unloaded	DPU	64
関税込持込渡し	Delivered Duty Paid	DDP	66
船側渡し	Free Alongside Ship	FAS	68
本船渡し	Free on Board	FOB	70
運賃込み	Cost and Freight	CFR	72
運賃保険料込み	Cost Insurance and Freight	CIF	74
船積品質条件	Shipped Quality Terms		77
揚地品質条件	Landed Quality Terms		77
船積重量条件	Shipped Weight Terms		79
揚地重量条件	Landed Weight Terms		79

CHAPTER 3

第3章
輸送のしくみ

1 海上輸送とは

➡海上輸送には、コンテナ船や在来型貨物船などさまざまなタイプの船が使用されています。

☆海上輸送のサービスと流れ

海上輸送は、コンテナ船、在来型貨物船、そのほかさまざまなタイプの船を用いて行われます。

船会社はこれらの船を用い、決められた航路を定期的なスケジュールで配船する「定期船サービス」と、荷主の要望に応じて航路やスケジュールを決める「不定期船サービス」を行っています。

荷主は貨物の性質や船積量に適した船と配船サービスを選択して船腹を予約し、海貨業者や通関業者に、貨物の船積みや荷揚げ、通関の手配などを委託します。

☆海上輸送の関係者

海上輸送の主な関係者は次のとおりです。

◎輸出国側

○輸出者

荷主として、海貨業者などを通じて船会社に貨物を引き渡します。

○通関業者と海貨《かいか》業者（乙仲《おつなか》）

荷主の委託を受けて、輸出通関手続きをするほか、荷主の代理人として、港湾地区で貨物の船積みを手配します。

○船会社

海貨業者などを経由して受け取った荷主の貨物を輸送します。

○船舶代理店

船会社の代理店として、本船出港の諸手続きを行います。また、船会社の委託にもとづき、船荷証券を発行します。

輸出入の関係者

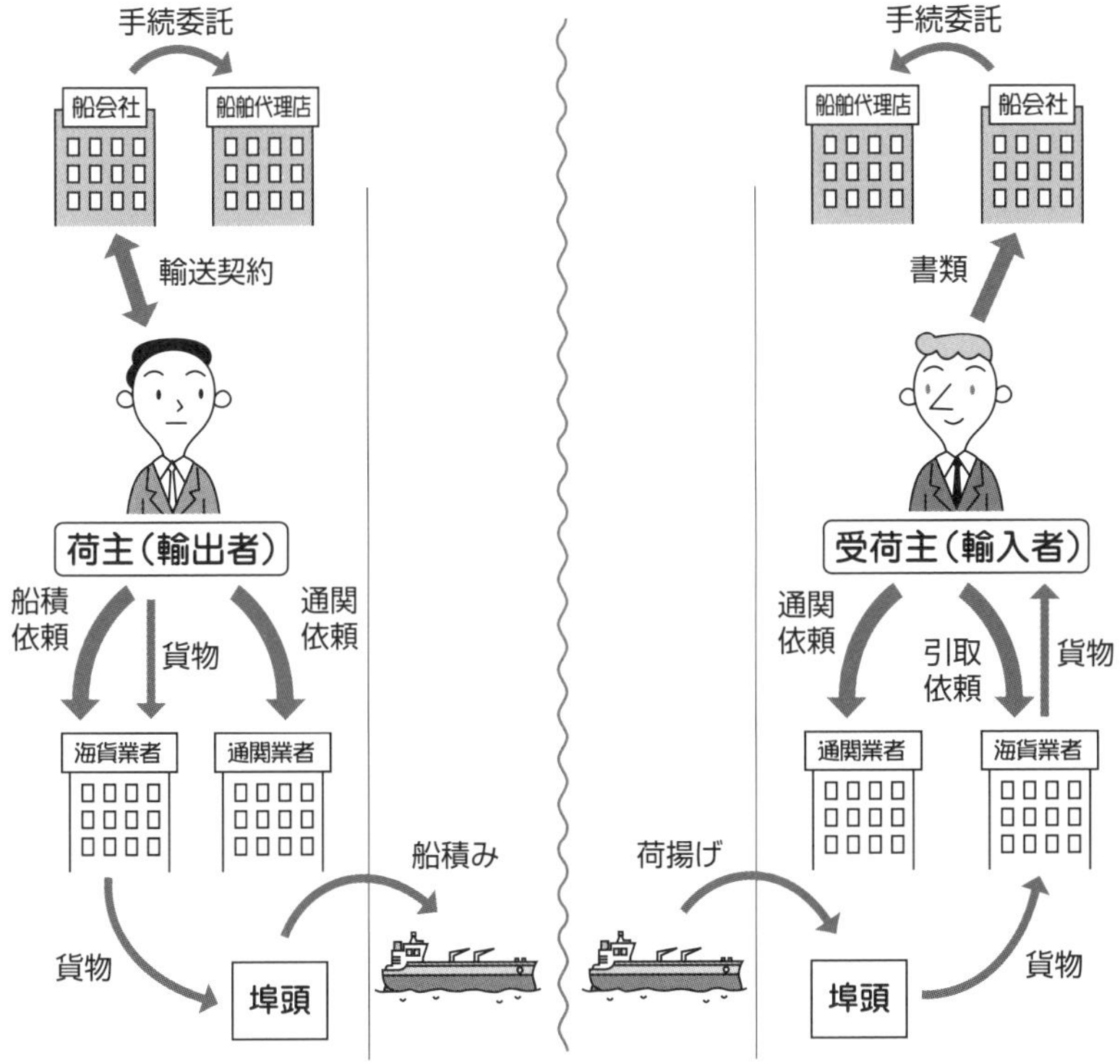

◎輸入国側

○船会社

貨物を荷揚げし、海貨業者などを経由し受荷主に引き渡します。

○船舶代理店

船会社の代理店として、本船入出港の諸手続きを行います。船会社の委託にもとづき、船荷証券を回収します。

○通関業者と海貨業者（乙仲）

受荷主の委託を受けて、輸入通関手続きを行うほか、受荷主の代理人として、港湾地区で貨物引き取りなどの手配業務を行います。

○輸入者

受荷主として、海貨業者を通じて船会社から貨物を受け取ります。

2 港湾施設とは

➡ 開港と呼ばれる港には、貿易貨物の船積みや荷揚げが行われるさまざまな施設があります。

✪港湾とは

外国貿易を行う船舶が出入りできる港は「開港《かいこう》」と呼ばれ、法令によって指定されています。現在、日本には約120の開港が指定されており、貿易貨物の船積みや荷揚げが行われています。

これらの港は、港務局や地方自治体によって管理・運営されています。

○港湾の施設

港湾は「水域（海上部分）」と「陸域（陸上部分）」で構成されています。

水域には、船が通行する「航路」のほかに、到着した船が待機する「停泊地」や海上で積揚荷役を行う「係留ブイ」などの施設があります。

陸域には岸壁、クレーンなどの荷役機器や倉庫、港湾内の道路や線路、さらにコンテナターミナルなどがあり、これらを総称して「埠頭《ふとう》」と呼んでいます。

港湾を管理する「港務局」や、貨物の輸出入を管理する「税関事務所」も港湾内にあります。

○港湾の関係者

港湾では、船の運航に関する事業者と、貨物の船積みに関する事業者が各業務を行っています。

船関係では「船舶代理店」「水先案内人」「タグボート業者」などがあり、貨物関係では「港湾運送事業者」「荷役《にやく》事業者」「はしけ運送事業者」「検数事業者」「検量事業者」などがあります。

港湾施設

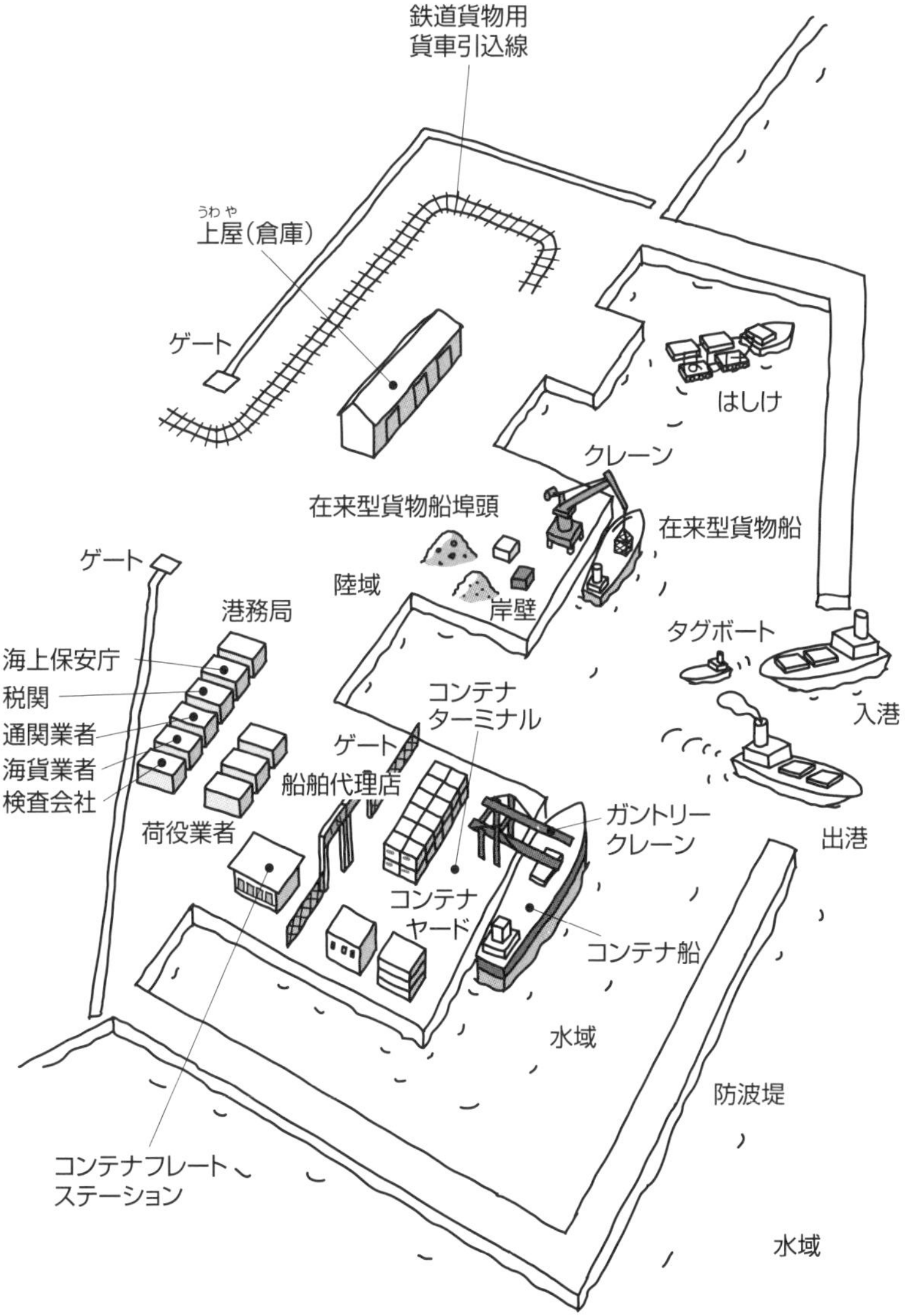

鉄道貨物用
貨車引込線
上屋《うわや》（倉庫）
ゲート
はしけ
クレーン
在来型貨物船埠頭
在来型貨物船
ゲート
陸域
港務局
岸壁
タグボート
海上保安庁
税関
コンテナ
ターミナル
入港
通関業者
ゲート
海貨業者
船舶代理店
検査会社
ガントリー
クレーン
荷役業者
出港
コンテナ
ヤード
コンテナ船
水域
防波堤
コンテナフレート
ステーション
水域

3 コンテナターミナルとは

➡コンテナターミナルは、コンテナの船積みや荷おろしが行われるコンテナ船専用の埠頭です。

✪コンテナターミナル

コンテナターミナルとは、コンテナ船専用の埠頭のことで、「コンテナ荷役施設」と「コンテナ保管管理施設」が、一元的にコンピューターシステムで管理されている港湾施設です。

　コンテナターミナルは、通年24時間休みなく稼動し、コンテナ船がスケジュールどおりに入出港できる態勢を整えています。

✪コンテナターミナルの施設

　コンテナ船が接岸する岸壁を「バース」と呼び、本船の手前で貨物積卸しの荷さばきを行う場所を「エプロン」と呼んでいます。

　エプロン上にはコンテナ船に貨物を積みおろしする専用クレーンである「ガントリークレーン」が設置されています。

　エプロンに隣接した場所は「マーシャリングヤード」と呼ばれ、これから船積みするコンテナや、荷揚げ後のコンテナが保管されます。

　エプロンとマーシャリングヤードを総称して、「コンテナヤード（CY）」と呼んでいます。

　コンテナヤードの入口にはゲートと管理棟が設けられており、出入りするコンテナの情報管理や実重量測定などを行っています。

　また、コンテナターミナルの近くには、「コンテナフレートステーション（CFS）」があります。

コンテナターミナル

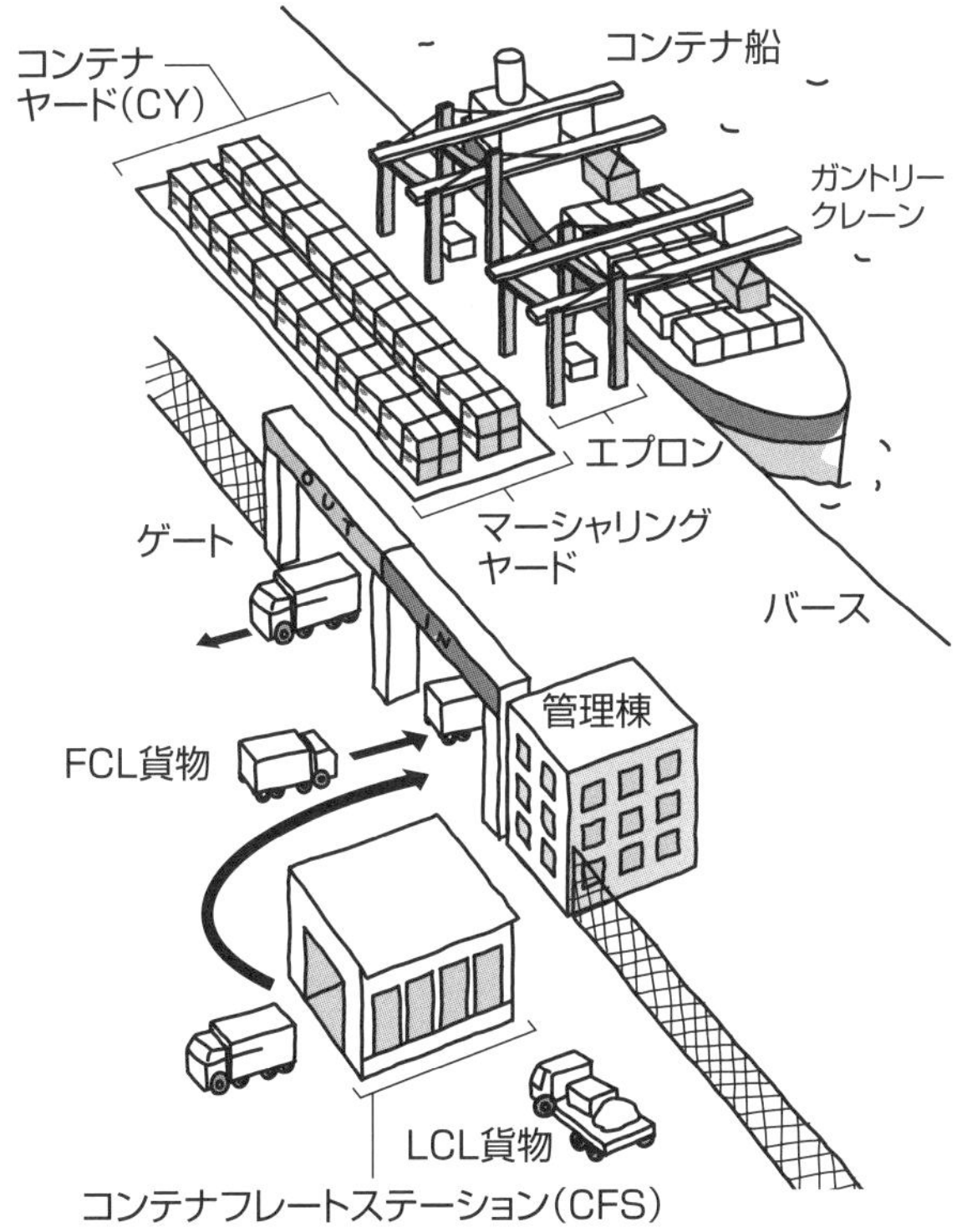

○**コンテナヤード**

コンテナヤードとは、輸出通関を終えた船積み前のコンテナの搬入と保管、船から荷おろしされたコンテナの保管、および輸入通関手続後のコンテナの搬出作業が行われる施設です。

○**コンテナフレートステーション**

コンテナフレートステーションとは、輸出の場合はコンテナ1本に満たない小口貨物を集めて1本のコンテナに詰め合わせる作業（バンニング）を行い、輸入の場合は詰め合わせて輸送されてきたコンテナから小口貨物を取り出す作業（デバンニング）を行う施設です。

4 在来型貨物船の埠頭とは

➡大型貨物やバラ荷など、さまざまなサイズの貨物の船積みや荷おろしが行われる在来船専用の埠頭です。

✪在来船用の埠頭と施設

コンテナターミナルと同じように、在来型《ざいらいがた》貨物船の埠頭が接岸する岸壁を「バース」と呼び、本船船側の貨物荷さばきを行う場所を「エプロン」と呼んでいます。

エプロンの後ろには、「上屋《うわや》」と呼ばれる貨物の保管場所があります。輸出船積み前の貨物や輸入到着後の貨物は、いったん上屋に保管されます。

ただし、貨物は必ずしも上屋で保管される必要はなく、場合によっては輸出通関後の貨物を直接エプロンに輸送して船積みしたり、「はしけ」と呼ばれる船で本船の海側に横付けして船積みします。

輸入の場合も同じように、本船から荷揚げした貨物をトラックや、はしけに直接引き取ることもできます。

在来型貨物船の埠頭では、コンテナのような規格化されたサイズの貨物ではなく、大型貨物や重量物、長尺貨物、バラ荷などさまざまな荷姿やサイズの貨物が取り扱われます。

これら多種の貨物をさばくための設備として、荷役設備や保管設備のほか、港湾内道路や貨車引込み線などの設備があります。

○荷役設備

移動クレーンやバルク貨物荷揚用ベルトコンベアなどがあります。

○保管設備

上屋や野積みスペースなどがあります。

在来型貨物船の埠頭

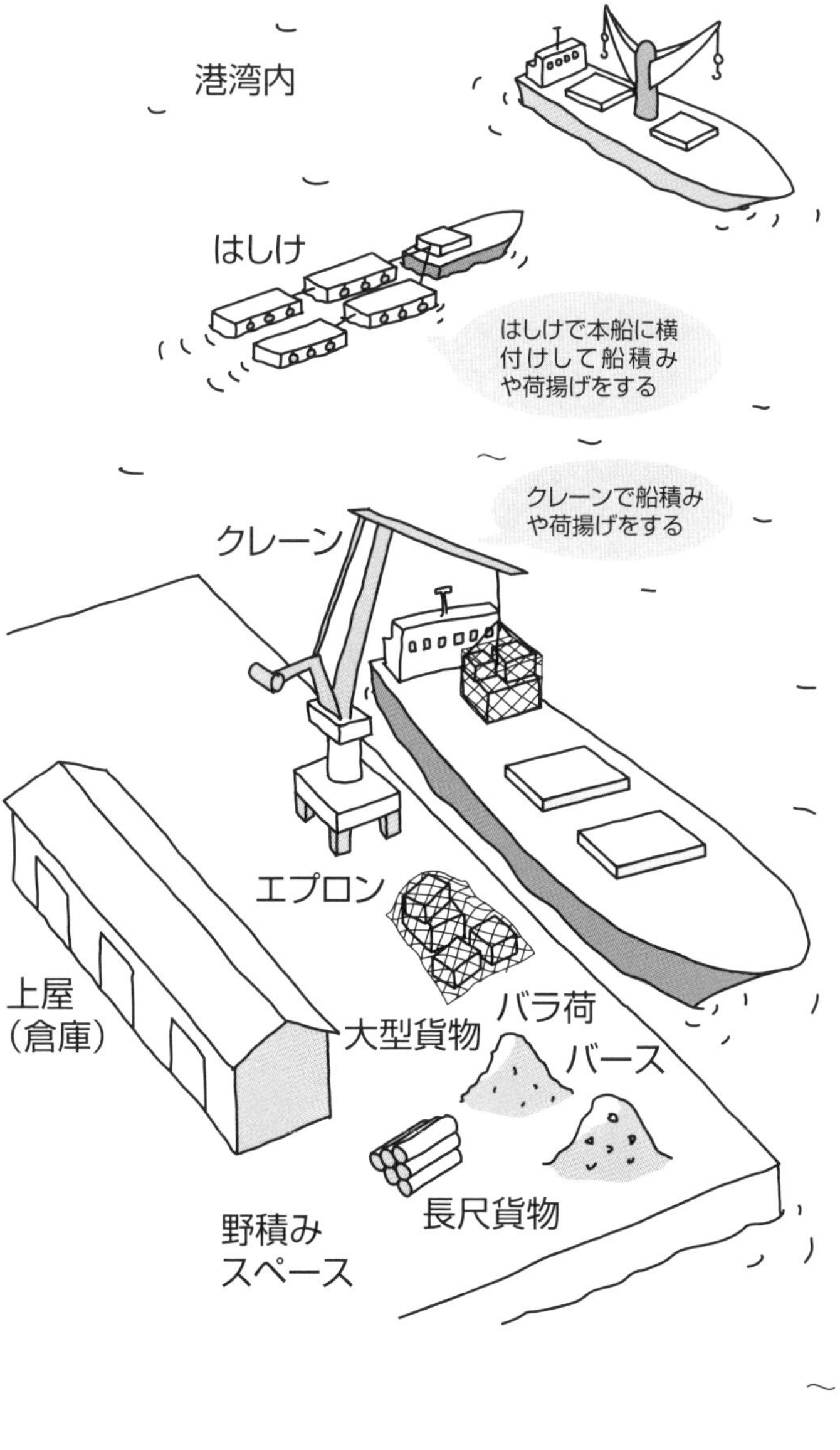
港湾内
はしけ
はしけで本船に横
付けして船積み
や荷揚げをする
クレーンで船積み
や荷揚げをする
クレーン
エプロン
上屋
(倉庫)
大型貨物
バラ荷
バース
野積み
スペース
長尺貨物

5 コンテナ船輸送とは

➡コンテナ貨物専用の貨物船がコンテナ船で、貨物はすべてコンテナ単位で海上も陸上も輸送されます。

コンテナ船の輸送とは

コンテナ船とは、コンテナ貨物専用の貨物船のことで、船倉はコンテナを重ねて積み込むのに適した直方体の倉庫状になっています。

コンテナ輸送では、貨物はすべてコンテナに詰め込まれ、コンテナ単位でそのまま海上も陸上も輸送されます。

コンテナ輸送は、家電製品をはじめ、各種製品類の輸送に適しており、荷役スピードも速くて航海スケジュールも安定していることから、定期船サービスの多くはコンテナ船で行われています。

ＦＣＬ貨物とＬＣＬ貨物

コンテナのなかでも、標準的な20フィートドライコンテナは、重さなら約20ｔ、容積なら約32㎥の貨物を積むことができます。

コンテナ貨物の呼び方には、ＦＣＬ貨物とＬＣＬ貨物の2種類があります。

ＦＣＬ貨物のコンテナ詰め

1人の荷主の貨物だけで1つのコンテナを満載できる貨物をＦＣＬ貨物と呼んでいます。

ＦＣＬ貨物の場合、荷主は自社の工場や海貨業者の施設で商品のコンテナ詰め（バンニング）を行い、コンテナヤード（ＣＹ）で船会社に預けます。

このように、荷主がコンテナ詰めを行うことを「シッパーズパック」と呼んでいます。

コンテナ船の輸送

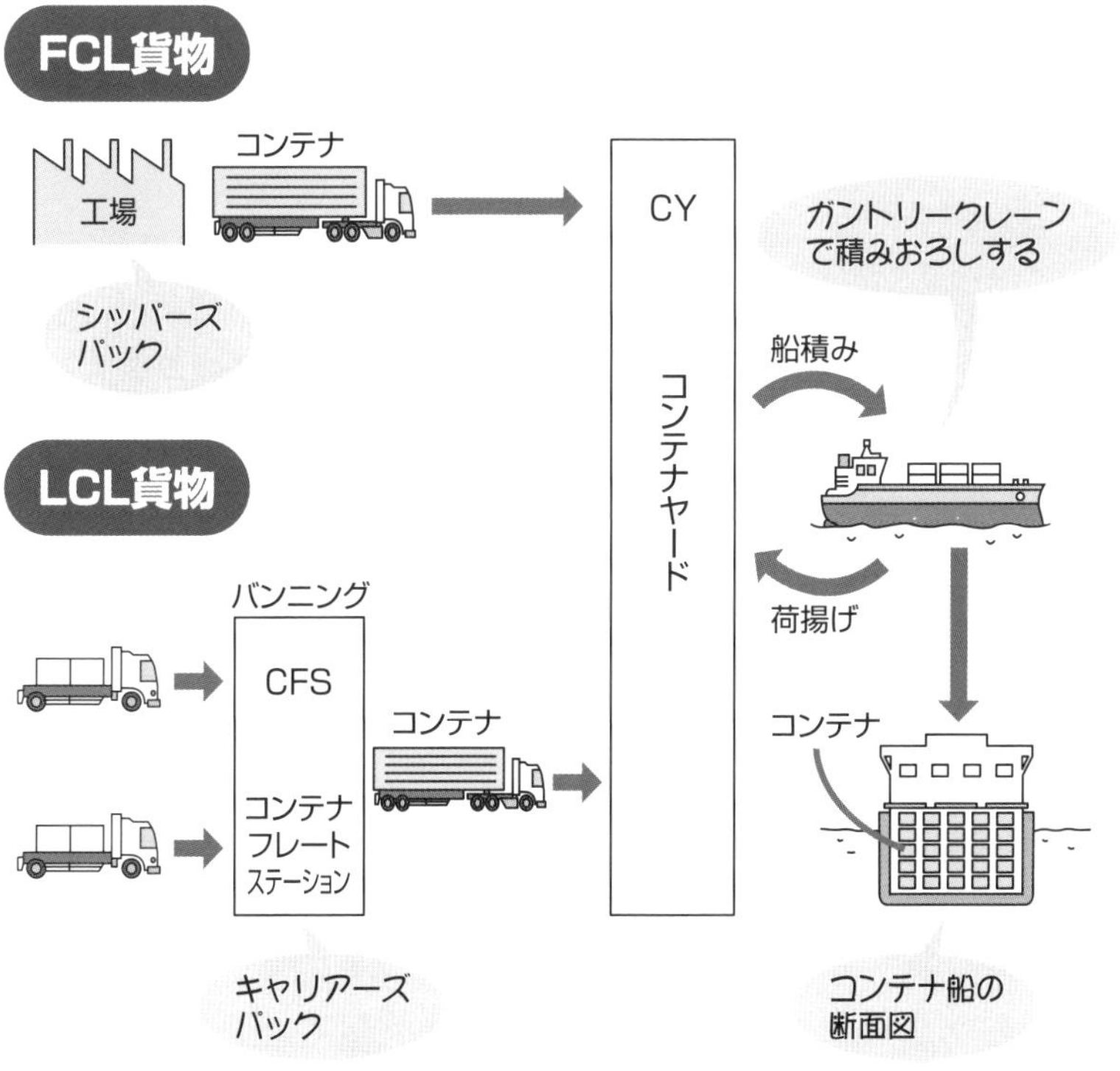

LCL貨物のコンテナ詰め

コンテナ1本に満たない小口貨物はLCL貨物と呼ばれます。

LCL貨物は、コンテナフレートステーション（CFS）で、船会社によってほかの小口貨物と一緒にコンテナに詰め込まれた後に、コンテナヤードに運ばれます。

このように、船会社がコンテナ詰めを行うことを「キャリアーズパック」と呼んでいます。

コンテナ船輸送の用語

CY : Container Yard

CFS : Container Freight Station

FCL : Full Container Load

LCL : Less than Container Load

Shipper's Pack

Carrier's Pack

Vanning

Devanning

6 コンテナの種類

➡ドライコンテナをはじめ、冷凍コンテナやオープントップコンテナなど、さまざまな種類があります。

コンテナは、海上輸送だけでなく、陸上を輸送するときはシャシーに載せてトレーラーヘッドで牽引したり、貨車に載せて輸送します。

すべてのコンテナにはコンテナ番号が付けられており、輸送中の位置情報はこの番号で管理されています。

コンテナの種類

コンテナには、一般的なドライコンテナのほかに、貨物の性状に合わせた特殊なタイプのものがあります。

ドライコンテナ

コンテナのなかでも、ドライコンテナは標準的なタイプで、一般雑貨や家電製品など多くの製品の輸送に利用されています。

サイズは規格化されていて、長さが20フィート（約6m）のものと、40フィート（約12m）のものがあるので、商品の容積に応じて使い分けられています。

冷凍コンテナ

マイナス30℃程度までの温度管理ができる装置を備えたコンテナで、冷凍・冷蔵食品などの輸送に用いられています。

オープントップコンテナ

ドライコンテナの屋根が取り除かれた形をしているものです。

コンテナのドアからの出し入れが困難な鉄コイルなどの重量物や

コンテナの種類

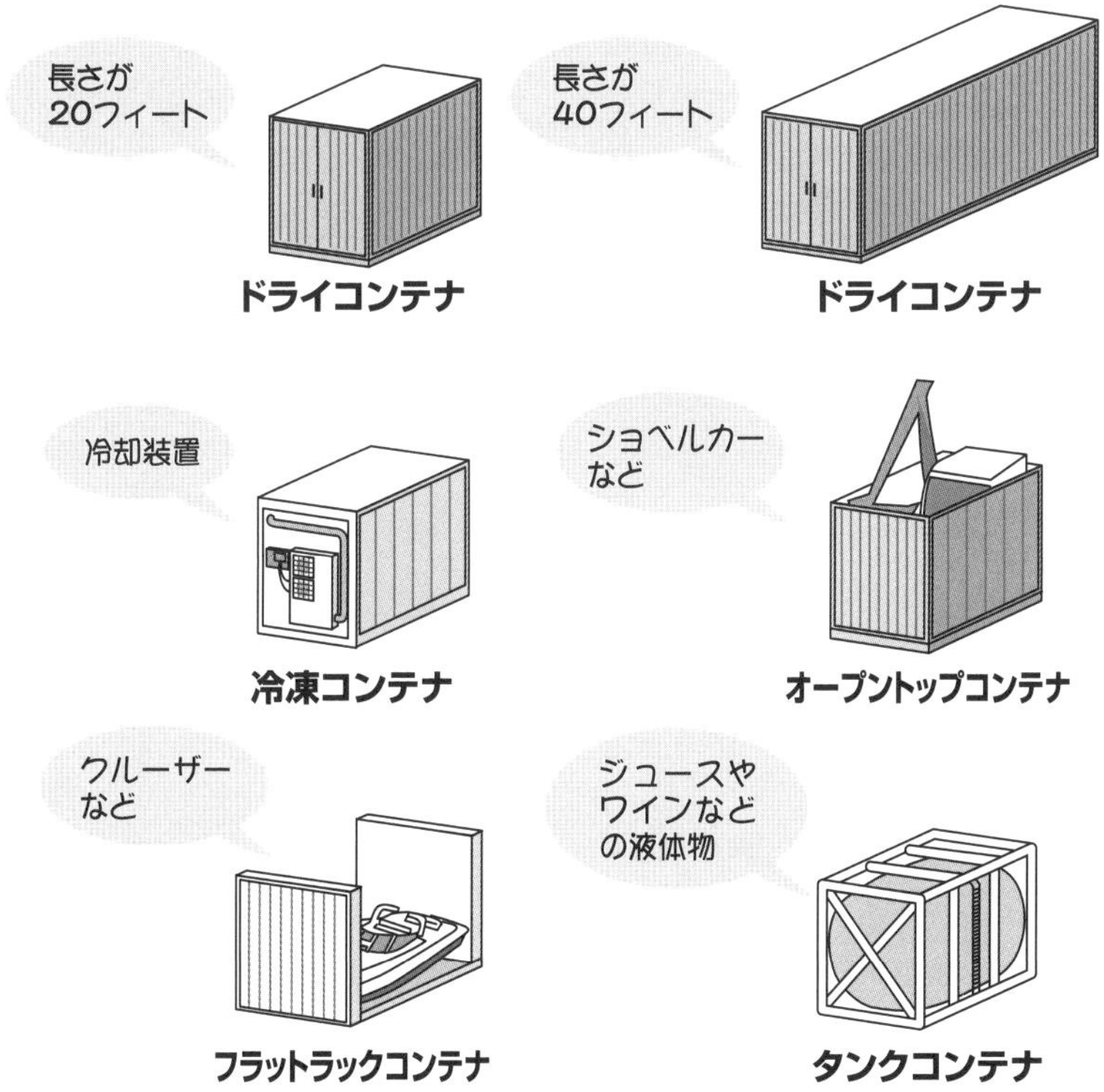

建設機械などの大型機械の輸送に用いられます。

✪ フラットラックコンテナ

オープントップコンテナからさらに側面の壁が取り除かれた形をしているコンテナです。コンテナの横面から、たとえばクルーザーなどの貨物の積み込みができます。

✪ タンクコンテナ

ジュースやワインなど液体貨物を輸送できるタンクを装備したコンテナです。

7 在来型貨物船とは

➡コンテナ輸送には不向きな大型機械やバラ荷など、さまざまなサイズの貨物を輸送する貨物船です。

☆在来型貨物船

コンテナ船が登場する以前から一般貨物を輸送している貨物船を「在来型貨物船」と呼びます。

在来型貨物船は、大きさ、重さ、長さがコンテナ輸送には不向きな大型機械や鉄鋼パイプなどの貨物を中心として、現在も幅広く利用されています。

在来型貨物船には、本船上に貨物を積みおろしできるクレーンやデリックといった荷役設備を備え持っているタイプの船もあります。それらは、荷役設備の整っていない港や沖合いの荷役ブイに係留して、貨物の積みおろしをすることもできます。

また、在来型貨物船は、さまざまな貨物の積み付けに対応するために、2層の船倉を持っているのが一般的です。

在来型貨物船は、定期船サービスと不定期船サービスの両方に使用されています。

☆在来型貨物船の輸送

頑丈な箱であるコンテナに詰め込むコンテナ輸送では、貨物は国内輸送と同じ程度の梱包でも問題はありませんが、在来型貨物船の場合は、積みおろしの荷役中や輸送中に貨物が損傷を受ける危険が大きくなります。

したがって、在来型貨物船で輸送する貨物は、輸送に適した梱包をしなければなりません。

また、貨物の形状に応じて梱包

在来型貨物船の輸送

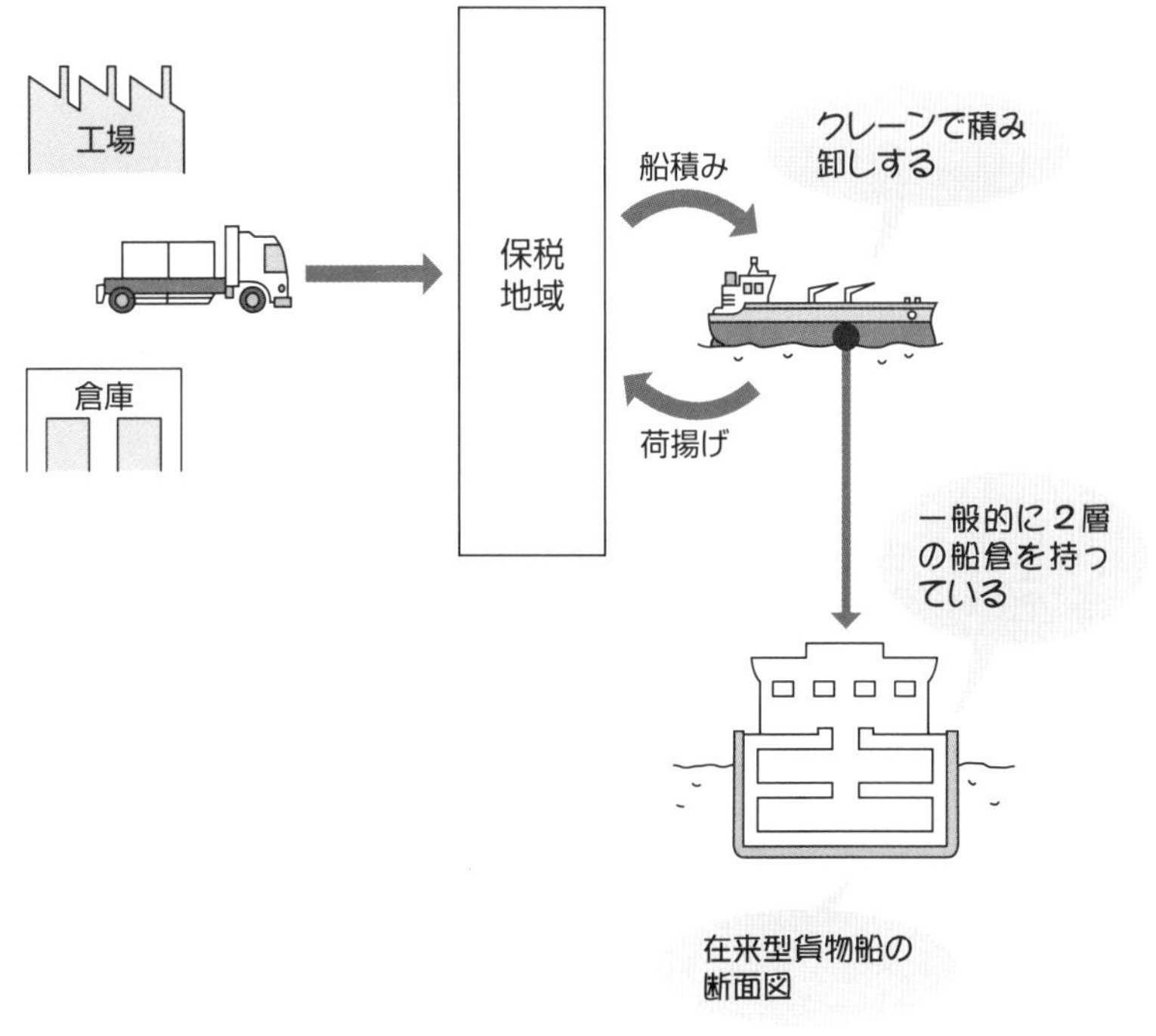

した後は、貨物の目立つ場所に「荷印《にじるし》（シッピング・マーク）」を記載して、貨物を梱包単位で管理します。

ただし、バラ荷の場合は、梱包の必要はありません。バラ荷貨物は、ベルトコンベアなどの設備で船倉に流し込むことで船積みをします。

バラ荷貨物は、バルカーと呼ばれる1倉の船倉を持つ船で輸送され、船倉や船単位で管理されます。

8 そのほかの船の種類

➡ コンテナ船や在来型貨物船のほかにも、バルカーやタンカーなどさまざまな種類の船があります。

✪船の種類

コンテナ船や在来型貨物船のほかに、バルカーやタンカーなど貨物の性状や目的に応じてさまざまな船が海上輸送に使用されています。

以下はその一例です。

○バルカー

とうもろこしや小麦などの穀物、石炭、鉄鉱石などのバラ荷輸送に適した船のことで、輸送中に貨物が動きにくいような傾斜が船倉に付いています。

○タンカー

液体を運ぶタンク構造の船倉を持つ船のことを、タンカーと呼んでいます。一般的にタンカーといえば、石油を輸送するタンカーを指します。

石油タンカーは、輸送効率を上げるために大型化が進んでおり、たとえばＶＬＣＣと呼ばれる大型タンカーは、一度に30万ｔ以上の石油を輸送することができます。

○自動車専用船

乗用車、バス、トラックなどを効率よく輸送するための船で、船倉は巨大なパーキングビルのような構造をしています。船への積みおろしは、立体駐車場のようなスロープを車で走らせて行います。

○ＬＮＧ船

マイナス１６２℃以下に冷却された液化天然ガスを輸送するために、温度管理装置を備えた液化天然ガス輸送専門のタンカーです。

そのほかの船

バルカー

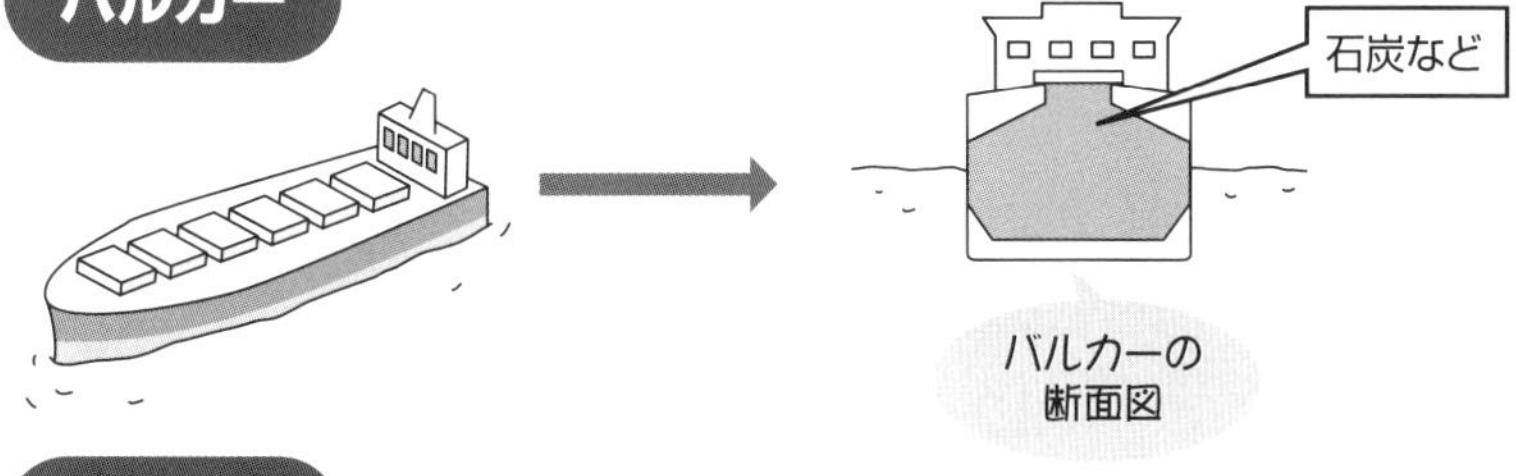

タンカー

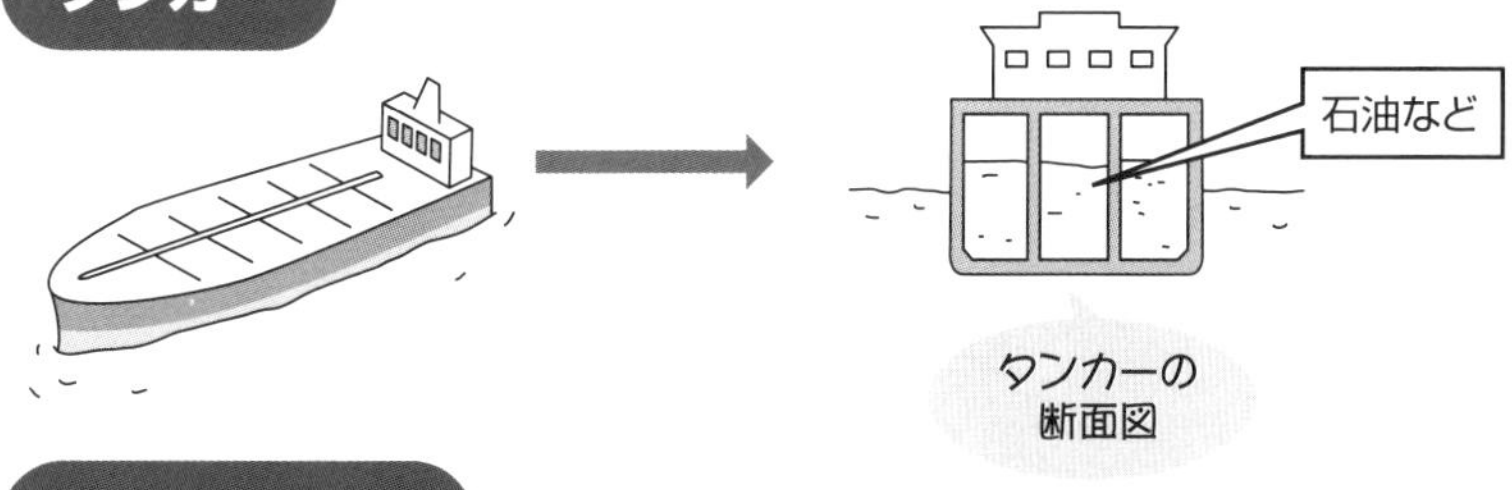

自動車専用船

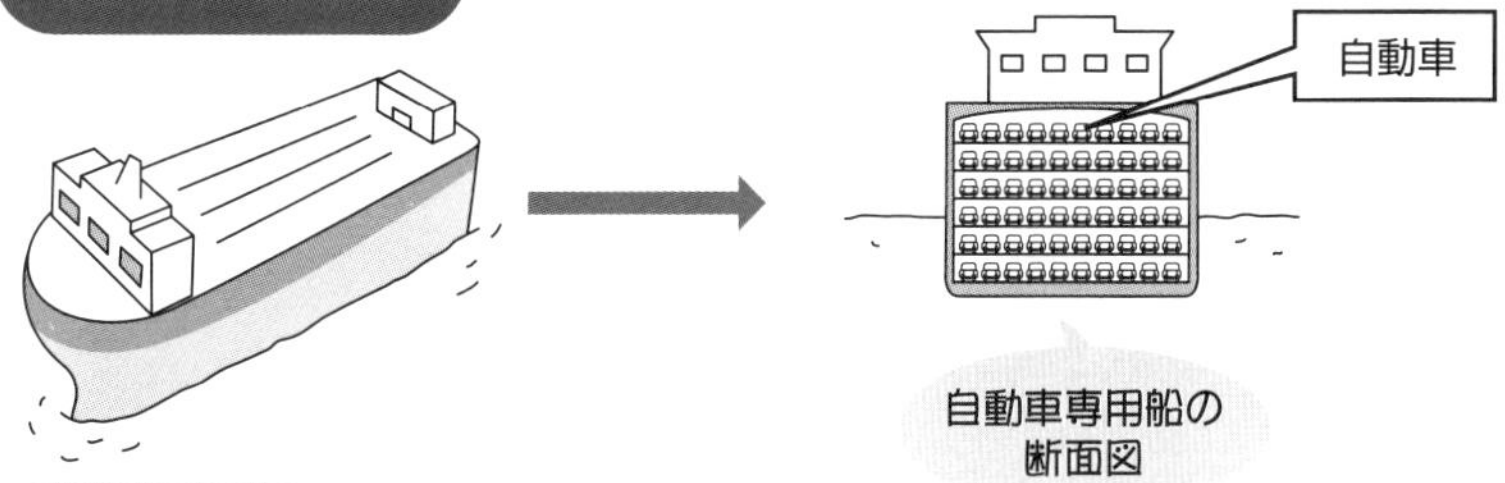

LNG船

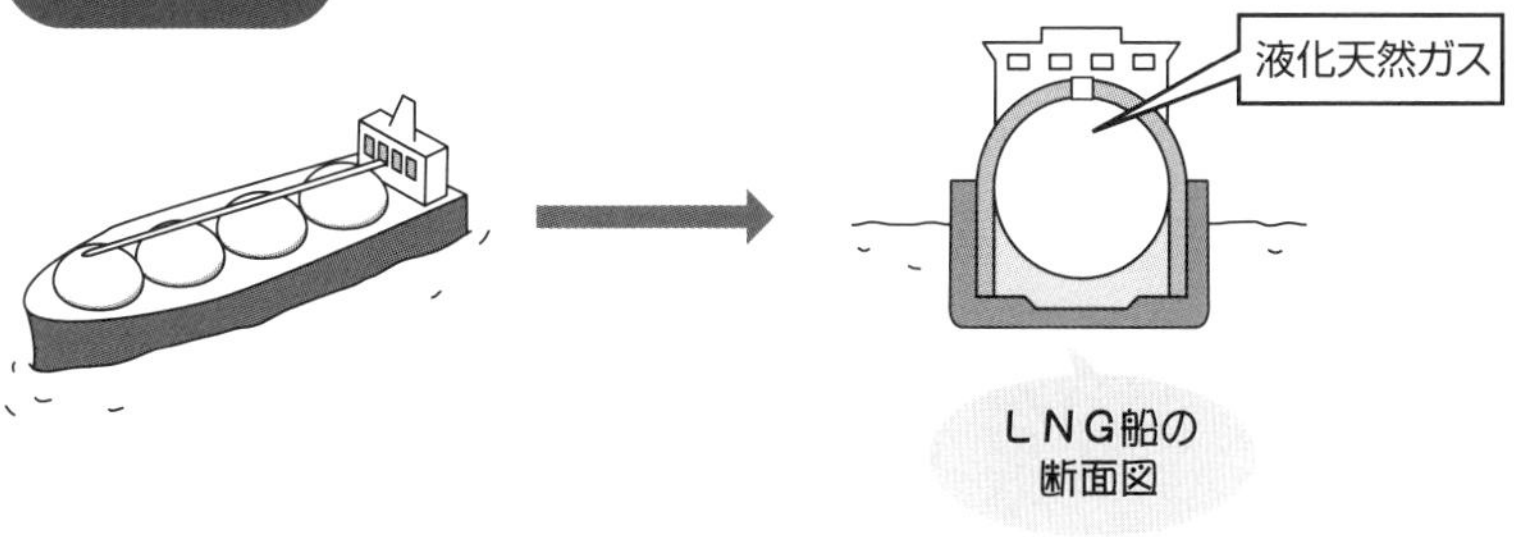

9 海上輸送の運航サービスとは

➡ 海上輸送の運航サービスには、定期船サービスと不定期船サービスの2種類があります。

海上輸送の手配の流れ

海上輸送の手配は、まず貨物に適した船を選んで、その船に予約を入れて、船のスケジュールに合わせて貨物を船会社に預ける流れで進めます。

運航サービスの違い

海上輸送の手配は、貨物に適した船を選ぶことから始まります。

さまざまな種類の船がありますが、船会社が行うサービスの側面から見ると、「定期船（ライナー）サービス」と「不定期船（トランパー）サービス」の2通りに分類されます。

○定期船サービス

定期船は決まった寄港地を一定のスケジュールで運航するサービスで、不特定多数の荷主の小口貨物の輸送に適しています。

現在、定期船サービスのほとんどは、コンテナ船で行われています。

○不定期船サービス

不定期船は荷主の要望に応じて、寄港地や運航スケジュールをその都度決定するサービスで、特定荷主の大口貨物輸送に適しています。

コンテナ船以外のバルカーやタンカー、そのほかの船の多くは、不定期船サービスで運航されています。

定期船と不定期船を身近な乗りものにたとえるなら、定期船が路線バスで、不定期船はチャーターバスといえるでしょう。

海上輸送の運航サービス

	定期船サービス（ライナー）	不定期船サービス（トランパー）
寄港地	一定	荷主の要望に応じて決定
スケジュール	一定	荷主の要望に応じて決定
貨物	小口貨物中心（一般的な製品類や雑貨など）	大口貨物（穀物、原油、石炭、天然ガス、鉄鉱石など）
輸送契約	船荷証券に記載	用船契約を締結する
運賃	一定期間は固定	たえず変動する
船の種類	コンテナ船と一部の在来型貨物船	コンテナ船以外のバルカーやタンカーなど

10 定期船の運航サービスとは

➡ 世界の主要港を結ぶ定期船サービスは、各国の船会社が提供しており、タリフ（運賃）が設定されています。

☆定期船サービス

世界各国の主要港間を結ぶ定期船サービスは、日本の大手海運会社をはじめ内外の各船会社が提供しています。

定期船の航路は、日本から見た場合、北中南米、欧州、アフリカ、中近東、東南アジア、豪州など世界各国への航路があります。

○定期船のスケジュール

各船会社が、船が寄港する港や入出港予定日などの情報を、自社のホームページや業界紙に載せているほか、定期船のスケジュールを網羅した専門誌もあります。

☆定期船の運賃

定期船の運賃は、各船会社がすべての荷主に適用する一律の運賃を設定しています。この運賃は「タリフ」と呼ばれます。

航路によっては、船会社が海運同盟と呼ばれる国際カルテルを結成し、同盟船会社共通のタリフを作成しています。

○運賃の構成

定期船の運賃であるタリフは「基本運賃」と「割増運賃」の2階建ての構成になっています。

基本運賃は一定期間（1年間など）変更されませんが、割増運賃は運航コストに大きく影響を与える事態が発生した場合に変更されて、徴収されます。

○基本運賃の種類

基本運賃には「品目別運賃」「品目無差別運賃」の2種類の設

定期船の運賃の構成

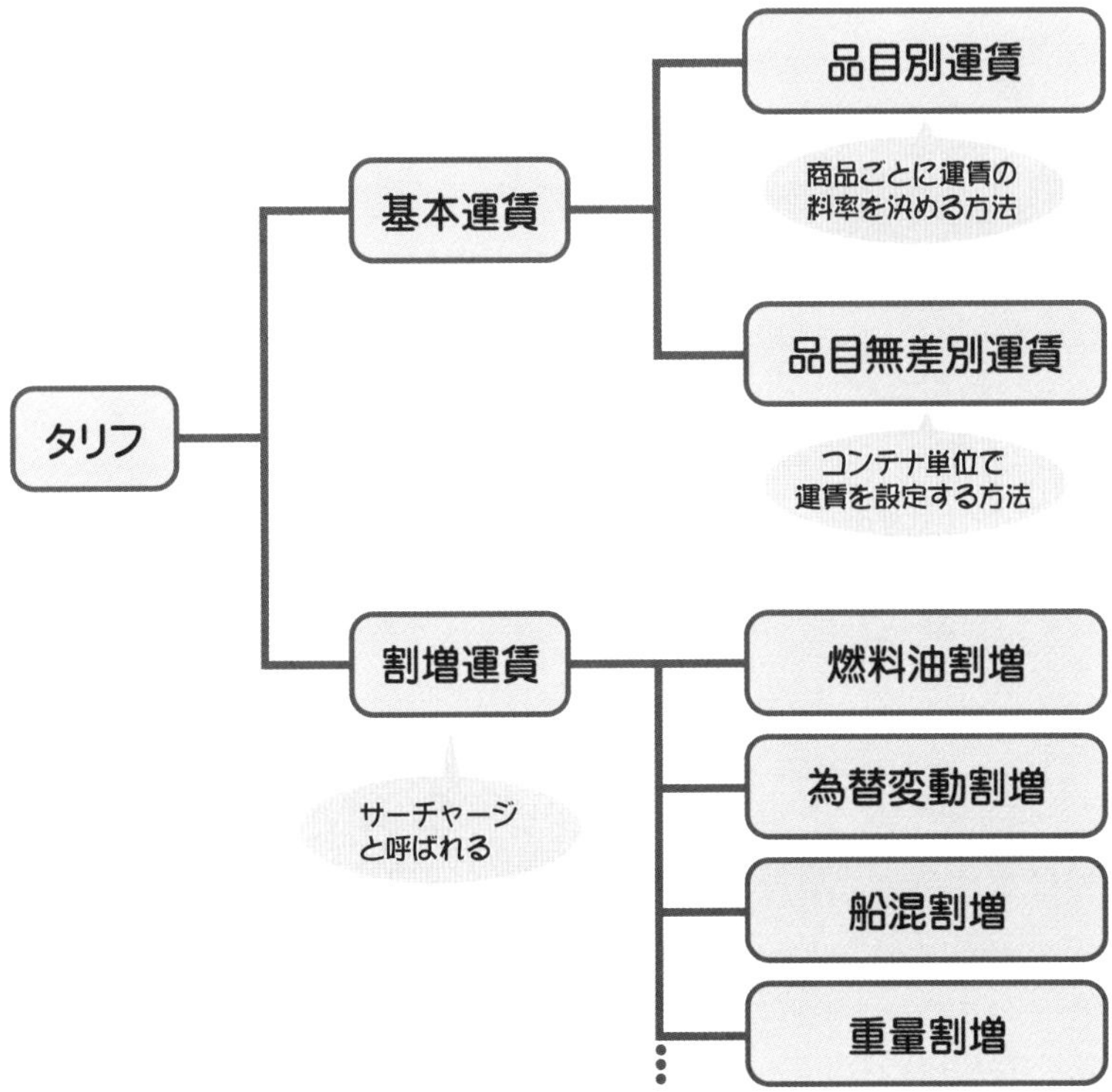

定方法があります。

「品目別運賃」は、商品ごとに料率を決める方法で、海運同盟で作成するタリフは基本的にこの方法をとっています。運賃は個々の商品の特性や運賃負担能力などを考慮して設定されます。

「品目無差別運賃」は、商品に関係なく料率を決める方法です。

コンテナ輸送の発達とともに広まった運賃設定方法で、コンテナの中に何を詰め込むかに関係なく、コンテナ1本当たりいくらと運賃を設定する方法です。

○割増運賃の種類

割増運賃はサーチャージと呼ばれ、燃料油割増、為替変動割増、船混割増、重量割増などがあります。

11 定期船への船積み

➡ コンテナ貨物の定期船輸送の船積手配の一般的な手順は、以下のとおりです。

✪ブッキング

売り手の商品出荷準備が整えば、船会社にブッキング（船腹予約）を行います。

ブッキングはスケジュール表などで探した船を運航している船会社（またはその代理店）にコンタクトし、希望する船、コンテナの種類と本数、貨物明細（数量、重量、容積）、船積港、荷揚港などを伝え、予約することです。

また、FCL貨物かLCL貨物かの区別と、輸出入国での受け渡しや引き取りのコンテナヤード（CY）またはコンテナフレートステーション（CFS）がどこになるかも確認します。

ブッキングが確定すれば、船会社はブッキング番号を予約確認照会番号として発行します。

✪ブッキングと貿易取引条件

売り手と買い手のどちらがブッキングを行うかは、契約で取り決めた貿易取引条件に従います。すなわち、インコタームズのCとDの頭文字の規則では売り手が行い、EとFの頭文字の規則では買い手が行います。

✪船積手配

ブッキングが完了すれば、船の到着予定に合わせて船積準備を行います。主な作業としては、輸出許可取得、梱包とバンニング（コンテナ詰め）、船積港またはCYやCFSへの輸送、輸出通関手

定期船への船積手順

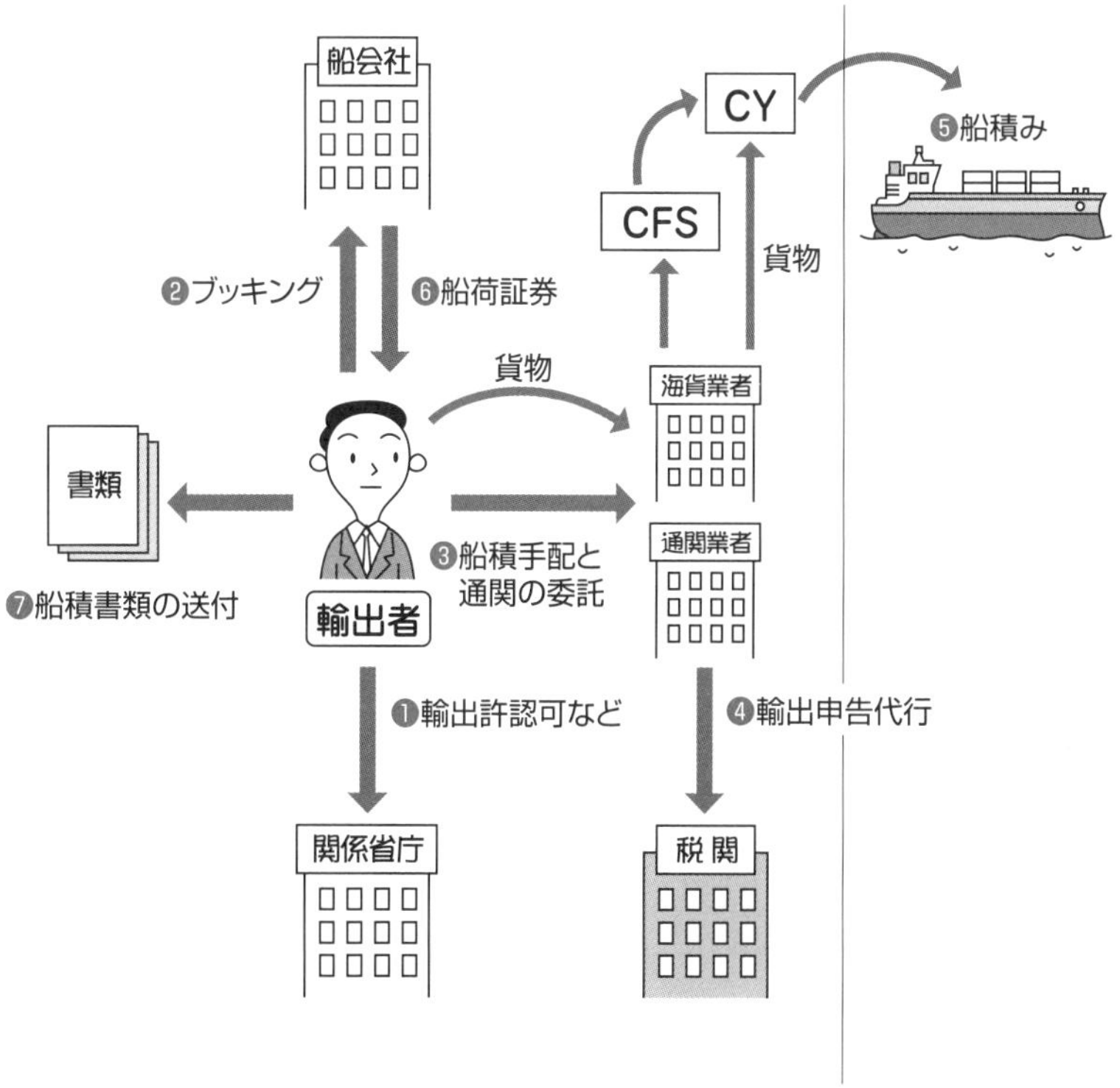

配などがあります。

　これらの作業を終えた後に、貨物を船会社に預けます。

　なお、関係省庁からの許認可取得は、ブッキングに先立って行う必要があります。

✪船荷証券の発行

　船会社は貨物を預かった後、荷主に「船荷証券《ふなにしょうけん》（B／L）*」を発行します。船荷証券は貨物引渡証の機能を持っているため、揚地側では船荷証券を船会社に返却して貨物を引き取ります。

　運賃の支払条件が積地先払いの場合には船荷証券上に、「運賃前払い」（➡P130）、揚地後払いの場合は「運賃後払い」（➡P130）と記載されます。

＊B/L：Bill of Lading

12 定期船からの引き取り

➡ コンテナ貨物の定期船輸送の荷受手配の一般的な手順は、以下のとおりです。

✪引き取り手順

　買い手は、船の荷揚港到着予定に合わせて、貨物の「荷受準備」を行います。主な作業には、輸入手続きに必要な「許認可取得」「船積書類の入手」「輸入通関準備」、荷揚港やCY、CFSからの「輸送手配」などがあります。

　荷為替手形決済では、船積書類を入手するには売り手との決済を終える必要があるので、必要な決済手続きを銀行で行っておきます。

○船荷証券の差し入れ

　買い手は、船荷証券を船会社または代理店に提出し、貨物の引き渡しを求めます。船荷証券は売り手から直接送られてくるか、銀行経由の荷為替手形の一部として船積書類とともに送られてきます。

　船荷証券を回収した船会社は、CYとCFSの管理者に「荷渡指《にわたしさし》図書《ずしょ》（D／O）」を送り、貨物の引き渡しを指示します。近年は、D／Oをデータ送信で行うペーパーレス化も普及しています。

○FCL貨物の引き取り

　FCL貨物の場合、買い手はCYでコンテナの引き渡しを受けた後、コンテナから貨物を抜き出す場所に移動させます。コンテナからの貨物抜き出しはデバンニングと呼びます。買い手はデバンニング後に輸入通関を行い、輸入関税と消費税を税関に支払った後に貨物を自社の施設に国内輸送します。

　コンテナに貨物を詰めたままCYで輸入申告を行えば、税関の輸

定期船からの引取手順

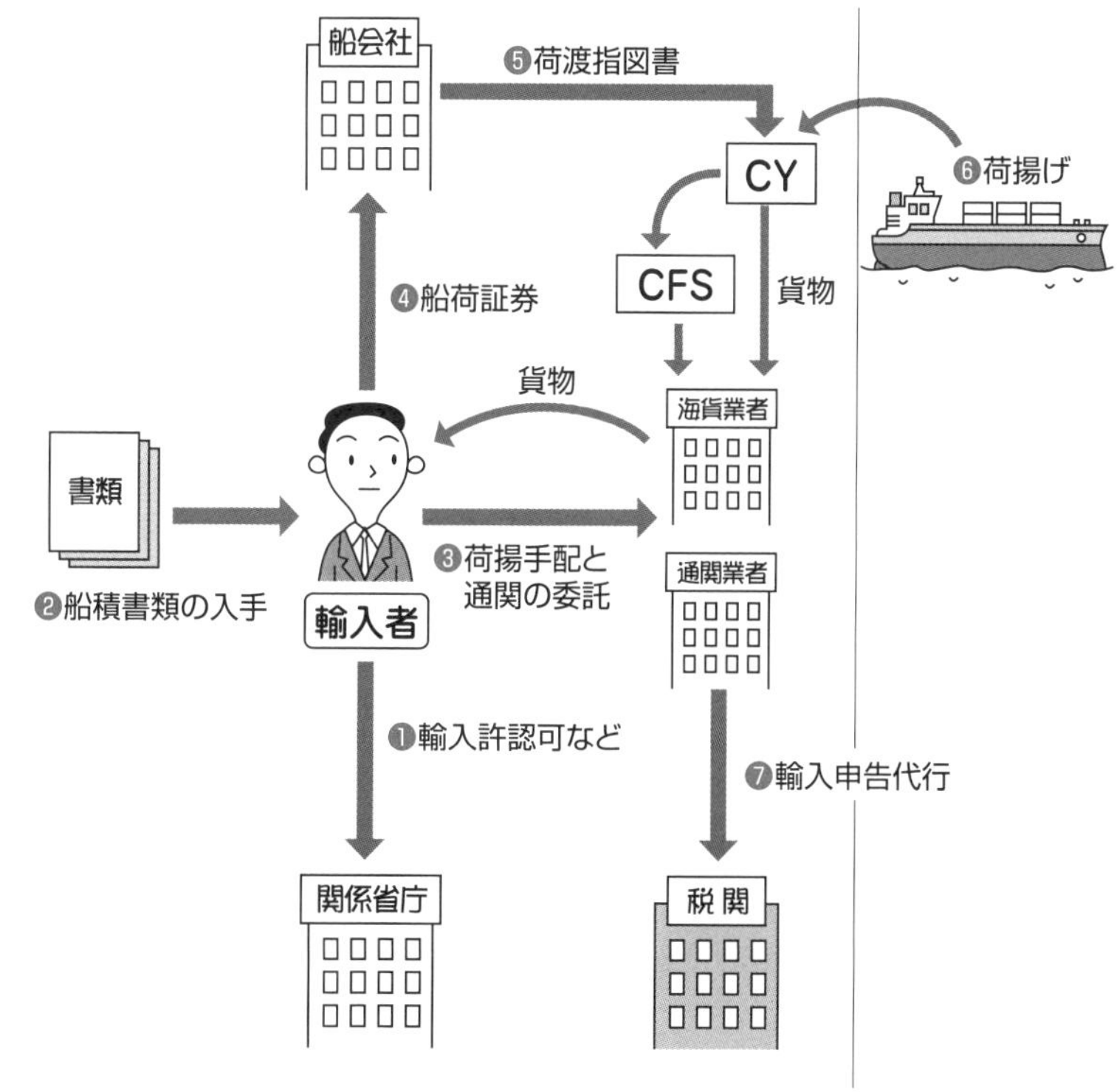

入許可後にＣＹからコンテナを直接自社の施設に回送して、デバンニングを行うことができます。

　この場合、輸入者はコンテナを一定期間内に船会社に返却することが求められます。

　船会社は、ＣＹでの保管日数と、ＣＹ搬出後のコンテナ貸出日数に制限を設けており、その期日を超えると延滞金が課されます。

○ＬＣＬ貨物の引き取り

　ＬＣＬ貨物の場合、貨物のデバンニングは船会社の手配によってＣＦＳで行われ、受荷主別に仕分けされます。買い手はＣＦＳで輸入通関を行い、ＣＦＳでの荷扱い手数料であるＣＦＳチャージを船会社に支払って貨物を引き取り、自社の施設に国内輸送します。

13 不定期船の運航サービスとは

➡ 船を丸ごとチャーターして指定された港に配船される不定期船サービスには、さまざまな船が使われます。

☆不定期船の航路

不定期船は、船を丸ごとチャーターして指定された港から港へと配船するサービスで、世界中の大小の海運会社がそれぞれの得意とする水域で配船しています。

不定期船の種類は、在来型貨物船、バルカー、タンカー、専用船と多種多様で、大きさも積載重量1000tクラスの近海用小型船舶から30万tクラスの超大型タンカーまで、用途に応じて幅広い選択があります。

日本から見た場合は、主として原料類の輸入ルートが不定期船の主要航路となります。

たとえば、鉄鋼原料類では豪州やブラジル、南アフリカ、インドから、穀物関係では北米や南米から、石油では中近東からの航路があります。

○不定期船のスケジュール

不定期船にはあらかじめ決められた寄港地やスケジュールはなく、荷主と船会社の合意によって決定されます。そのため、船の入出港予定などのスケジュールは船会社に問い合わせて確認します。

☆不定期船の運賃

不定期船の運賃には、船会社が事前に設定するタリフ（運賃）はないので、荷主と船会社が交渉して決定します。海運同盟のようなカルテルもなく、まったくの自由競争の原則が貫かれています。

そのため、運賃は船腹の需給関

不定期船の運賃条件

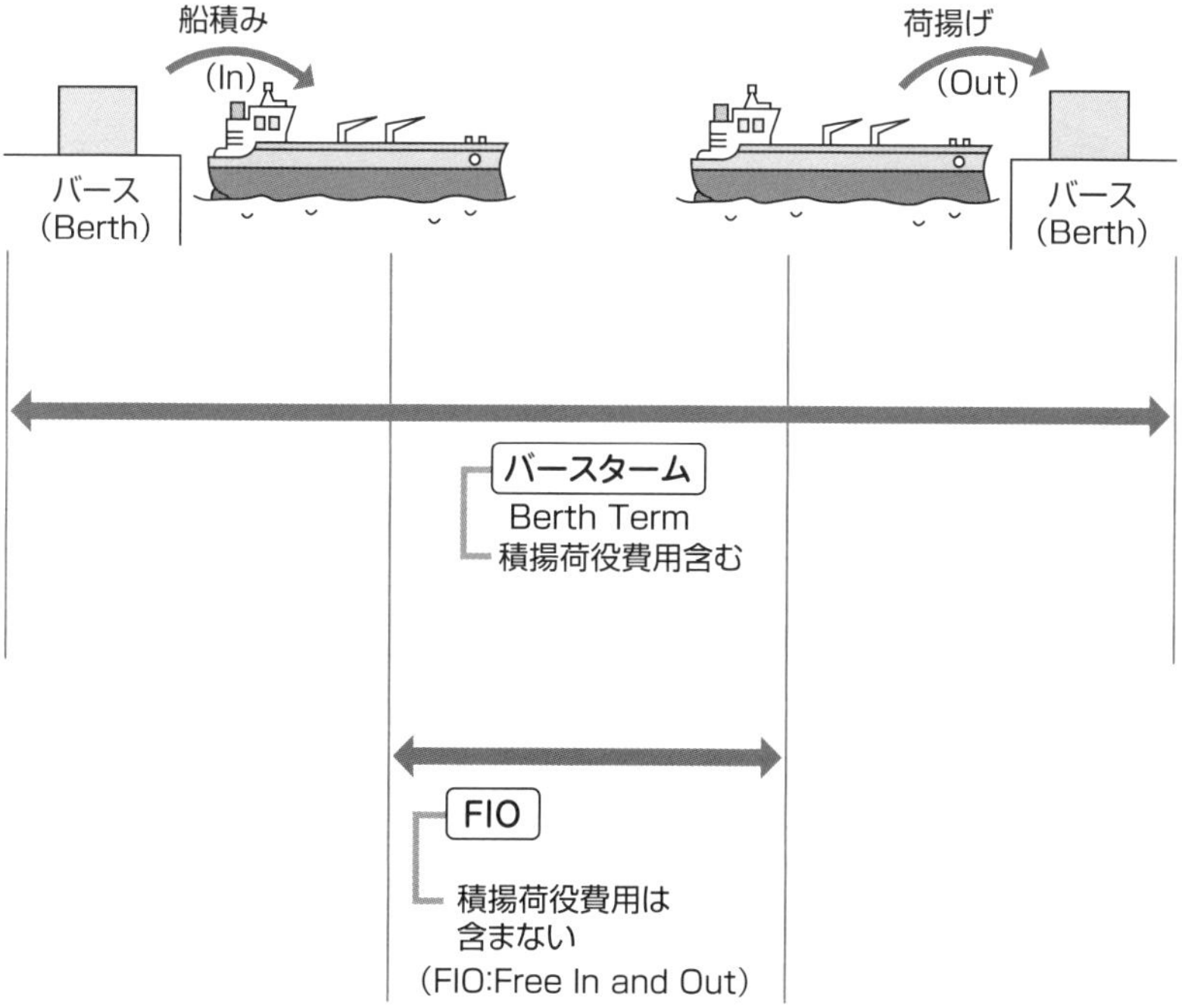

係によって日々変動するので、航路や船の大きさごとに相場が形成されています。これらの相場情報を参考にして荷主と船会社は、運賃交渉を行います。

○不定期船運賃の構成

不定期船の運賃は、燃料油や為替などの運賃割増の変動要素を運賃に組み込んで、決められるのが一般的です。

○荷役費用負担の区分

不定期船の運賃には、貨物の荷役費用を運賃に含むかどうかによって、「FIO」や「バースターム」といった運賃条件があります。

・**FIO**…貨物の積み揚げの荷役費用は運賃に含まない条件

・**バースターム**…貨物の積み揚げの荷役費用を運賃に含む条件

14 不定期船への船積み

➡ さまざまなサイズの貨物を運ぶ不定期船輸送の船積手配の一般的な手順は、以下のとおりです。

✪用船契約の手順

不定期船を用いて輸送を行う場合は、売り手の商品出荷準備が整った段階で、船をチャーターする交渉を始めます。交渉は船会社に直接コンタクトする方法と、不定期船を専門に取り扱っている用船ブローカーを経由する方法があります。

いずれの場合も、貨物の明細（数量、重量、容積）と船積港、荷揚港、船積予定期日を伝えて、要望に応じた船を探します。

用船契約*の交渉も売買契約の交渉と同じく、オファーに始まってカウンターオファーのやり取りを経た後に、成約となります。

✪用船契約と貿易取引条件

売り手と買い手のどちらが用船を行うかは、契約で取り決めた貿易取引条件に従います。すなわち、インコタームズのCとDの頭文字の規則では売り手が行い、EとFの頭文字の規則では買い手が行います。この点は定期船も不定期船も同じです。

✪船積手配

用船契約の交渉が完了すれば、船の到着予定に合わせて船積準備を行います。主な作業には、「輸出許認可取得」「貨物の本船船側への貨物の輸送」「輸出通関手配」などがあります。これらの船積準備を整えておき、船が到着すれば

＊用船契約書：Charter Party

不定期船への船積手順

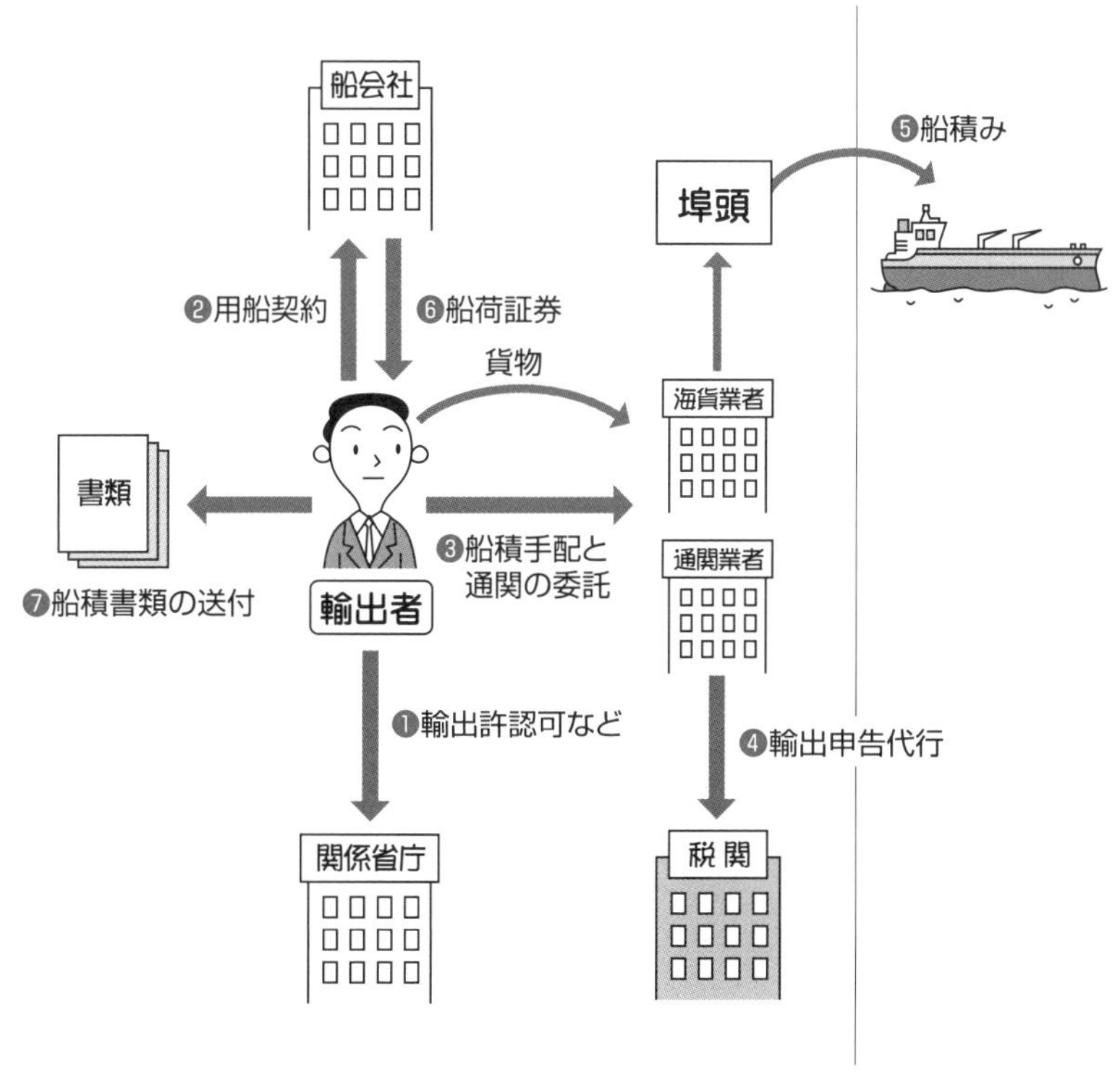

船倉に貨物を積み込み、船会社に引き渡します。

基本的な業務の流れは定期船と同じです。

船荷証券の発行

船会社は貨物を預かった後、荷主に「船荷証券（B／L）」を発行します。船荷証券は貨物引渡証の機能を持っているため、揚地側では船荷証券を船会社に返却して貨物を引き取ります。

運賃支払条件の記載は、定期船の場合と同じです（➡P109）。

用船契約にもとづいて発行される船荷証券は、チャーターパーティB／Lと呼ばれ、表面に当該用船契約を参照する文言が記載されます。

15 不定期船からの引き取り

➡さまざまなサイズの貨物を運ぶ不定期船輸送の荷受手配の一般的な手順は、以下のとおりです。

✪引き取り手順

買い手は船の荷揚港到着予定に合わせて、貨物の荷受準備を行います。主な作業は、輸入手続きに必要な「許認可取得」「船積書類の入手」「輸入通関準備」、荷揚港での「荷揚準備」などです。

荷為替手形決済では、船積書類を入手するには売り手との決済を終える必要があるので、必要な決済手続きを銀行で行っておきます。

○船荷証券の提出

買い手は、船荷証券（B／L）を船会社または代理店に提出し、貨物の引き渡しを求めます。

船荷証券は売り手から直接送られてくるか、銀行経由の荷為替手形の一部として船積書類とともに送られてきます。

船荷証券を受け取った船会社は、埠頭で貨物を保管している管理者に「荷渡指図書（D／O）」を送り、貨物の引き渡しを指示します。

○貨物の引き取り

不定期船で輸送された貨物は、一般的には在来型貨物船埠頭で荷揚げされます。貨物は荷揚後、港湾内に仮保管され輸入通関の手続き後、輸入者の倉庫や工場に貨車やトラックで輸送されます。

船から直接「はしけ」などの国内用輸送船に積み替えられる場合もあります。

大手鉄鋼メーカーのように、自社工場内に外航船用の埠頭を所有する輸入者は、自社の岸壁に船を寄港させて荷揚げを行います。

不定期船からの引取手順

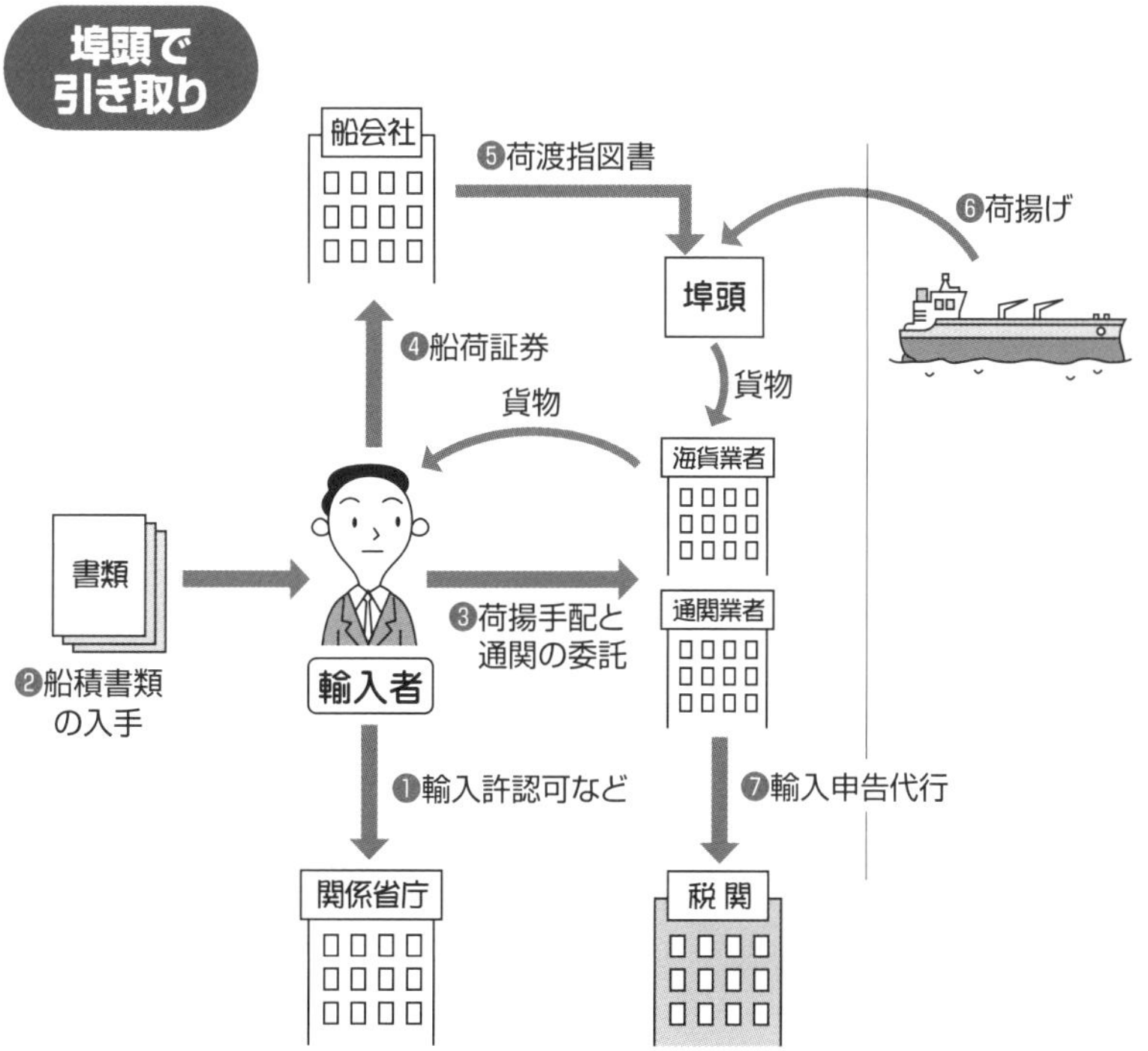
埠頭で引き取り
船会社
❺荷渡指図書
❻荷揚げ
埠頭
❹船荷証券
貨物
貨物
海貨業者
書類
❸荷揚手配と通関の委託
通関業者
❷船積書類の入手
輸入者
❶輸入許認可など
❼輸入申告代行
関係省庁
税関

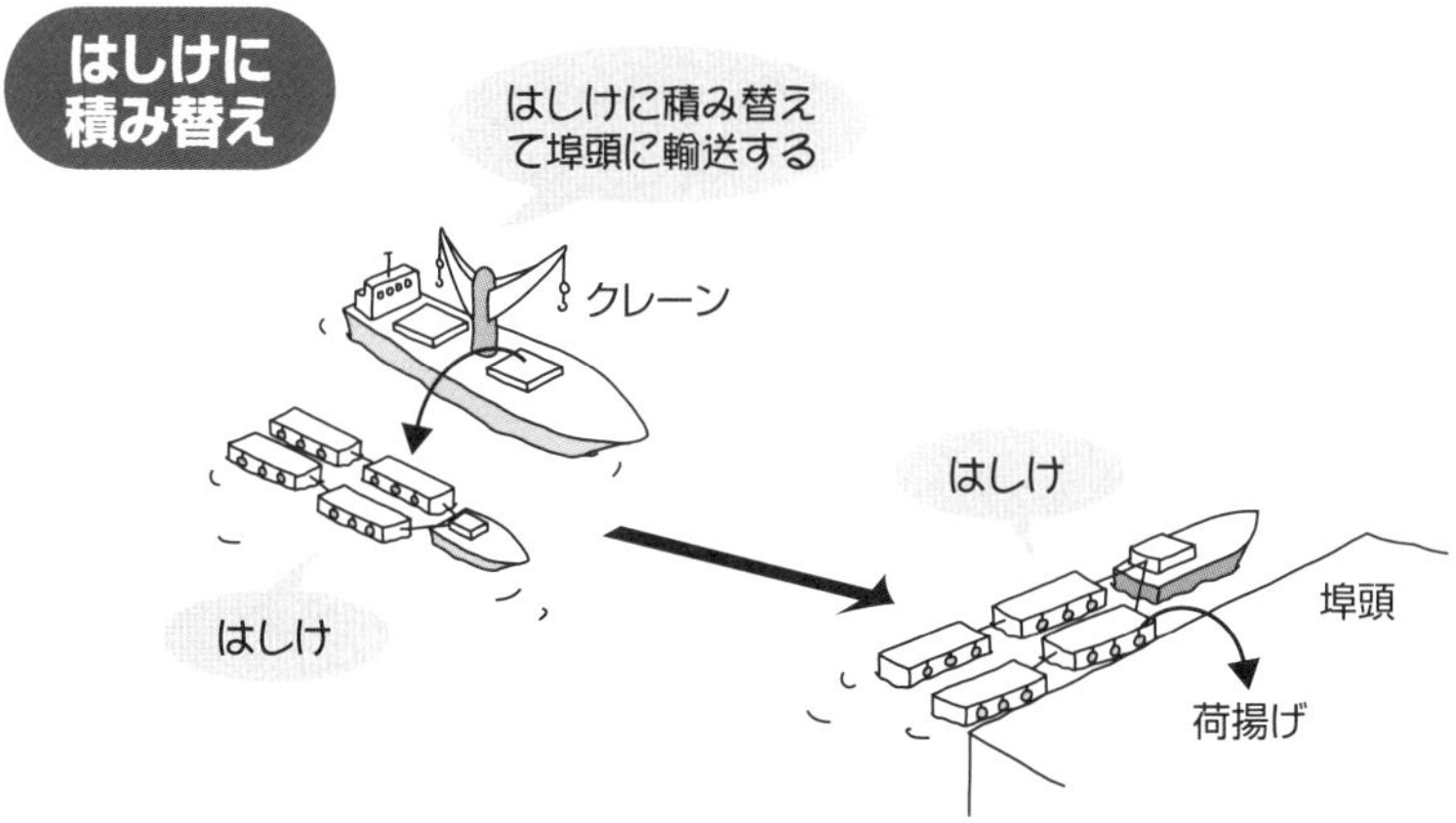
はしけに積み替え
はしけに積み替えて埠頭に輸送する
クレーン
はしけ
はしけ
埠頭
荷揚げ

16 航空輸送とは

➡ 圧倒的なスピードが利点の航空輸送は、輸送費が割高なので航空輸送に適した貨物が運ばれます。

☆航空輸送の特徴

航空輸送は、輸送時間の圧倒的な速さが利点です。そのため、貿易輸送の手段としての需要が年々増大しています。

しかし、航空輸送は輸送費が海上輸送に比べて割高で、輸送できる貨物の大きさや重量も制限されています。

○航空輸送に適した貨物

貿易取引では、次のような商品の輸送に航空輸送が利用されています。

・**納期が切迫した商品**…生産工場の大型機械の部品のように、至急運ばないと生産が停止して大損害を被る危険性のある商品

・**輸送時間中に劣化する商品**…生花や生鮮食料品のように、輸送中に品質が劣化する危険性のある商品

・**高価値の商品**…貴金属や精密機械のように、価格に占める運賃の割合が低い商品

・**重量や容積が小さい商品**…小型機械の部品やコンピュータチップのように、重量や容積が小さくて、運賃の影響を受けにくい商品

☆税関空港とは

外国貿易を行う航空機が出入りできる空港は「税関空港」と呼ばれ、港湾と同じく法令により指定されています。現在、日本には約30の税関空港が指定されており、輸出入航空貨物の積み込みや荷揚

空港の施設

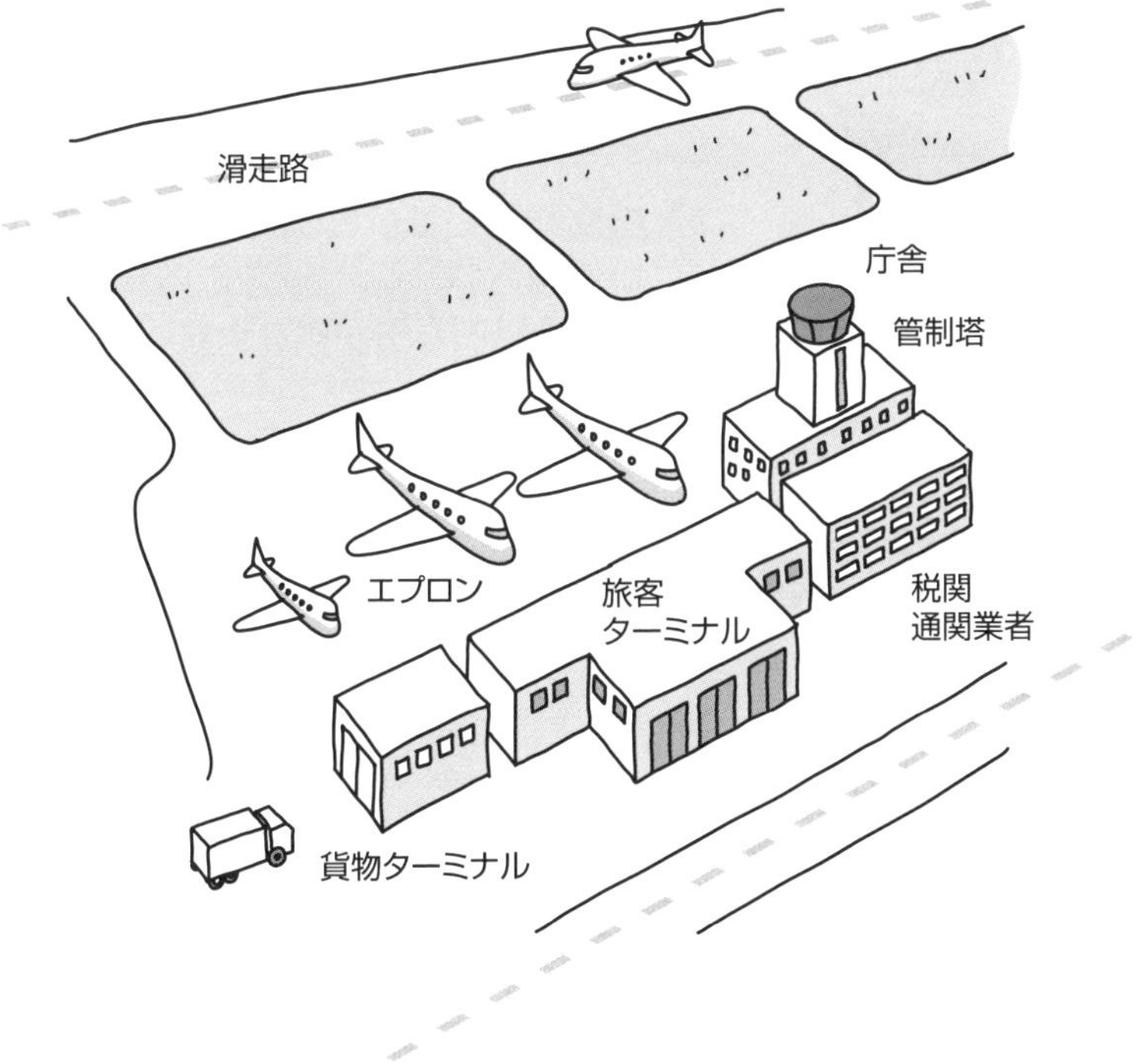

げが行われています。

○税関空港の施設

空港の主要設備は、次のとおりです。

・**航空機が離着陸する滑走路**
・**ターミナルへの誘導路**
・**エプロン**（貨物の積み卸しや旅客の乗降を行うために航空機を停めるエリア）
・**旅客ターミナル**
・**貨物ターミナル**
・**管制塔**
・**税関などの庁舎**

空港の周辺には、輸出入貨物を梱包・保管する「航空会社」やフォワーダーと呼ばれる「混載業者（利用運送事業者）」の倉庫があります。

17 航空機の種類と搭載方法

➡ 航空輸送には旅客機と貨物専用機が使用され、スペースに応じて3種類の搭載方法があります。

航空機の種類

航空貨物の輸送には、「旅客機」と「貨物専用機」の両方が使用されます。

旅客機の場合は、胴体の下の部分が貨物用のスペースに使われます。一方、貨物専用機の場合は、胴体全体が貨物用に使われるので、より大きなサイズの貨物の積み込みができます。

機体の構造は基本的に同じで、ボーイングやエアバスなどの航空機が貨物輸送にも使用されています。

ローディング方法

航空貨物の積込方法には、「コンテナ」「パレット」「バルク」のローディング方法があります。

○コンテナローディングシステム

コンテナの中に仕向空港別に貨物を詰め、貨物室に搭載する方法です。航空機用のコンテナは、航空機の胴体スペースを最大限利用するために、さまざまな形状をしています。

○パレットローディングシステム

アルミ製パレットの上に仕向空港別に貨物を載せ、パレット単位で航空機の貨物室への積み込みを行う方法です。

パレット上の貨物はビニールやネットで固定されます。

○バルクローディングシステム

貨物をユニット化せずにそのまま貨物室に積む方法で、旅客の手荷物などの輸送方法と同じです。

航空機の貨物スペースと搭載方法

貨物のスペース

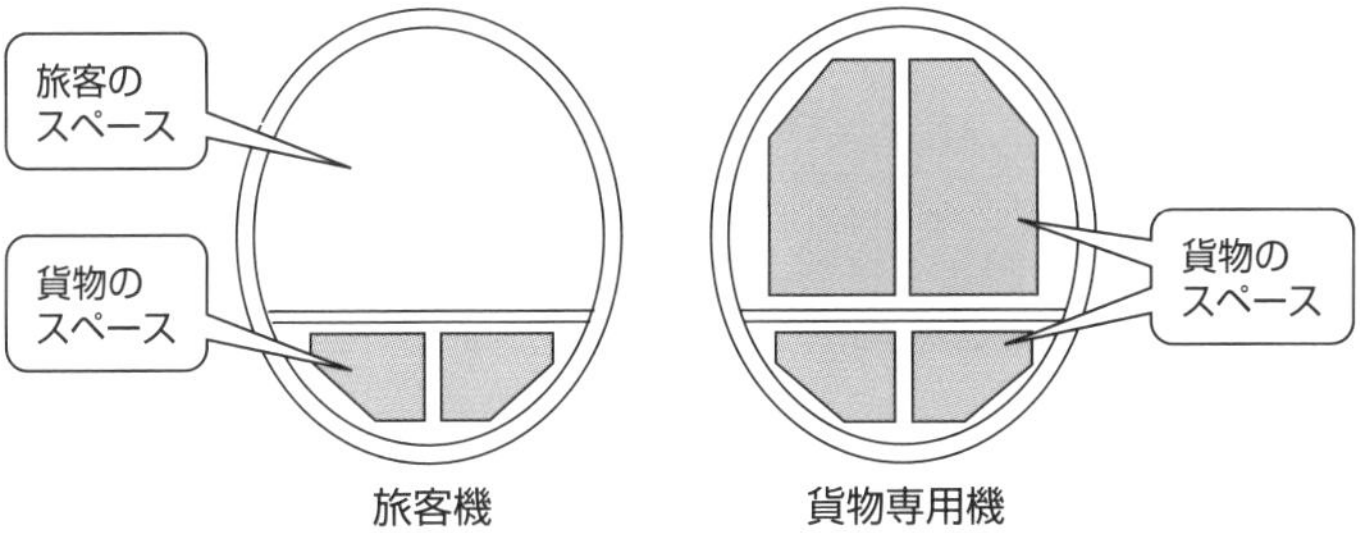

搭載方法

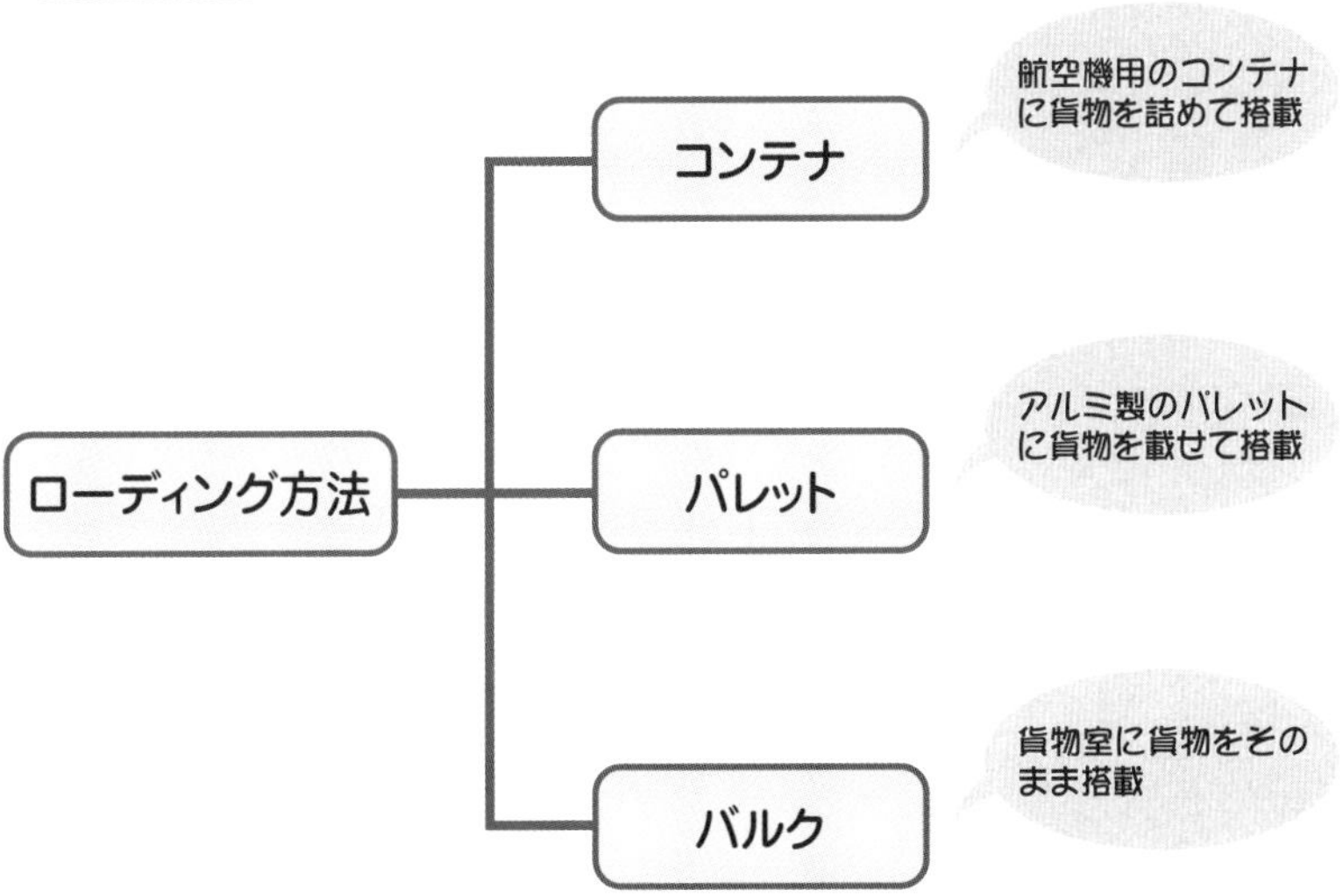

ローディング方法

コンテナ

航空機用のコンテナに貨物を詰めて搭載

パレット

アルミ製のパレットに貨物を載せて搭載

バルク

貨物室に貨物をそのまま搭載

18 航空輸送の運航サービスとは

➡ 航空輸送はほとんどが定期運航のサービスですが、チャーター便のサービスも利用されています。

✪航空輸送の航路

航空貨物のほとんどすべては、決まった空港を定期運航している航空機を利用して輸送されています。ただし、通常の航空機に搭載できない大きさや大量の貨物を一度に輸送する場合は、チャーター便が利用されることもあります。

✪航空輸送のスケジュール

航空機のフライトスケジュールは、各航空会社のホームページや専門誌で確認することができます。

それらには、「出発空港」「出発曜日と時間」「航空会社」「機種」「到着空港」「到着予定日時」などの情報が記載されています。

✪航空運賃

航空貨物の運賃は、国際線を運航する航空会社の団体である「国際航空運送協会（イアタ＝IATA）」によって決められています。

各国の大手航空会社は、IATAに加盟しているため、IATA運賃の適用を受けます。

○IATA運賃

IATA運賃は、「適用される運賃率」×「料金適用重量」で計算されます。

○運賃率

IATAの一般貨物運賃率は、1kg当たりの料金が設定されています。一般の貨物に適用される運賃率は、重量が多くなるにつれて1kg当たりの賃率が安くなる重量

航空運賃の構成

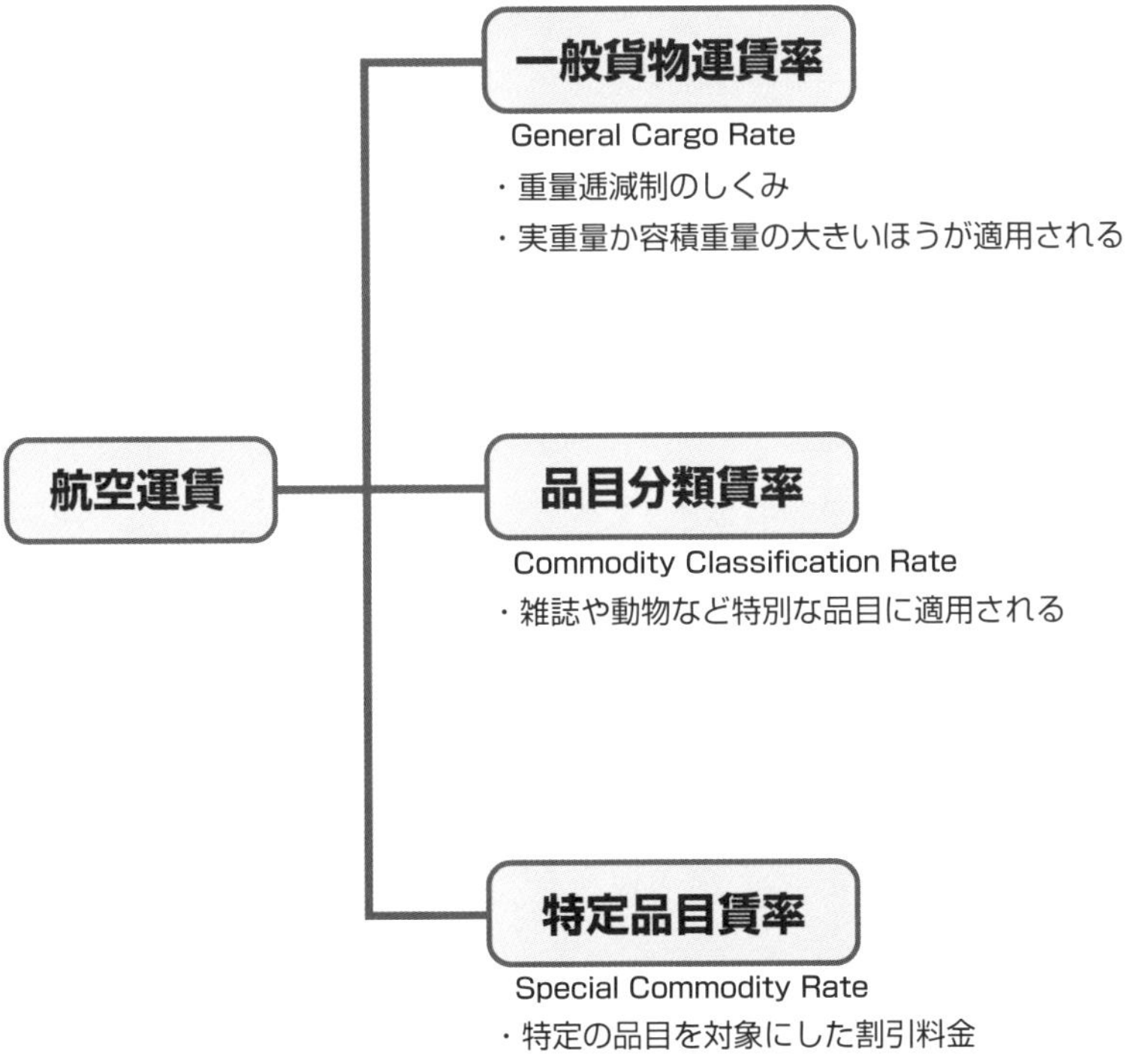
航空運賃
一般貨物運賃率
General Cargo Rate
・重量逓減制のしくみ
・実重量か容積重量の大きいほうが適用される
品目分類賃率
Commodity Classification Rate
・雑誌や動物など特別な品目に適用される
特定品目賃率
Special Commodity Rate
・特定の品目を対象にした割引料金

逓減制のしくみになっています。

○料金適用重量

重量は、実重量または容積重量のどちらか大きいほうが適用されます。容積重量とは、貨物の容積が1kg当たり6000cm^3以上の場合に、6000cm^3を1kgとして換算するものです。

特別な運賃率

一般貨物運賃率のほかに、雑誌や動物などの特別な品目に適用される「品目分類賃率」や、特定の品目を対象にした「特定品目賃率」と呼ばれる割引料金も設定されています。

19 航空輸送の手配の流れ

➡航空輸送の手配には、航空会社かその代理店に申し込む方法と、フォワーダーに依頼する方法があります。

★航空貨物輸送の手配

航空貨物の輸送には、航空会社またはその代理店に直接申し込む方法と、フォワーダーに依頼する方法の2つがあります。

○直載貨物

荷主が航空代理店を通じて航空会社に輸送を申し込む方法を「直載貨物」と呼んでいます。

直載貨物の輸送契約の当事者は航空会社と荷主で、航空代理店は荷主からの貨物の受け取りや航空運送状の発行などの業務を代行します。直載貨物の航空運賃は、前述のIATA運賃が適用されます。

○混載貨物

荷主と航空会社の間にフォワーダーが入る契約形態で輸送される貨物を、「混載貨物」と呼んでいます。

フォワーダーは、複数の荷主から小口貨物を輸送人として引き受け、仕向地別に大口貨物にまとめたうえで、航空会社に自らが荷主となって輸送を申し込みます。

フォワーダーが航空会社に支払う運賃率はIATA運賃が適用されますが、フォワーダーが荷主に提供する運賃は自由に設定できます。そのためフォワーダーは、IATA運賃の重量逓減制を活用して航空会社から安くスペースを買い取り、荷主にはIATA運賃より割安な運賃を提供しています。

フォワーダーは、貨物の引き取り、国内配送、梱包、通関など総合的なサービスを提供しています。

航空輸送の手配

直載貨物

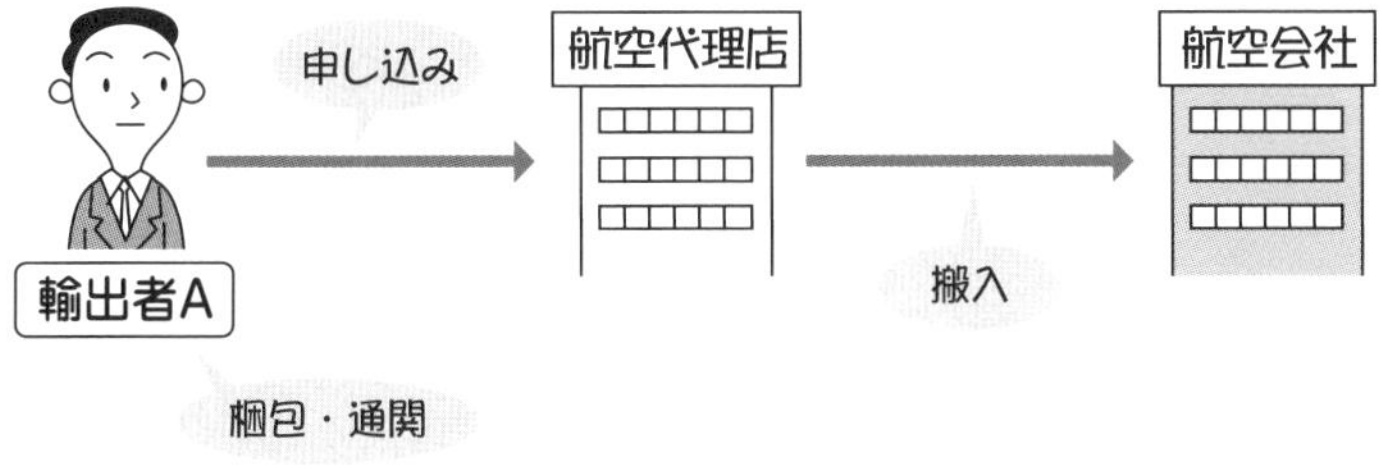

混載貨物

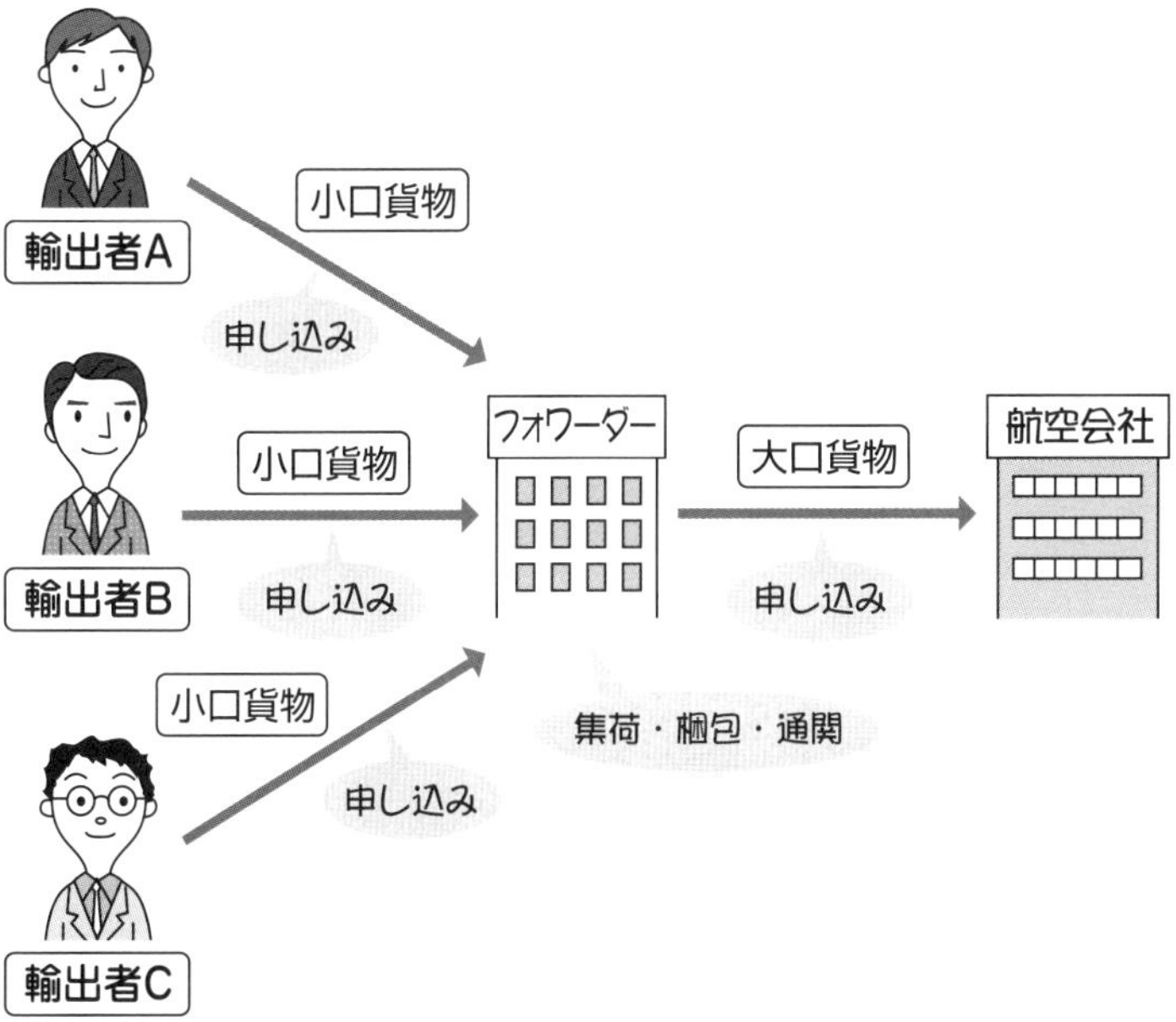

20 航空輸送の積み込みと引き取り

➡ 航空輸送の貨物の船積みと荷受手配の一般的な手順は、以下のとおりです。

✪ 航空輸送の流れ

○航空輸送の予約

荷主が航空貨物輸送を依頼するときは、「商品明細（商品名、重量、貨物のサイズなど）」「出発空港と目的地空港」「荷受人明細（名前、住所、連絡先）」と「発送の希望日」を航空会社か代理店、フォワーダーに連絡します。

○航空貨物の積み込みの流れ

荷主から貨物を受け取った航空代理店やフォワーダーは、貨物を目的地別に仕分けし、「パレット」「コンテナ」「バルク」のいずれかの適したローディング方法で航空機へ搭載する準備を整えた後、航空会社に引き渡します。

○航空運送状（AWB）

航空会社は、「航空運送状（エアウェイビル）」を荷主に発行します。航空運送状は「輸送契約の証」と「貨物の受取証」としての機能を持っていますが、目的地で貨物を引き取るための引換証の機能はありません。

そのため、航空運送状の呈示がなくても、目的地に到着した貨物は、航空運送状に記載された荷受人に引き渡されます。

○フォワーダー発行の航空運送状

フォワーダーは、荷主として航空会社から航空運送状を受け取り、一方で輸送人として小口荷主に対しても航空運送状を発行します。

これらを区別するため、航空会社が発行する航空運送状を「マスターエアウェイビル」、フォワー

航空輸送の積み込みと引き取り

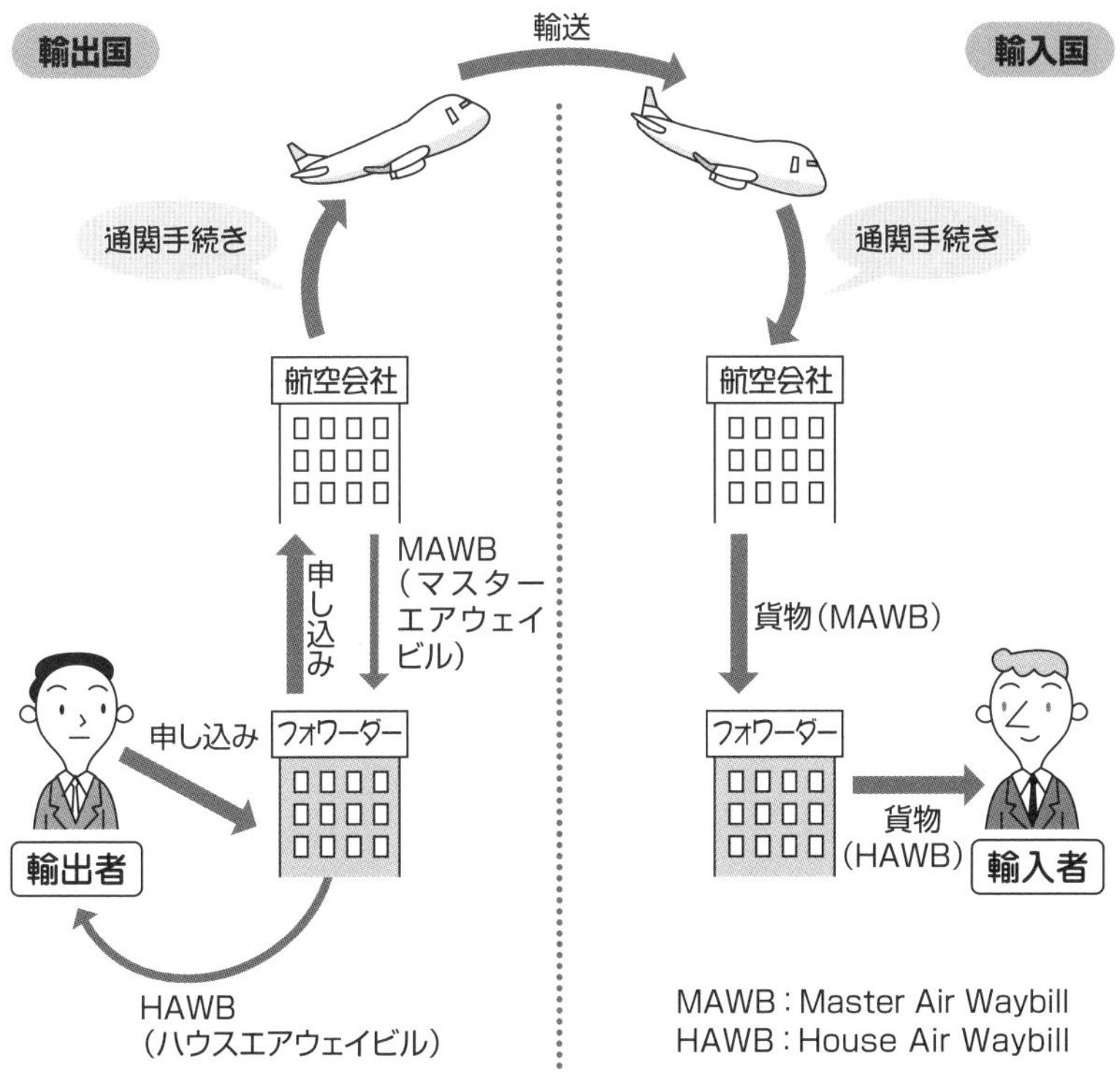

ダーが発行するものを「ハウスエアウェイビル」と呼んでいます。

○航空貨物引き取りの流れ

航空機が目的地空港に到着すれば、搭載されていた貨物は荷おろしされ、保税地域に搬入されます。

航空会社は航空運送状（マスターAWB）に記載されている受荷主に貨物の到着を連絡します。

混載貨物では、フォワーダーは航空会社から受け取った貨物を受荷主別に分け、自社が発行した航空運送状（ハウスAWB）に記載された受荷主に到着を連絡します。

到着案内を受けた受荷主は、輸入通関の手続きを税関で行い、輸入許可が下りれば関税や諸税を支払って、貨物を倉庫や工場などに国内輸送します。

21 複合一貫輸送とは

➡ 複合運送人と呼ばれる輸送業者が、陸海空の複数の輸送手段を用いて全区間の輸送を引き受ける方法です。

☆複合一貫輸送とは

単一の輸送契約のもとに、陸海空の複数の輸送手段を用いて貨物を輸送することです。

複合一貫輸送契約を引き受ける輸送業者は、「複合運送人」と呼ばれます。複合運送人は、全区間の輸送を自己のリスクで引き受け、自己あるいは他者の輸送手段を手配して、貨物の受取地から引渡地までの輸送を行います。

複合運送人が発行する船荷証券を「複合運送証券」と呼び、輸送手段を持たずに輸送を引き受ける運送人のことを「ＮＶＯＣＣ＊（非船舶運航業者）」と呼びます。

○輸送ルート（ランドブリッジ）

日本から欧州へのコンテナ輸送ルートとして、日本から船で太平洋を越え、鉄道で北米大陸を横断し、船で大西洋を越えて欧州へと複合輸送を行う方法で、輸送日数短縮の効果があります。

大陸が橋の役割を果たしていることから、ランドブリッジと名付けられたものです。西回りでシベリア鉄道を経由するルートもあります。

○輸送ルート（シー＆エア）

航空輸送の「速いが高い」という特徴と、海上輸送の「安いが輸送日数がかかる」という特徴を組み合わせて、中間の効果を狙う輸送方法です。日本から米国西海岸までコンテナ船で輸送し、その後欧州に航空機で輸送するなどさまざまなルートがあります。

＊ NVOCC：Non Vessel Operating Common Carrier

複合一貫輸送のルート

アメリカ・ランドブリッジ

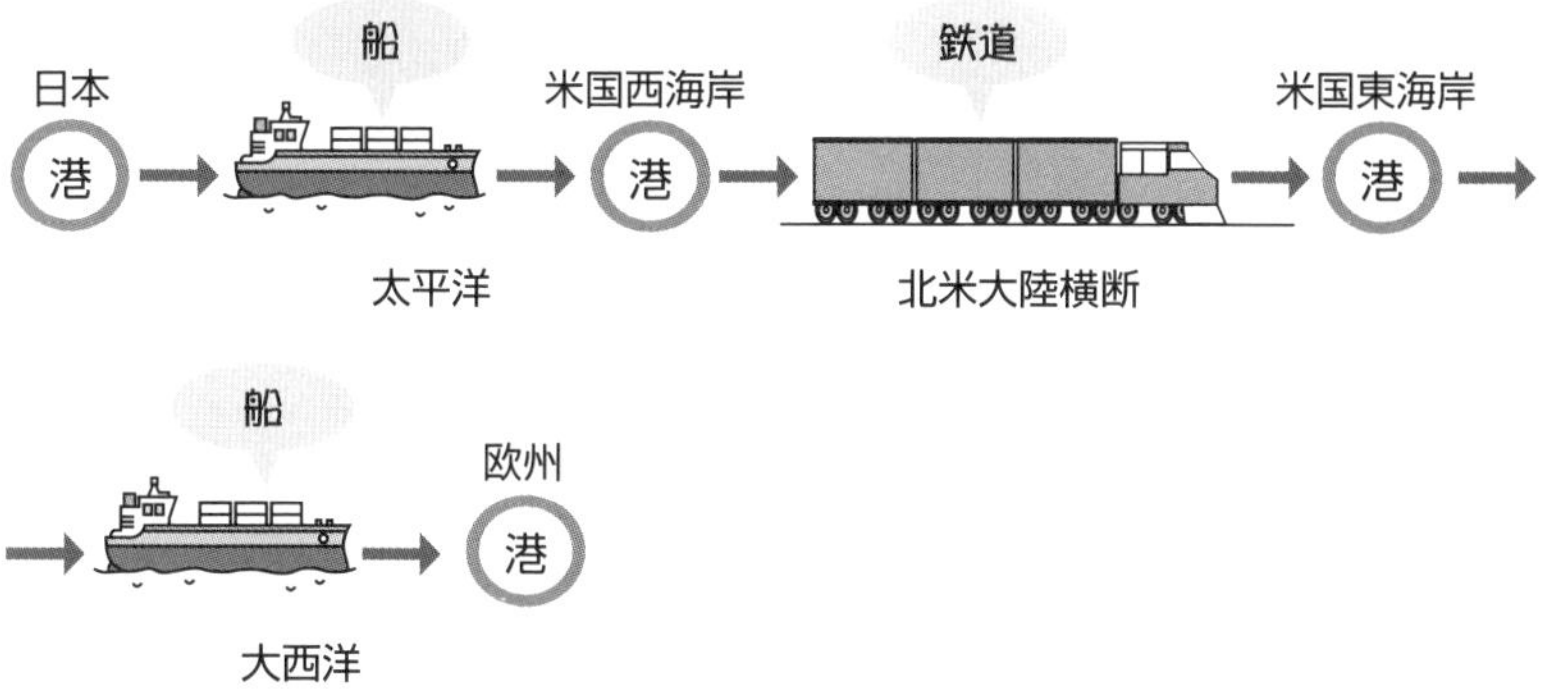

シベリア・ランドブリッジ

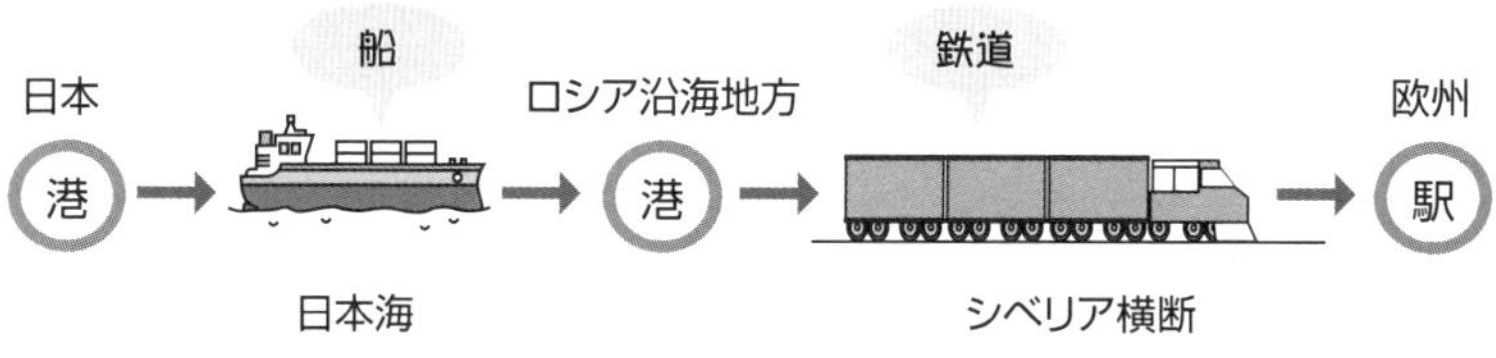

シー&エア

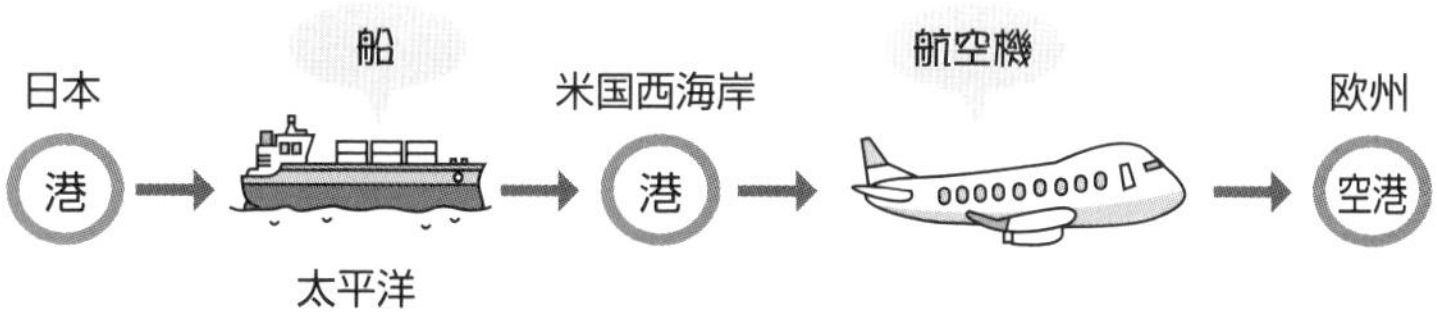

貿易実務用語③　輸送

日本語	英　語	略　称	参照ページ
コンテナヤード	Container Yard	CY	92
コンテナフレートステーション	Container Freight Station	CFS	92
FCL 貨物	Full Container Load		96
LCL 貨物	Less than Container Load		96
荷印	Shipping Mark		101
定期船	Liner		104
不定期船	Tramper		104
タリフ（運賃）	Tariff		106
品目別運賃	Commodity Rate		106
品目無差別運賃	Freight All Kinds	FAK	106
割増運賃	Surcharge		107
船腹予約	Booking		108
運賃前払い	Freight Prepaid		109
運賃後払い	Freight Collect		109
荷役費用込運賃	Berth Term	BT	113
荷役費用抜運賃	Free In and Out	FIO	113
用船契約	Charter Party	CP	115
フォワーダー	Forwarder		119
国際航空運送協会（イアタ）	International Air Transport Association	IATA	122
複合一貫輸送	Combined Transport/Intermodal Transport		128
複合運送人	Multimodal Transport Operator	MTO	128
複合運送証券	Combined Transport B/L		128
非船舶運航業者（国際複合運送業者）	Non Vessel Operating Common Carrier	NVOCC	128
到着案内	Arrival Notice		162

CHAPTER 4

第4章
通関のしくみ

1 貿易管理体制とは

➡ 日本の貿易取引は、世界貿易機関による国際的なルールと、日本の外為法を中心とする法令で管理されています。

☆WTO（世界貿易機関）の体制

WTOは、世界貿易の自由化促進を目的として、諸国間の貿易ルールや紛争解決方法を取り決める機関です。WTOは、ガット（関税と貿易に関する一般協定）を吸収する形で1995年に設立され、本部はジュネーブにあります。

WTOは、貨物の貿易だけでなく、サービスや知的財産など幅広い分野での国際ルールを定めるほか、各国間に貿易紛争が発生したときの解決方法もルール化しています。

☆日本の貿易管理体制

日本の貿易は、外為法を基本に関税関係法やそのほかの輸出入管理に関する法律が補完しています。

○外国為替及び外国貿易法（外為法）

輸出入の具体的な管理や手続きは外為法下の政令である「輸出貿易管理令」「輸入貿易管理令」「外国為替令」で規定されています。

○関税関係の法律

関税関係は、「関税法」「関税定率法」「関税暫定措置法」の3つの法律により規定されています。

関税法は関税の基本的な事柄、関税定率法は税率や制度、関税暫定措置法は関税の特例措置に関する規定です。

○そのほかの法令

そのほか、不公正な貿易取引を禁止する「輸出入取引法」や「文化財保護法」などの法律が輸出入を規制しています。

貿易に関する日本の法令

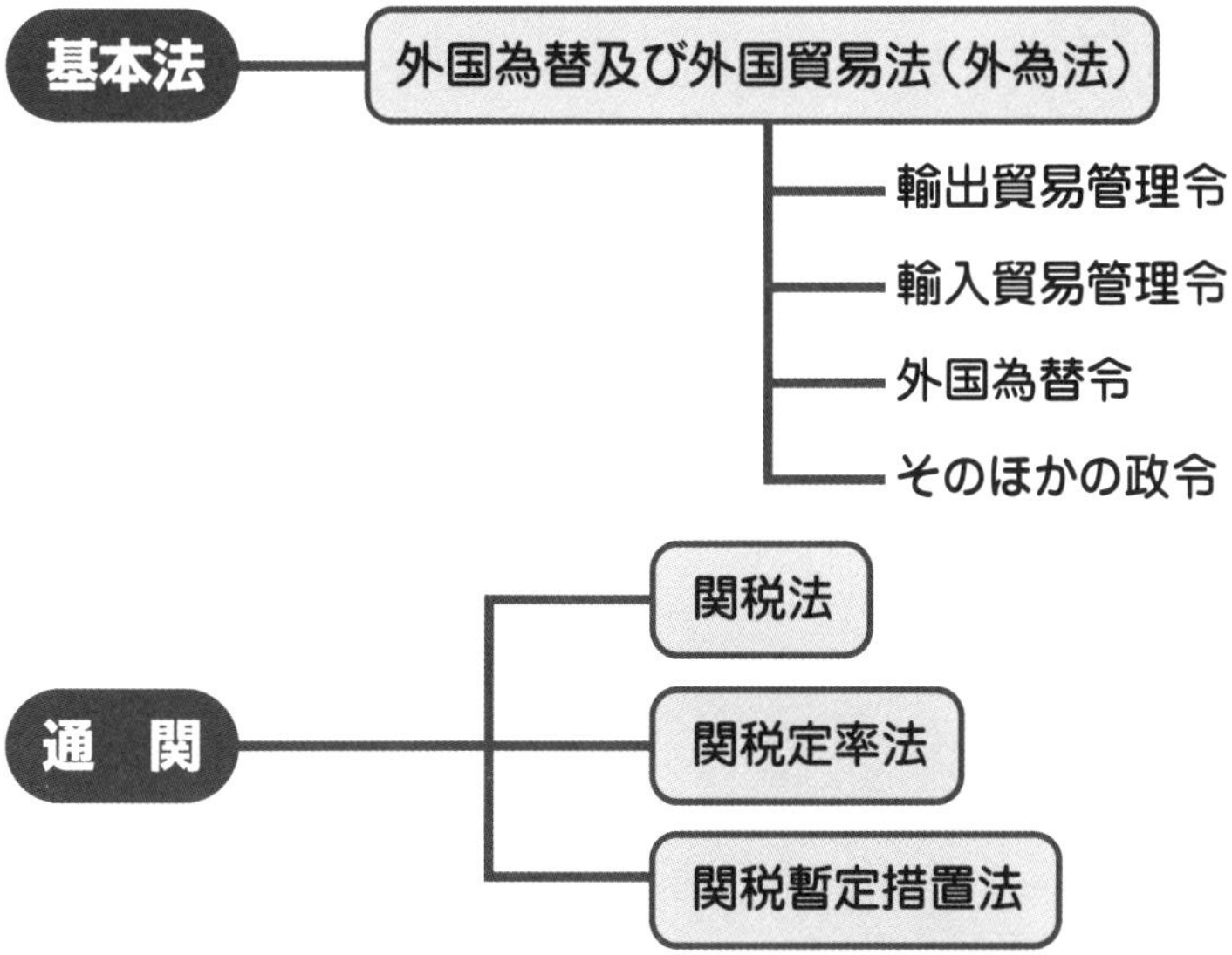

※通関手続きにおける「他法令」は、関税関係の3つの法令以外の法令で輸出入に関する許可、承認等を定めているものをいいます。

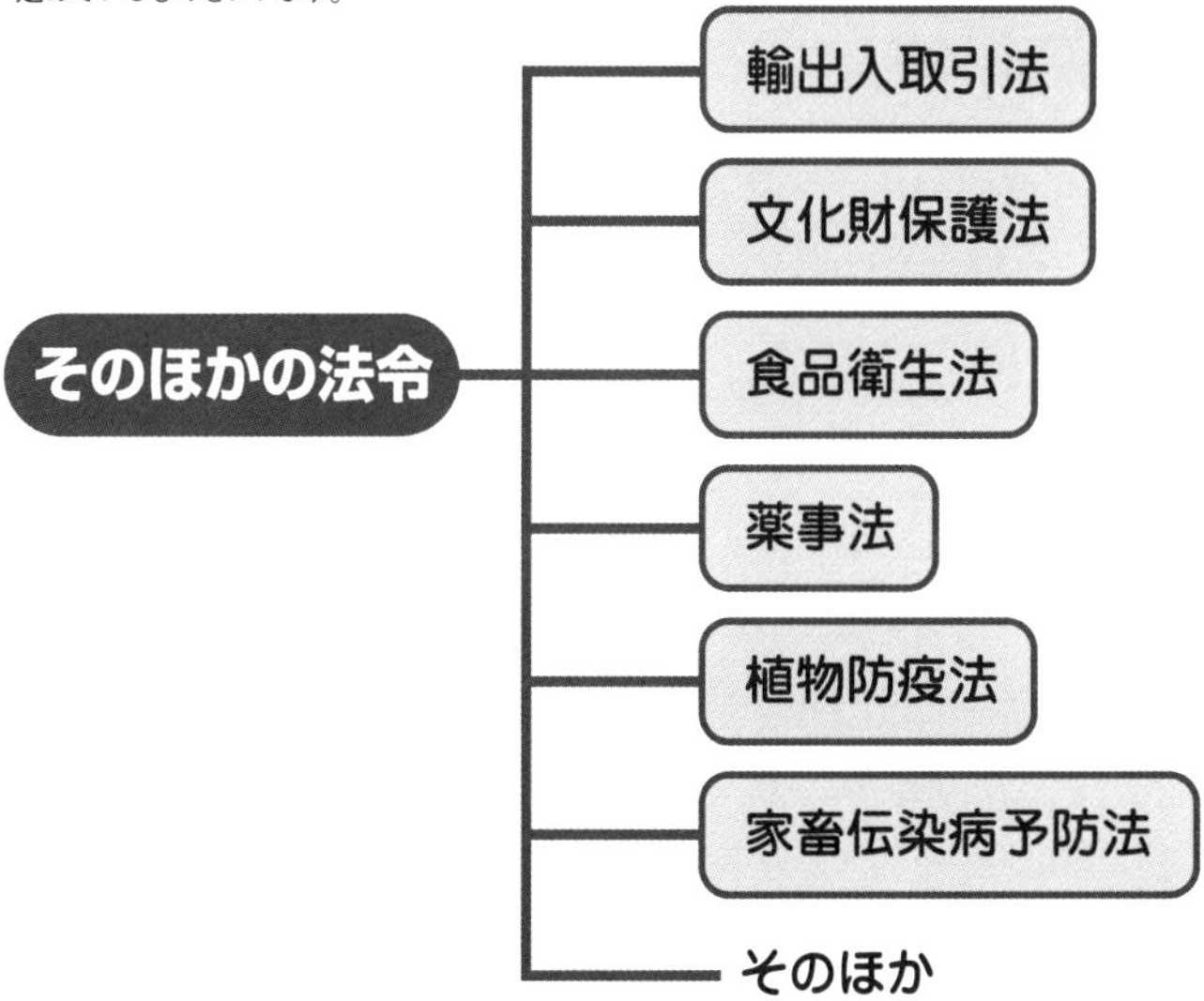

2 FTAとEPAとは

➡FTAとEPAは、2国間や複数の国や地域の間で結ぶ経済連携協定のことです。

✪FTA（自由貿易協定）

FTAとは、2つ以上の国や地域間で、物品の関税やサービスの貿易を自由化する協定のことです。WTOは多国間交渉での貿易ルールを策定していますが、FTAはそれを補完するものとして、2国間や地域内に限定して貿易を自由化するための取り決めです。

経済の活性化が進む近年は、FTAの締結が活発化しています。

FTAを結んだ協定国の間では、一定期間内に実質上すべての関税などを廃止すること、協定国以外の国に対する関税を引き上げないことが求められます。代表的なFTAに、「米国・メキシコ・カナダ協定」があります。

✪EPA（経済連携協定）

EPAは、FTAを拡大したもので、物品の関税やサービスの貿易の自由化に加え、人の移動や知的財産の保護、投資など幅広い範囲で経済連携を行う協定です。

協定の範囲が広がることにより経済活動はより高度なレベルで活発化しますが、その反面、自由化により影響を受ける国内産業への対応が必要とされます。

日本はEPAを推進しており、シンガポール、メキシコ、マレーシア、タイ、インドネシア、ベトナムをはじめ多くの国とEPAを結んでいます。また、アセアンやEUとのEPA、TPPなど、多国間協定も推し進めています。

FTAとEPA

FTA FREE TRADE AGREEMENT

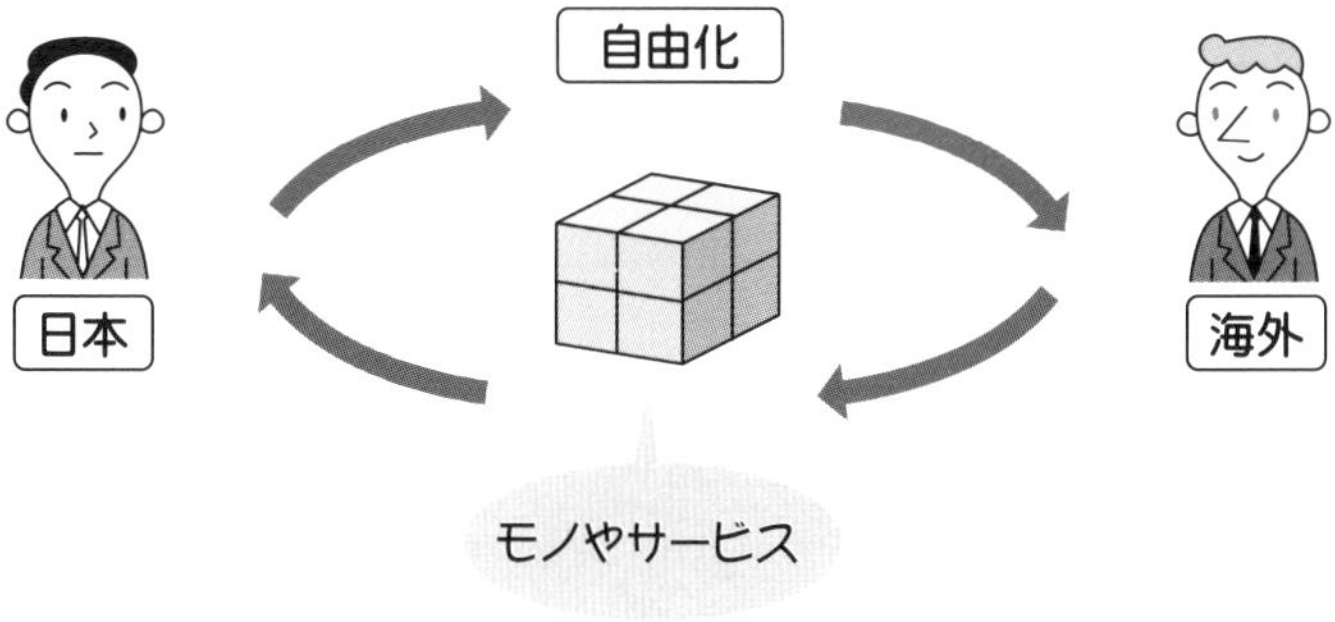

EPA ECONOMIC PARTNERSHIP AGREEMENT

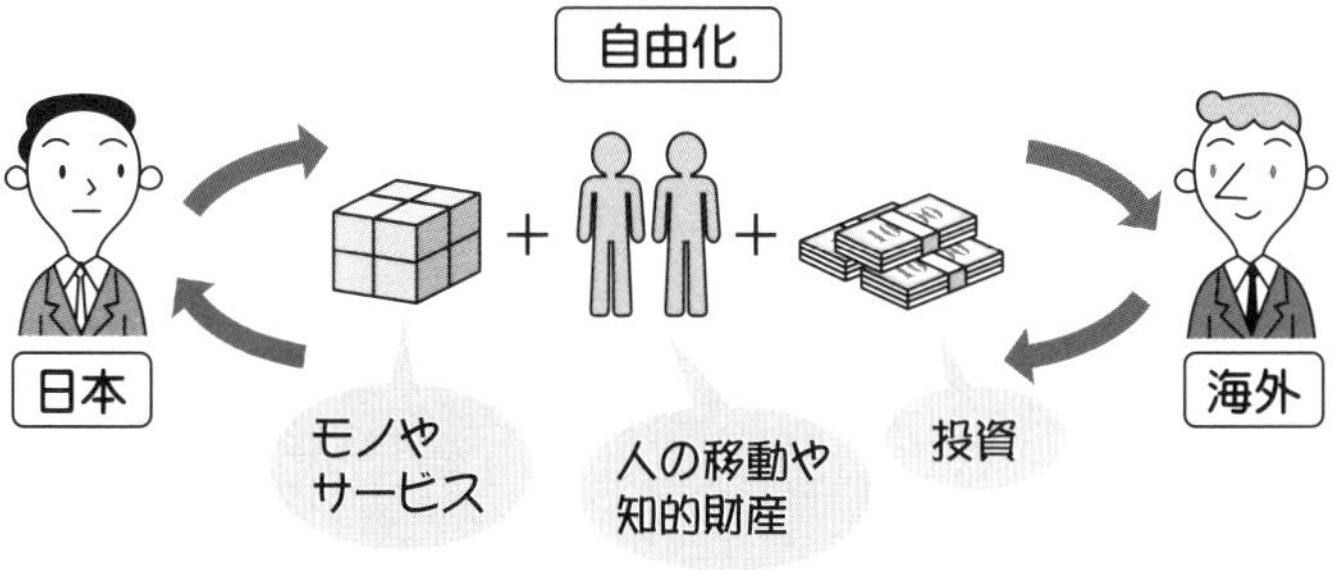

3 HSコードとNACCSとは

➡ＨＳコードは世界的に統一された商品分類コードで、ＮＡＣＣＳは日本の通関および港湾関連システムです。

☆ＨＳコード

ＨＳコードは、すべての貿易商品の名称と分類を世界的に統一した商品分類コードのことで、輸出入通関時の商品管理は、このコード番号を使って行われます。

ＨＳコードは、１９８８年にＨＳ条約として発効し、日本を含む世界中の国で採用されています。各国が共通の商品分類コードを利用することで、国際的な貿易管理に効果を発揮しています。

○ＨＳコードのしくみ

ＨＳコードは10桁の数字で表示されます。最初の6桁が世界共通の番号、下４桁は各国の裁量で自由に使用できるしくみです。

日本の場合は7、8、9桁を輸出入通関統計用に、10桁目をＮＡＣＣＳに使用しています。

☆ＮＡＣＣＳ

ＮＡＣＣＳは、貨物の輸出入申告、船舶や航空機の入出港手続きのほかに、関係省庁とのシステム統合による輸出入許可承認の電子申請なども行える「総合物流情報プラットフォーム」の機能を持っています。

ＮＡＣＣＳは、税関、通関業者をはじめ、関係省庁、荷主（輸出入者）、銀行、損害保険会社、船会社とその代理店、海貨業者、航空会社と代理店、ＮＶＯＣＣ、など広く関係者に利用されています。

H.Sコード(H.S.条約:Harmonized Commodity Description and Coding System)

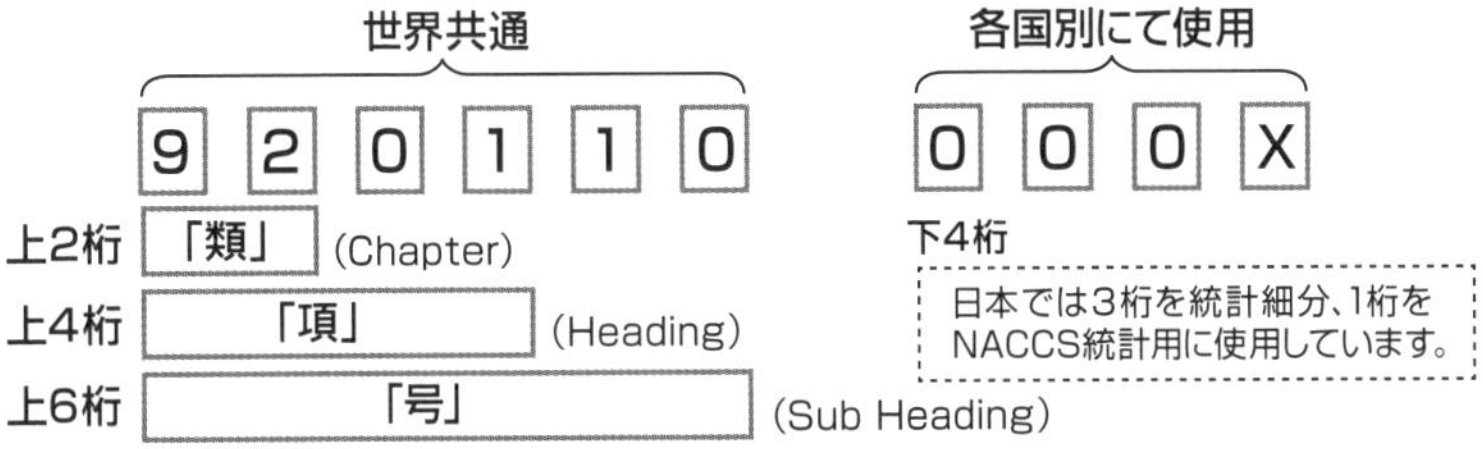

日本の統計番号 H.S.CODE			品名
第92類			楽器並びにその部分品及び附属品
	92.01		ピアノ(自動ピアノを含む。)、ハープシコードその他鍵盤のある弦楽器
	9201.10	000	アップライトピアノ
	9201.20	000	グランドピアノ
	9201.90	000	その他のもの

NACCSのしくみ

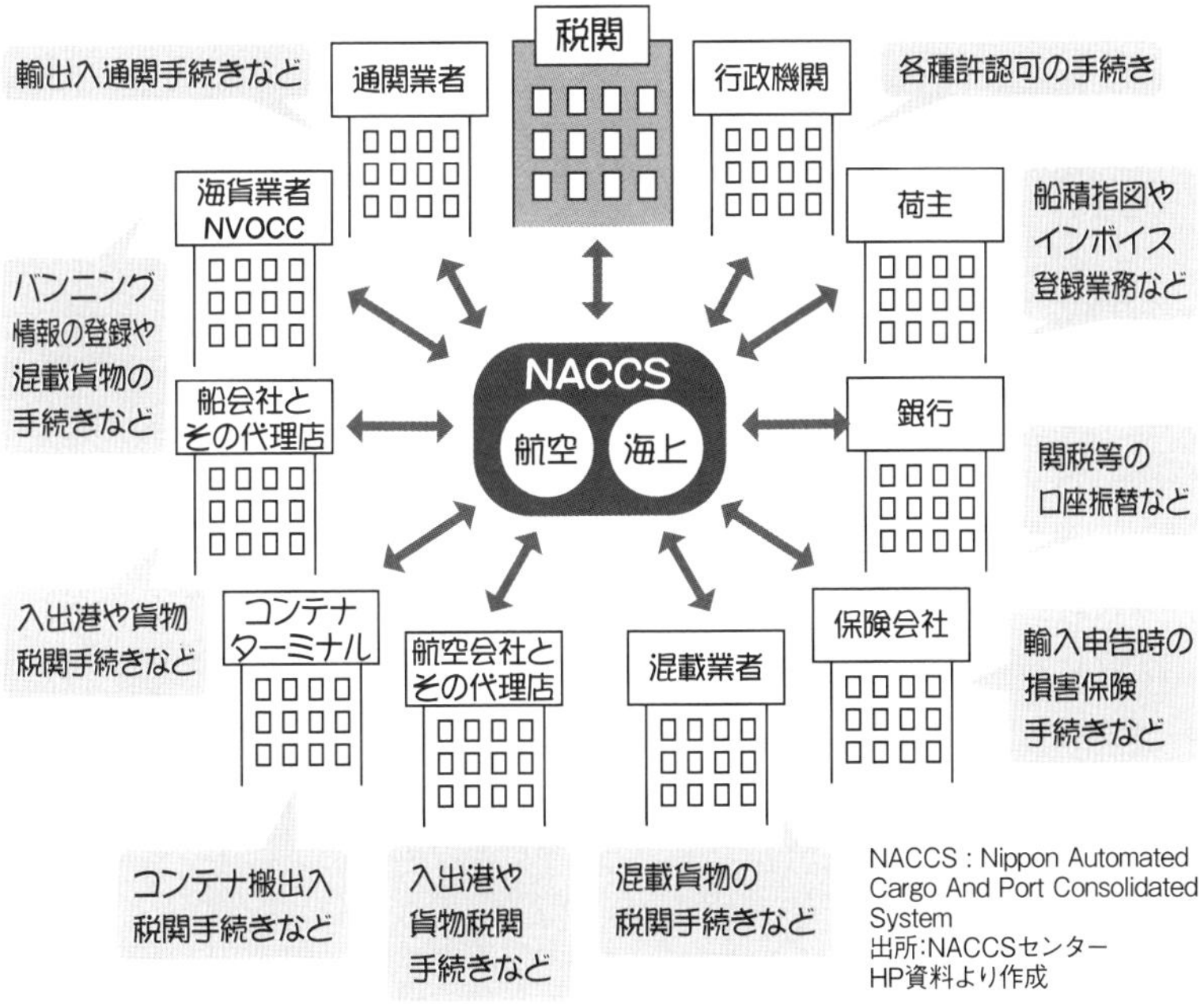

NACCS : Nippon Automated Cargo And Port Consolidated System
出所:NACCSセンターHP資料より作成

4 税関の役割とは

➡税関は、通関をはじめ、関税や消費税の徴収、密輸の監視、保税地域の管理などを行っています。

☆税関の役割

税関は、輸出入貨物の審査や関税などの徴収を行う国家機関で、日本の場合は財務省に所属する組織です。

外国貿易を行う船や航空機が出入りできる港湾や空港は、法令により定められています。

税関は、これらの港や空港に事務所を構えて、通関や税務、監視、保税の各種業務を行っています。

日本の税関は、全国を9つの管轄区域（函館、東京、横浜、名古屋、大阪、神戸、門司、長崎、沖縄）に分ける体制を敷いています。

日本の税関は、主に次の業務を行っています。

○通関

輸出入される貨物が適法であるかを審査する業務です。まず書類審査を行い、必要に応じて現物貨物検査も実施します。輸出入の貿易統計の作成や発表も行います。

○税務

輸入貨物に課される関税や消費税、その他諸税を徴収する業務です。また、貿易を行う船が入港したときに課される「とん税」の徴収も行っています。

○監視

法律や国際条約によって禁止または制限されている貨物の不正な輸出入など、密輸を監視する業務です。

○保税

保税地域の許可と保税貨物の管理業務です。

税関の役割

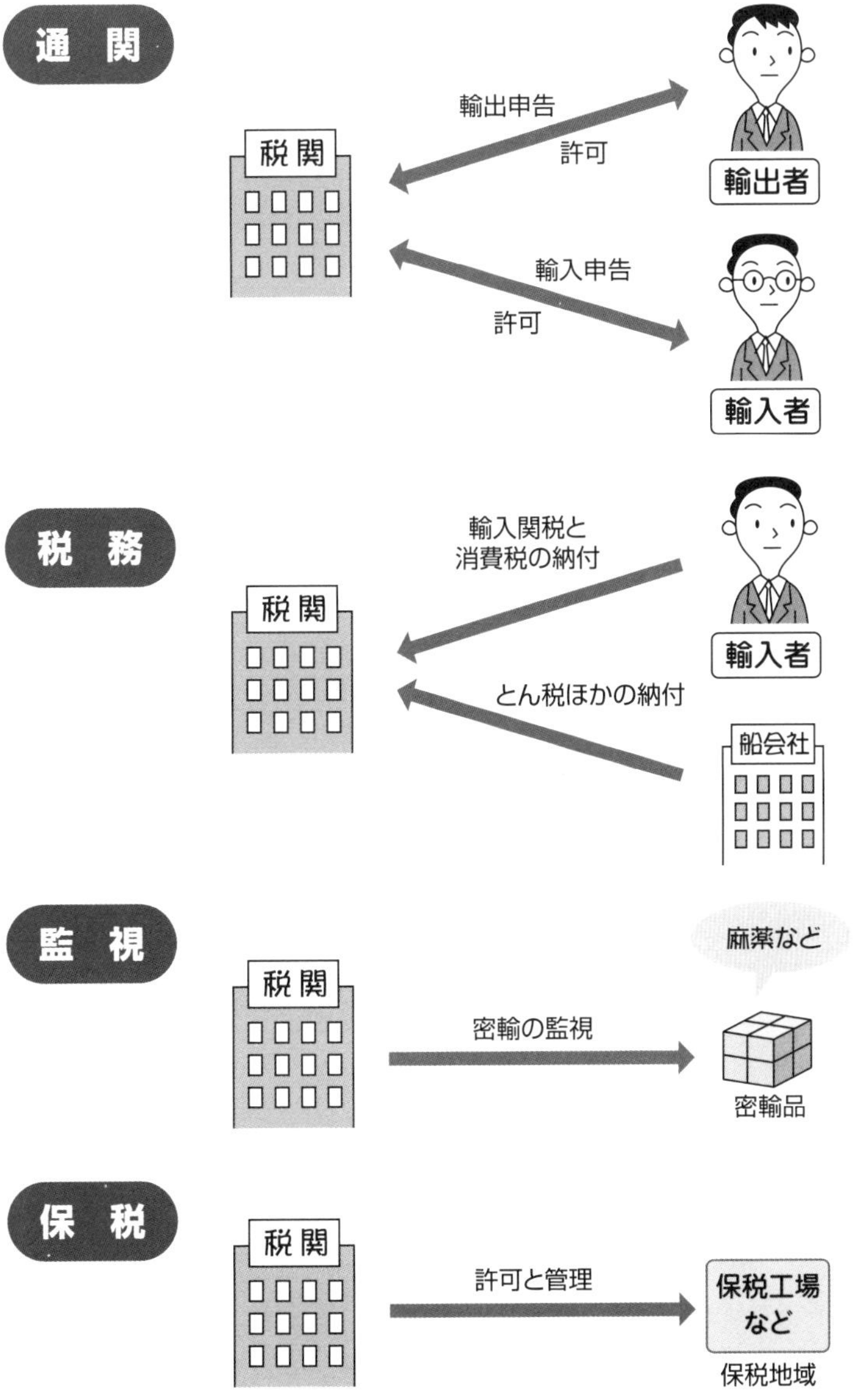
通関
税関
輸出申告
許可
輸出者
輸入申告
許可
輸入者
税務
税関
輸入関税と
消費税の納付
輸入者
とん税ほかの納付
船会社
監視
税関
麻薬など
密輸の監視
密輸品
保税
税関
許可と管理
保税工場
など
保税地域

5 保税地域の機能と役割

➡外国貨物の荷さばきや保管などを行う保税地域には、指定保税地域や保税蔵置場など5種類あります。

輸出貨物は、税関の輸出許可を取得後、保税地域で船や飛行機に積み込まれます。輸入貨物は、荷おろし後、保税地域に搬入され税関の輸入許可を取得後に引取られます。

保税地域とは

保税地域とは、外国貨物の積み揚げ、荷さばき、保管、加工、展示などを行うことができる地域または施設です。

外国貨物とは、輸出通関手続きを完了している日本国内にある貨物と、外国から到着していても輸入通関を完了していない貨物を指します。

保税地域の貨物は、税関の管理下におかれます。輸入外国貨物に課せられる関税や消費税の支払いは保税地域では保留され、貨物を保税地域から国内に搬入する輸入通関手続時に支払います。

貨物を国内に輸入せずに、保税地域から再び外国に輸出する場合は、関税や消費税は課せられません。

保税地域の種類

保税地域には、次の5種類があります。

○指定保税地域

輸出入通関手続きのための外国貨物を一時的に保管しておくための地域で、港湾や空港などの公共施設が指定されています。

輸出入手続きを目的とした地域なので、長期の保管や加工などは

保税地域

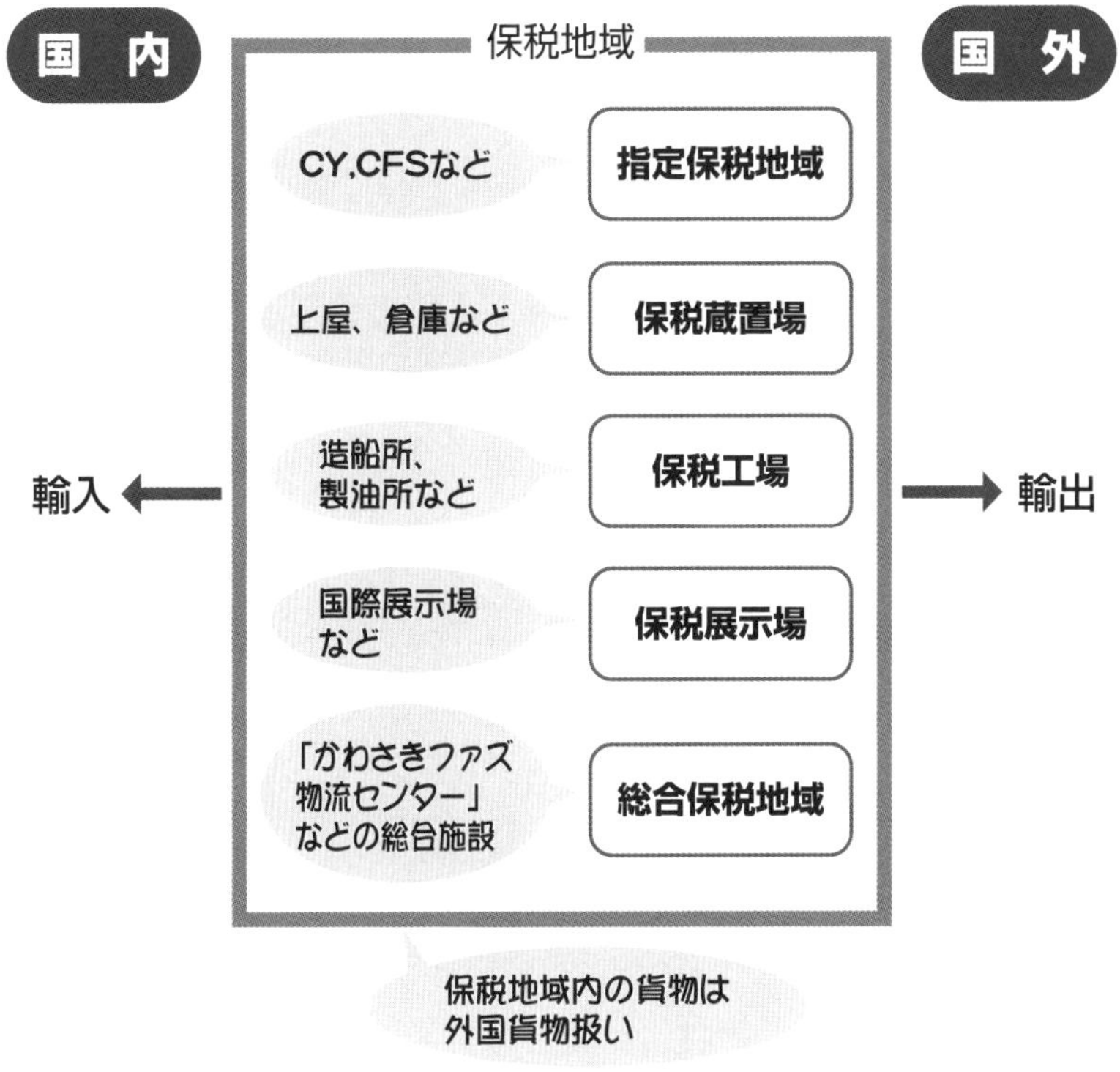

できません。

○保税蔵置場

長期保管を目的とした場所で、外国貨物の積み揚げや保管ができます。

○保税工場

外国貨物を加工・製造できる工場のことで、輸入した原材料を非課税で加工・製造し、再度輸出することができます。

○保税展示場

外国貨物を展示できる施設で、モーターショーなど多くの国際展示会に利用されています。

○総合保税地域

外国貨物の長期保管、加工・製造、展示などすべての機能を持った地域や施設のことです。

6 輸出通関の流れと手続き

➡ 輸出通関は、税関への輸出申告、税関審査、輸出許可、貨物の船積みの手順で進められます。

輸出通関の流れ

輸出者は、貨物を保税地域に搬入する前か後に税関へ輸出申告を行い、保税地域で税関の輸出許可を得た後に、貨物の船積みを行います。

「輸出通関」とは、この流れのなかの輸出申告から許可を得るまでの税関手続きのことです。

輸出通関の手続きは、港湾や空港地区での貨物の受け取りから輸出通関後に輸送人への貨物引き渡しまで、連携して行う必要があります。

港湾地区で貨物の取り扱いを請け負っている海貨業者（乙仲）は、通関代行業務も行っているので、輸出者は輸出手続きを進めるにあたり、貨物の特性や輸送手段などの諸事情を考慮して、適切な海貨・通関業者を選定します。

海貨・通関業者への依頼

税関への輸出申告は、輸出者自身で行うこともできますが、通関業者としての海貨業者に委任状を出して、申告代行を依頼するのが一般的です。税関への申告は、税関長から認定を受けた通関士が行います。

輸出者は、輸出通関や船積みに必要な情報をまとめた「船積指図書」を海貨業者に送ります。

船積指図書は、税関に輸出通関のため提出する書類ではなく書式も自由ですが、船積全体の指図を海貨業者に伝える指示書なので、

輸出通関の流れ

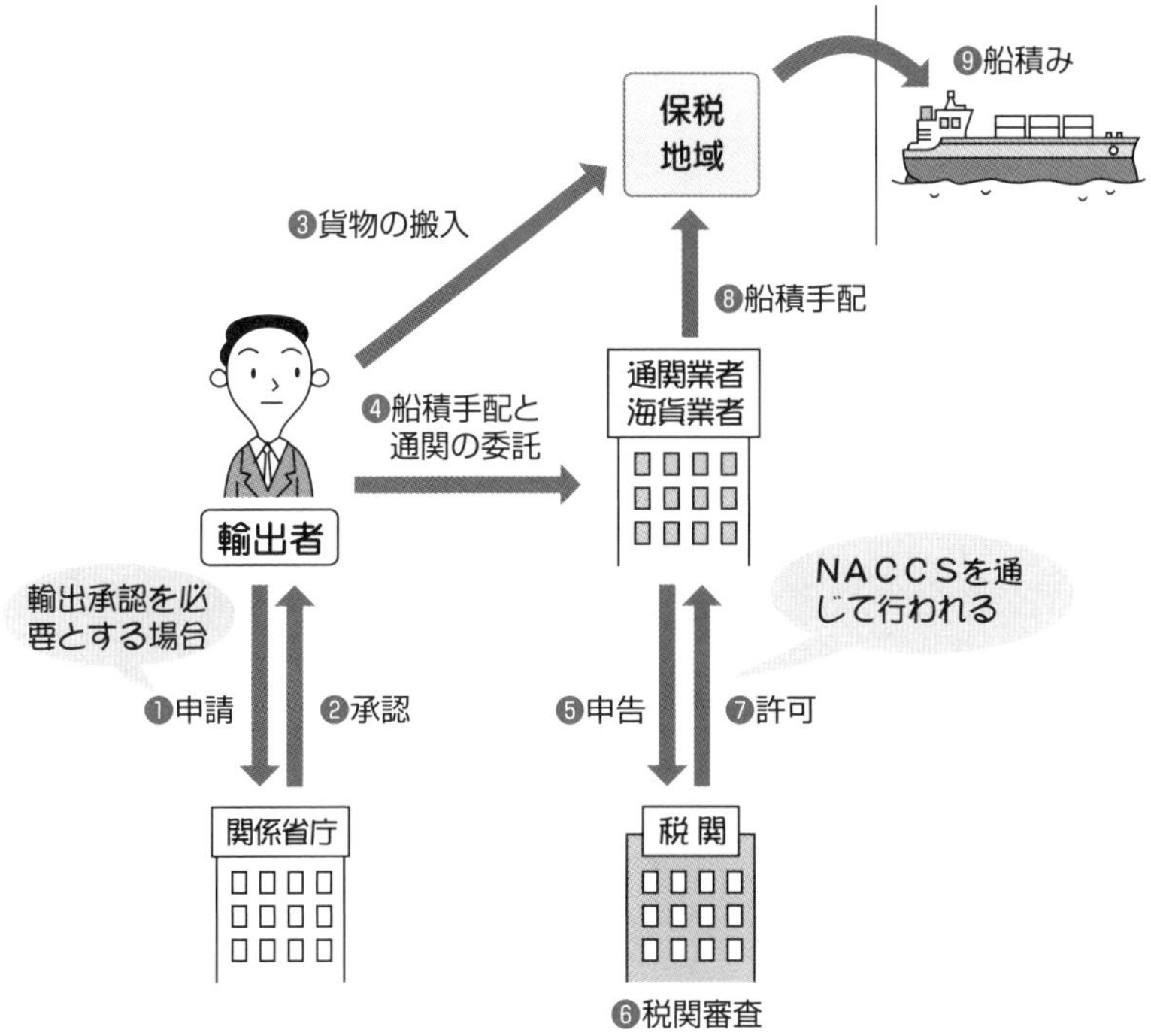

実務的に重要な役割を果たします。

船積指図書には、輸出申告に必要な「輸出入者名」「商品明細」「数量」「重量」「容積」「契約価格」「貿易条件」「輸出本船名」「船積予定日」などの情報を記載するとともに、インボイスやパッキングリストなどの書類を添付して送ります。

税関への輸出申告

税関への輸出申告は、関税法改正（平成23年）により、保税地域搬入前に行えるようになりました。ただし、検査や輸出許可は保税地域搬入後に行われます。

税関への輸出申告に最低限必要な書類は、「輸出申告書」「インボイス」「パッキングリスト」です。

税関審査の流れ

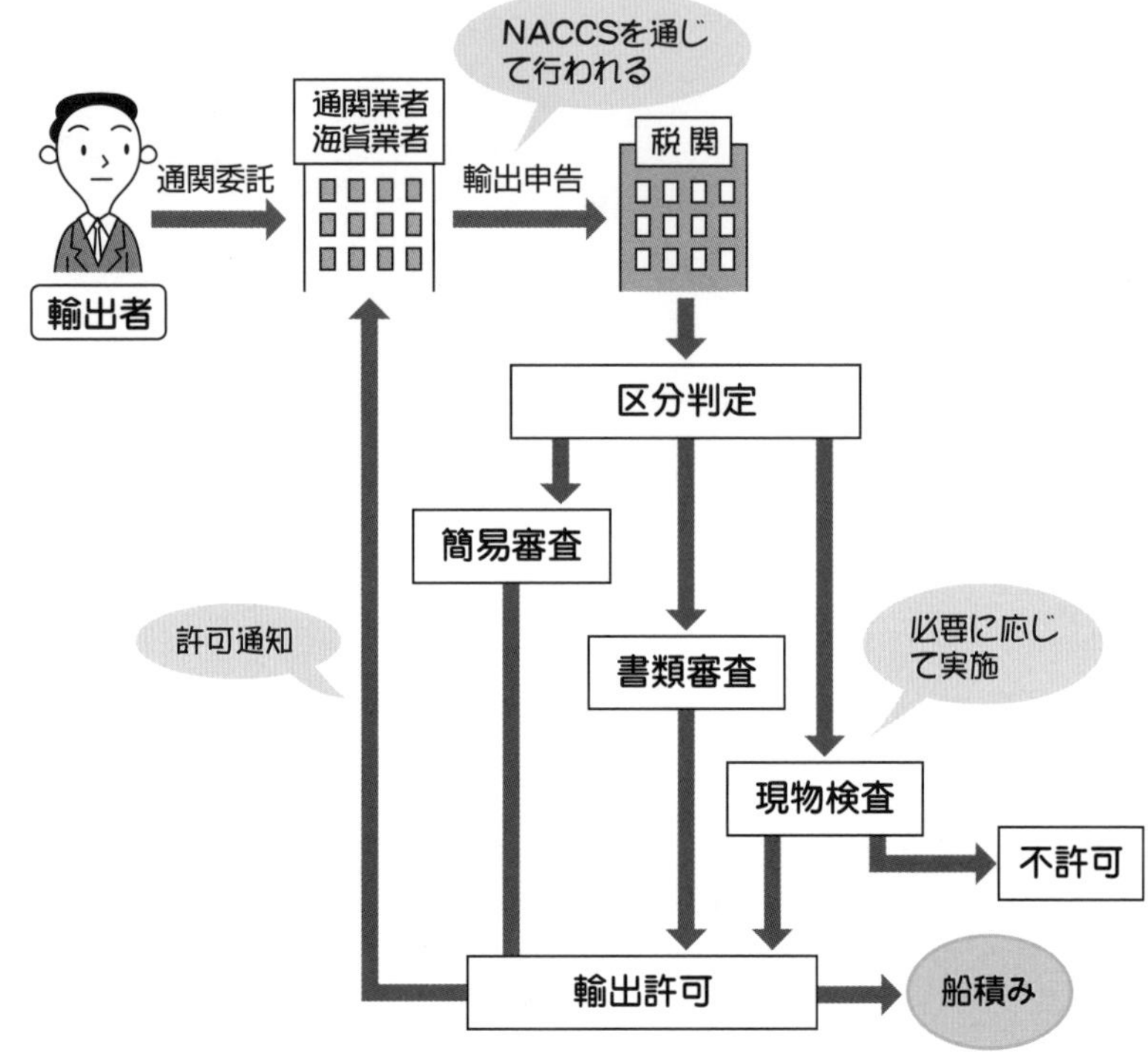

また、関係省庁の輸出承認や許可が必要な貨物は、事前に「輸出許可承認証」を取得し、輸出申告の際に提出します。

輸出申告手続きは、海貨業者内に設置しているNACCSシステムを利用し、輸出申告データを税関に送信して申告が行われます。

✪税関審査

税関は申告データーを審査し「簡易審査」「書類審査」「現物検査」の区分判定を行います。

「簡易審査」の場合は、すぐに輸出許可通知がNACCSシステムを通じて送られ、輸出者は一定期間内にインボイスなどの必要書類を税関に提出します。

「書類審査」の場合は、税関はイ

保税地域内の貨物の扱い

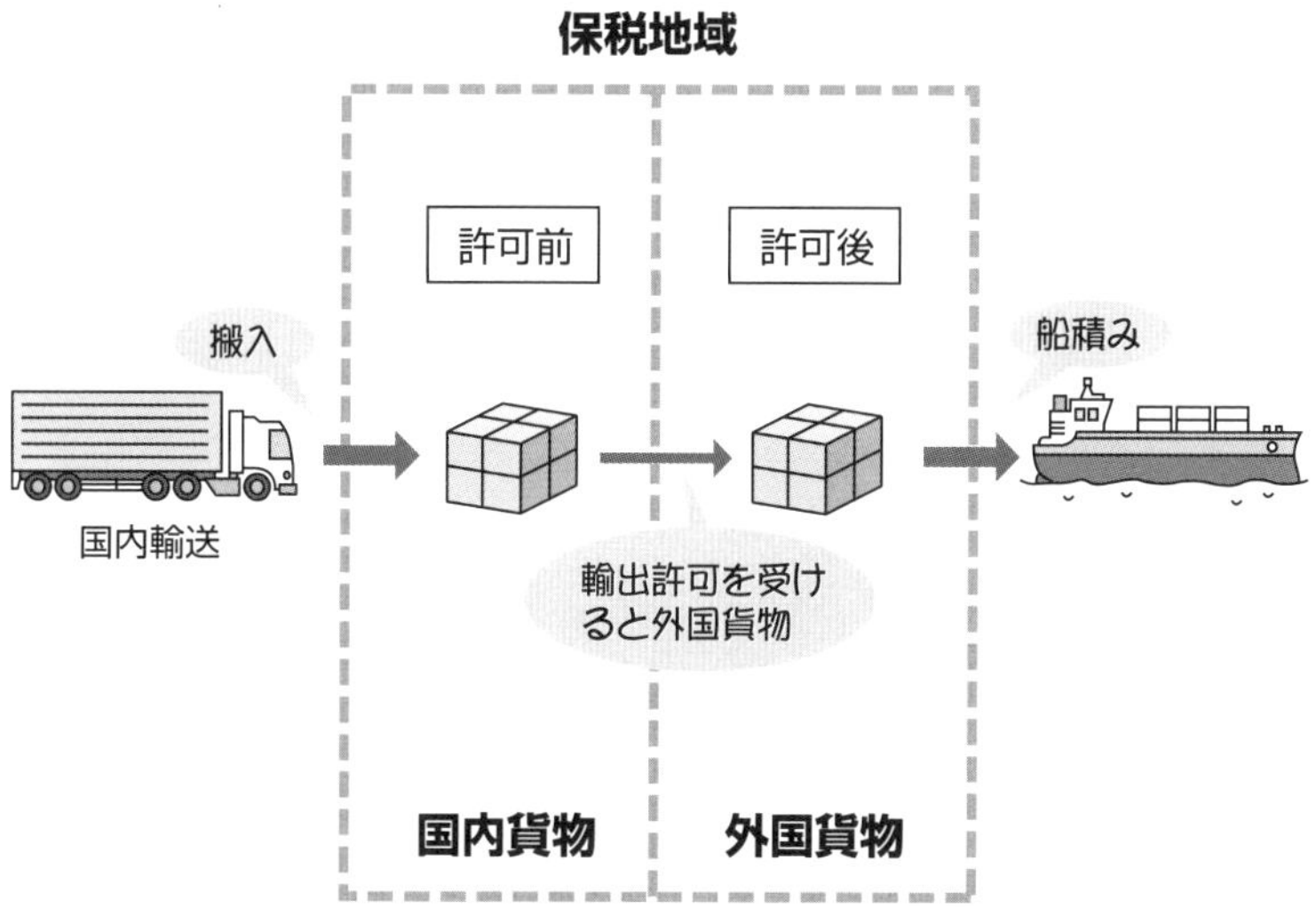

ンボイスなどの書類の提出を輸出者に求め、関税法やその他の関連法規に照らして書類審査し、問題がなければ輸出許可を出します。

「現物検査」と判定された場合は、税関は書類審査を行うとともに保税地域に置かれている商品現物を検査した後、輸出の可否を判断します。

輸出許可

税関の「書類審査」と「現物検査」を経て、輸出許可を受けた貨物は、関税法上は「外国貨物」となります。

そのため、何らかの事情が発生して日本国内に戻す場合には、再び税関への手続きが必要となります。

7 コンテナ貨物の輸出通関

➡コンテナ貨物の一般的な輸出通関の手続きは、以下のとおりです。

☆LCL貨物の輸出通関

コンテナ1本に満たないLCL貨物の場合は、輸出者が貨物をCFS（コンテナフレートステーション）に搬入し、貨物の状況チェックや検量を終えた後、ほかの貨物と合わせてコンテナ詰めされます。

CFSは保税地域なので、輸出者はCFSで税関の輸出許可を受けるか、輸出許可取得済みの貨物をCFSに搬入します。税関審査は144ページで説明したとおりです。

貨物の詰め込み（バンニング）が完了したコンテナは、CFSオペレータによりCY（コンテナヤード）に輸送され、本船に積み込まれます。

☆FCL貨物の輸出通関

FCL貨物の場合は、輸出者は貨物を自社施設あるいは港湾地区の倉庫でコンテナに詰め込み、CYなどの保税地域に持ち込みます。

税関への輸出申告は、CYや保税地域に持ち込む前でも行えますが、税関の輸出許可は搬入後に行われます。

自社施設でコンテナ詰め（バンニング）を行う方法は、貨物を積み替えることなく輸送できるので、コンテナ輸送の利点を生かすことができます。

従来の「コンテナ扱い」の手続きは、輸出通関における保税搬入原則の見直し（➡P143）に伴

コンテナ貨物の輸出通関

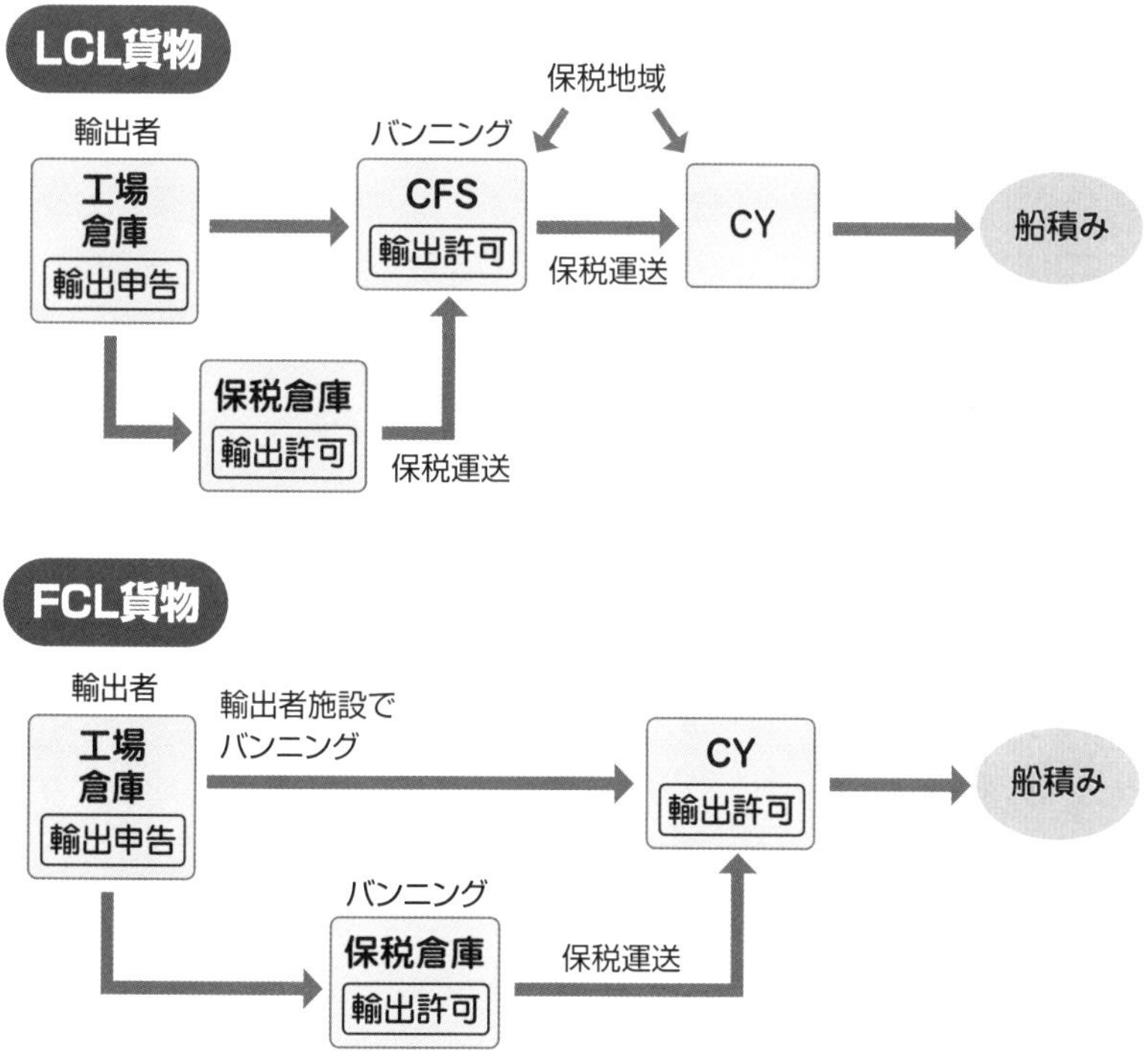

い廃止されました。

✪B／Lインストラクション

B／L記載事項の連絡に用いられていたドックレシート（D／R）とコンテナ内貨物の明細を記載したコンテナロードプラン（CLP）は、書類作成業務の合理化により、現在はB／Lインストラクションとコンテナパッキングリストの書式が利用されています。

さらに、通関情報システムNACCS（➡P136）を利用したデータ送信によるペーパーレス化も進行しています。

8 在来船貨物の輸出通関

➡在来船貨物の一般的な輸出通関の手続きは、以下のとおりです。

☆一般的な手続き

在来船貨物の輸出通関は、貨物を港湾地区の保税地域にある倉庫や上屋に搬入し、そこで検量などの作業を行った後、税関への輸出申告を行います。

輸出申告は、保税地域搬入前に行うこともできますが、検査や輸出許可は搬入後に行われます。

税関による審査は144ページで説明したとおりで、問題がなければ輸出許可が出され、貨物が本船に積み込まれます。

☆在来船の場合の特別な輸出通関手続き

在来船貨物のなかには、量が多いために港湾地区の保税地域にある通常の倉庫や上屋に搬入することが困難な場合があります。

このような場合は、次のような特別な手続きがとられます。

○本船扱い・艀中扱い

これらは鋼材や肥料などの大量の貨物が、はしけで船積港まで国内輸送されてきた場合にとられる手続きです。

「艀中《ふちゅう》扱い」は貨物を陸揚げせずにはしけに載せたまま、「本船扱い」は本船に積んだ状態で、輸出検査・許可を得る手続きです。

○他所蔵置

プラント設備類のような超重量貨物などで、保税地域へ回送することが困難か著しく不適当と判断された場合に、認められる手続きです。

在来船貨物の輸出通関

一般手続き

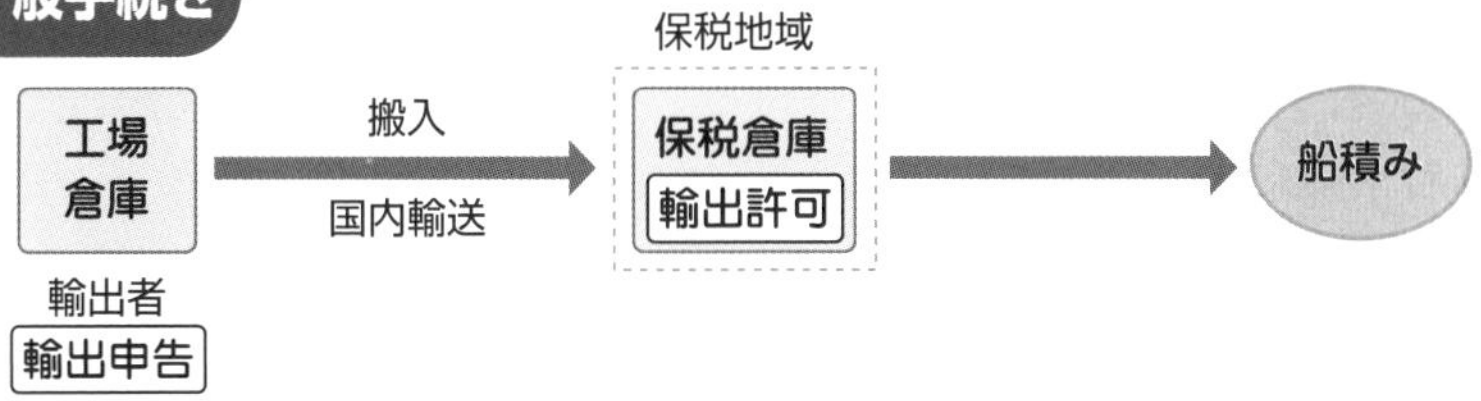

本船扱い 艀中扱い

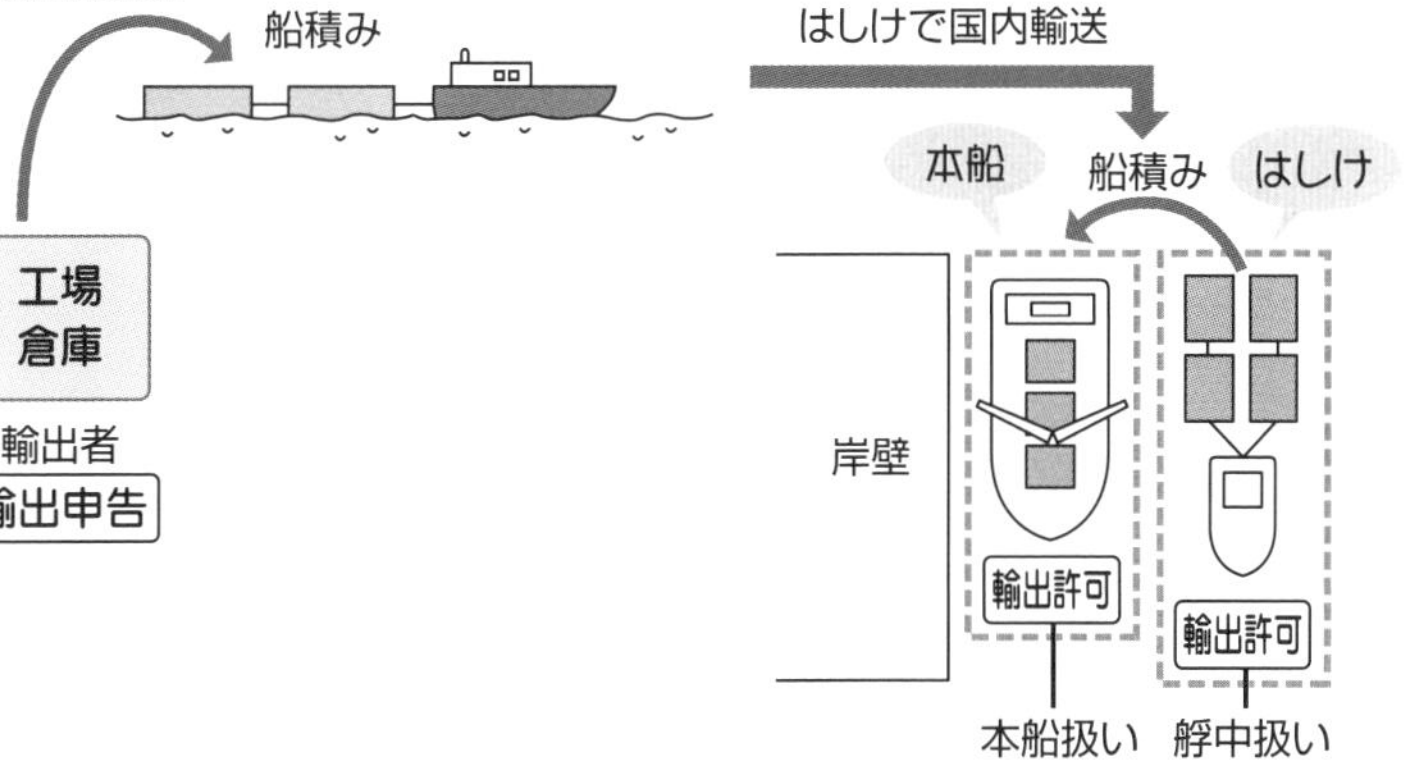

税関が指定する保税地域以外の場所で、指定された期限内は輸出入外国貨物の保管ができます。

メーツレシート

在来船貨物の場合には貨物の受取証として「メーツレシート（M／R）」が発行されます。

コンテナ貨物におけるドックレシートやB／Lインストラクション（➡P147）と同じように、メーツレシートに記載される情報は船荷証券（B／L）に反映されます。

なお、メーツとは本船の一等航海士のことです。

9 航空貨物の輸出通関

➡航空貨物の一般的な輸出通関の手続きは、以下のとおりです。

航空貨物の輸出通関手続き

より迅速な手続きが求められる航空貨物の輸出船積手配には、輸出者からの貨物の収集、倉庫での梱包、保税地域への搬入、輸出通関手続き、航空会社への貨物搬入などがあります。

これら一連の作業をフォワーダーに一括して委託する方法が一般的に行われています。

貨物の収集

輸出手続きの依頼を受けたフォワーダーは、輸出者に指定された場所で貨物を引き取り、自社の施設で梱包や検量を行います。

輸出申告

一般にフォワーダーは、空港近くに保税倉庫を保有しており、梱包から輸出申告まで一連の手続きをその施設で行います。

フォワーダーは、インボイスやパッキングリストを作成し、そのほか必要に応じて事前に輸出者から書類を取り寄せて、税関に提出します。

税関への輸出申告はＮＡＣＣＳシステムを通じたデータ送信で行われます。

税関による審査は１４４ページで説明したとおりで、問題がなければ輸出許可がおります。

航空貨物の輸出通関

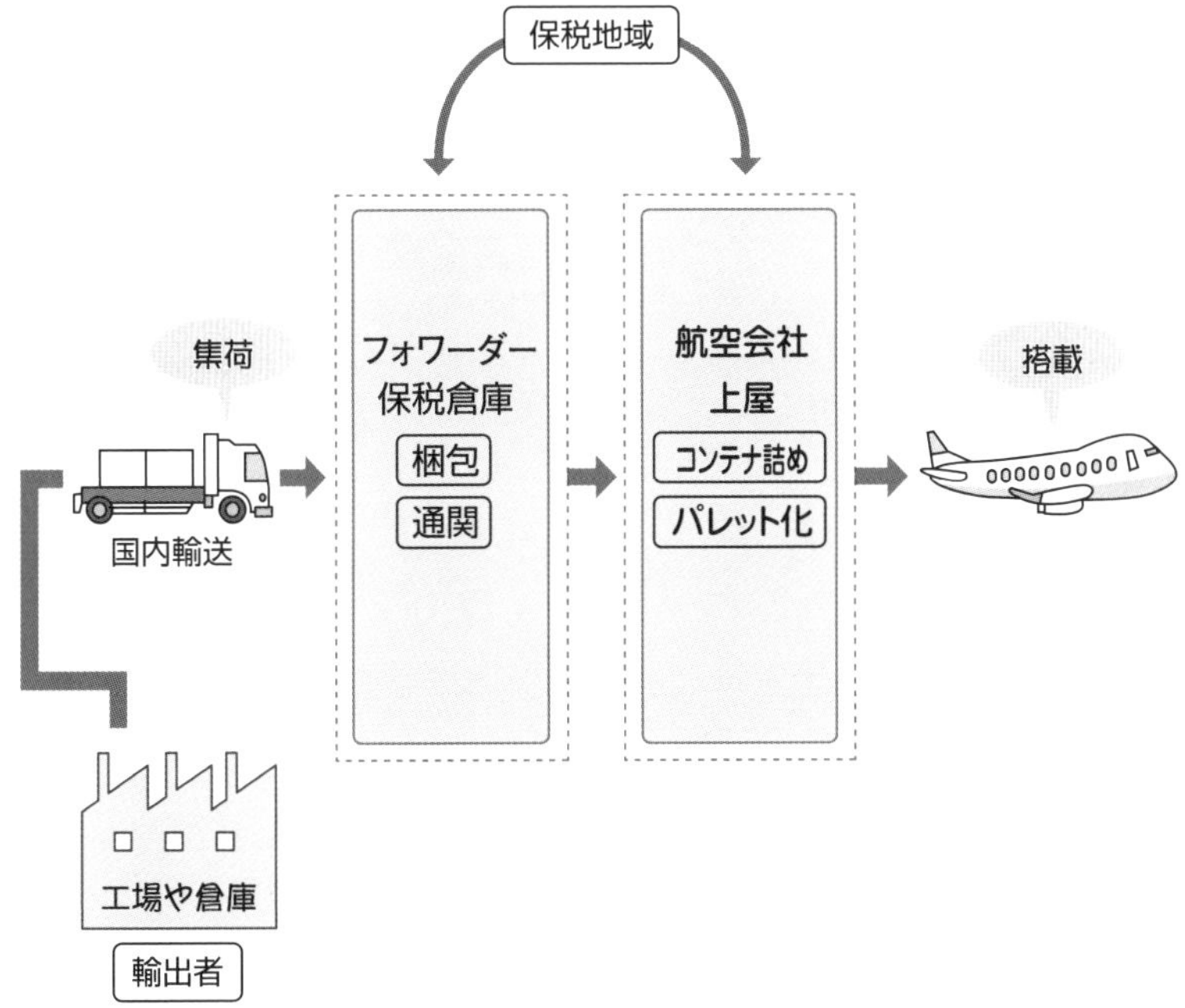

航空会社への搬入と搭載

フォワーダーは、輸出許可が出た貨物を航空機へ搭載するため、空港にある航空会社の上屋に搬入します。

航空会社は、飛行機便ごとに貨物を航空機用のコンテナに詰めたり、機体貨物スペースの形状に合わせてパレットに積みつけて、航空機へ搭載します。

航空運送状の発行

航空会社はフォワーダーにマスターエアウェイビルを発行し、フォワーダーは各輸出者にハウスエアウェイビルを発行します。

10 輸出通関の便利な制度とは

➡貨物のセキュリティとコンプライアンスに優れた会社は、輸出通関の際に優遇措置（日本版ＡＥＯ制度）が受けられます。

✪輸出通関の制度

輸出通関の手続きは、貨物を事前に保税地域に搬入してから税関に申告して、審査を受けるのが原則です。

ただし、一定の要件を満たす輸出者には、輸出通関を効率よく進める制度が設けられています。

✪ＡＥＯ制度とは

貨物の「セキュリティ管理」と「コンプライアンス（法令遵守）」に優れた企業をＡＥＯ（AUTHORIZED ECONOMIC OPERATOR）と認定して、税関の手続きを簡素化する制度があります。米国、ＥＵ、日本をはじめ世界的に導入の動きが広まっています。

✪特定輸出申告制度とは

ＡＥＯとして税関の承認を受けた輸出者は、貨物を保税地域に搬入しなくても、自社の工場や倉庫で輸出申告して許可を得ることができる「特定輸出申告制度」が利用できます。

この制度は２００６年３月から施行されています。

特定輸出申告制度を利用すれば、ＦＣＬ貨物などの輸出通関を効率的に行えます。

✪特定輸出申告のメリット

特定輸出申告した貨物は、税関審査や検査で優遇措置が受けられるため、輸出貨物の迅速な船積み

輸出通関の便利な制度

一般の輸出申告

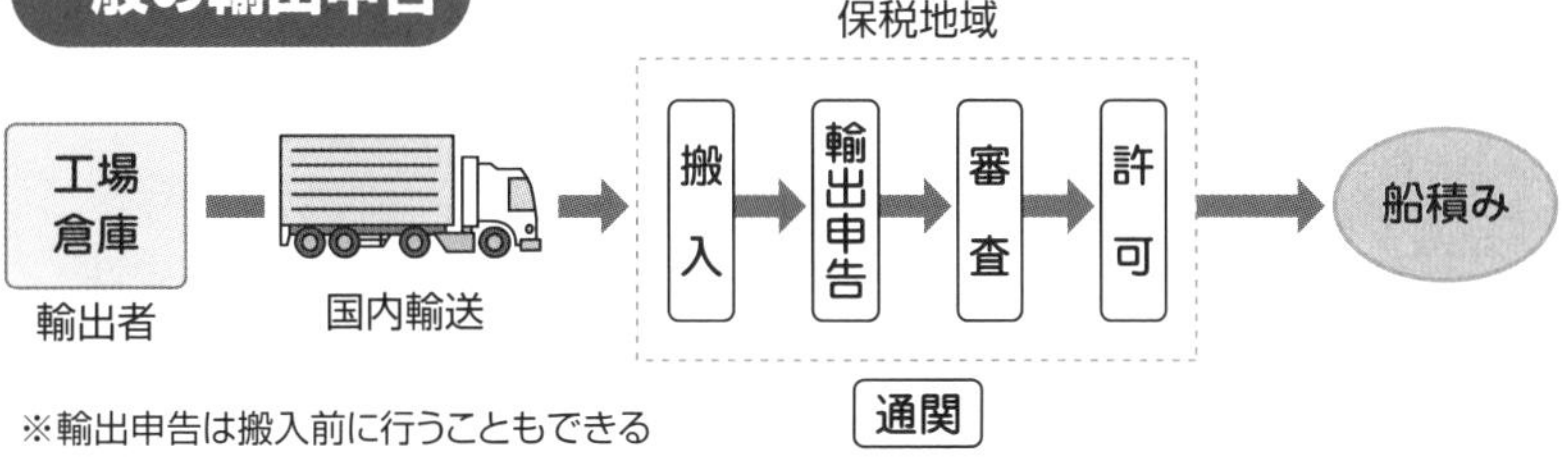

特定輸出申告制度

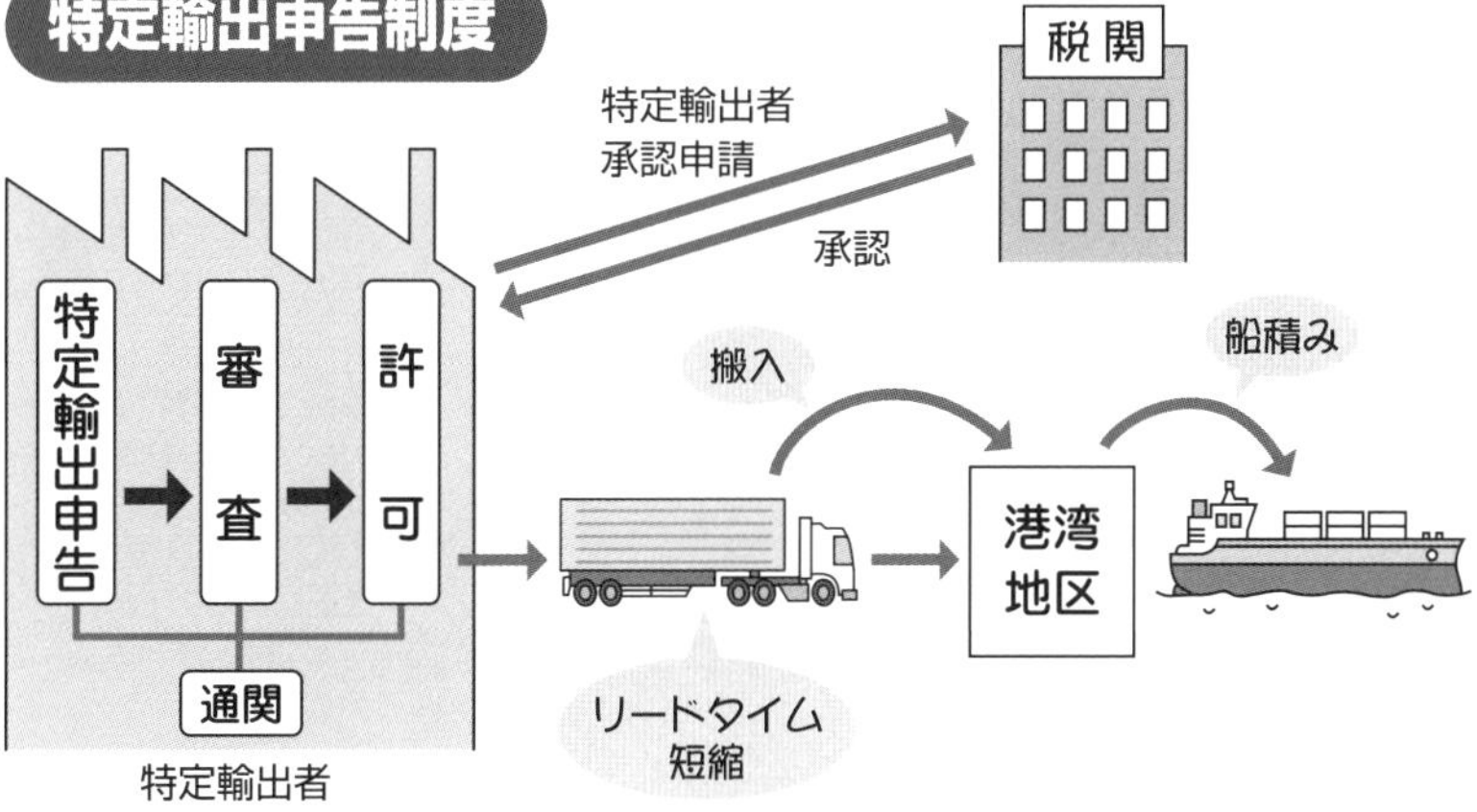

や搭載ができるようになります。

そのため、輸送リードタイムの短縮や物流コストの削減効果が得られるようになっています。

さらに、輸入国側での通関が迅速に行えるように、関係各国と相互認証の協議が進められています。

日本は、米国、EU、英国、中国、など主要12ヵ国とAEO相互承認を行っています。（2021年4月時点）

○AEO制度の拡大

AEO制度は、輸入者、倉庫業者、通関業者・運送者、製造者に広げられており、それぞれに「特例輸入者制度」「特定保税承認者制度」「認定通関業者制度」「特定保税運送者制度」「認定製造者制度」が設けられています。

11 輸出貿易の管理とは

➡日本の輸出貿易は、外為法下の政令である「輸出貿易管理令」と「外国為替令」を中心として、管理が行われています。

☆輸出貿易管理令

輸出貿易管理令では、国際的な平和と安全のため、武器やその関連部品の輸出を規制しています。

そのため、規制を受ける貨物を輸出する場合は、事前に経済産業大臣の許可を取得する必要があります。

規制品目は、輸出貿易管理令の別表第1に記載されています。

この表は規制品目を示す「リスト規制」（1～15項）と、品目は特定せずに規制する「キャッチオール規制」（16項）の2段階で構成されています。

☆リスト規制

大量破壊兵器（核兵器、生物化学兵器、ミサイル）開発に使用される品目をリスト化して規制しています。リスト規制に該当する品目は、需要者や用途にかかわらず、自社の海外拠点や日系企業への輸出でも、経済産業大臣の許可が必要です。

☆キャッチオール規制

キャッチオール規制はリスト規制の対象となっていない品目を対象とし、大量破壊兵器と通常兵器の開発に用いられるおそれのある貨物の輸出を規制するものです。汎用品であっても武器に転用されるおそれがあるため、リスト規制を補完する規制として敷かれています。

輸出者は、用途や最終需要者を

輸出貿易管理令

リスト規制

武器製造用の品目をリスト化して規制

◎レーザー発振器や軸受（ベアリング）などのハイスペック品
◎すべての国への輸出が対象

キャッチオール規制

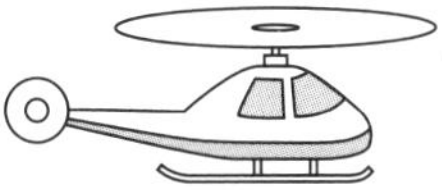

貨物の用途や需要者によって規制
例：農薬散布用無人ヘリコプター
（軍事転用の可能性あり）

◎すべての貨物が対象
（食料品や木材などは除く）
◎グループA以外の国への輸出が対象

※グループA（旧ホワイト国）：輸出管理を厳格に実施している国
（輸出貿易管理令別表第3の国）

確認し、もし武器転用のおそれがあると判断した場合には許可申請を行います（客観要件）。また、経済産業大臣より輸出許可を得るようにと通知が出される場合もあります（インフォーム要件）。

外国為替令による規制

貨物は輸出貿易管理令で管理されていますが、技術は外国為替令で管理されています。貨物と同様に、リスト規制、キャッチオール規制が敷かれています。

そのほかの法令

外為法のほか、「輸出取引法」（虚偽の原産地表示貨物の規制など）や「文化財保護法」など、目的に応じた規制があります。

12 輸入通関の流れと手続き

➡輸入通関は、税関への輸入申告、税関審査、納税申告と納付、輸入許可の手順で進められます。

☆輸入通関の流れ

船や航空機で輸入された貨物は、荷卸しの後いったん保税地域に搬入されます。その段階で輸入者は税関へ輸入申告し、輸入許可を得た後に国内に引き取ります。

「輸入通関」は、この流れのなかの輸入申告から許可を得るまでの税関手続きのことをいいます。

輸入通関も輸出の場合と同様に、荷揚げから輸入通関後の貨物の引き取りまでを連携して行うため、通関代行業を兼ねた海貨業者（乙仲）に一連の作業を委託するのが一般的です。

○輸入申告の準備

輸入者は、輸入通関に必要な書類を事前に準備しておく必要があります。必要書類としては、輸出者から送付されてくる「船積書類」（インボイス、パッキングリスト、船荷証券、保険証券、原産地証明書など）があります。また、輸入許可が求められる品目であれば、関係省庁の「輸入許可承認証」が必要になります。

荷為替手形決済の場合は、銀行との代金決済を終えて船積書類を入手しておきます。

☆税関への輸入申告

輸入者は、通関業者に輸入通関に必要な書類一式を送付し、税関への輸入申告の代行を依頼します。通関業者はNACCSシステムの端末から輸入申告書データを税関に送信し、インボイスやパッキン

輸入通関の流れ

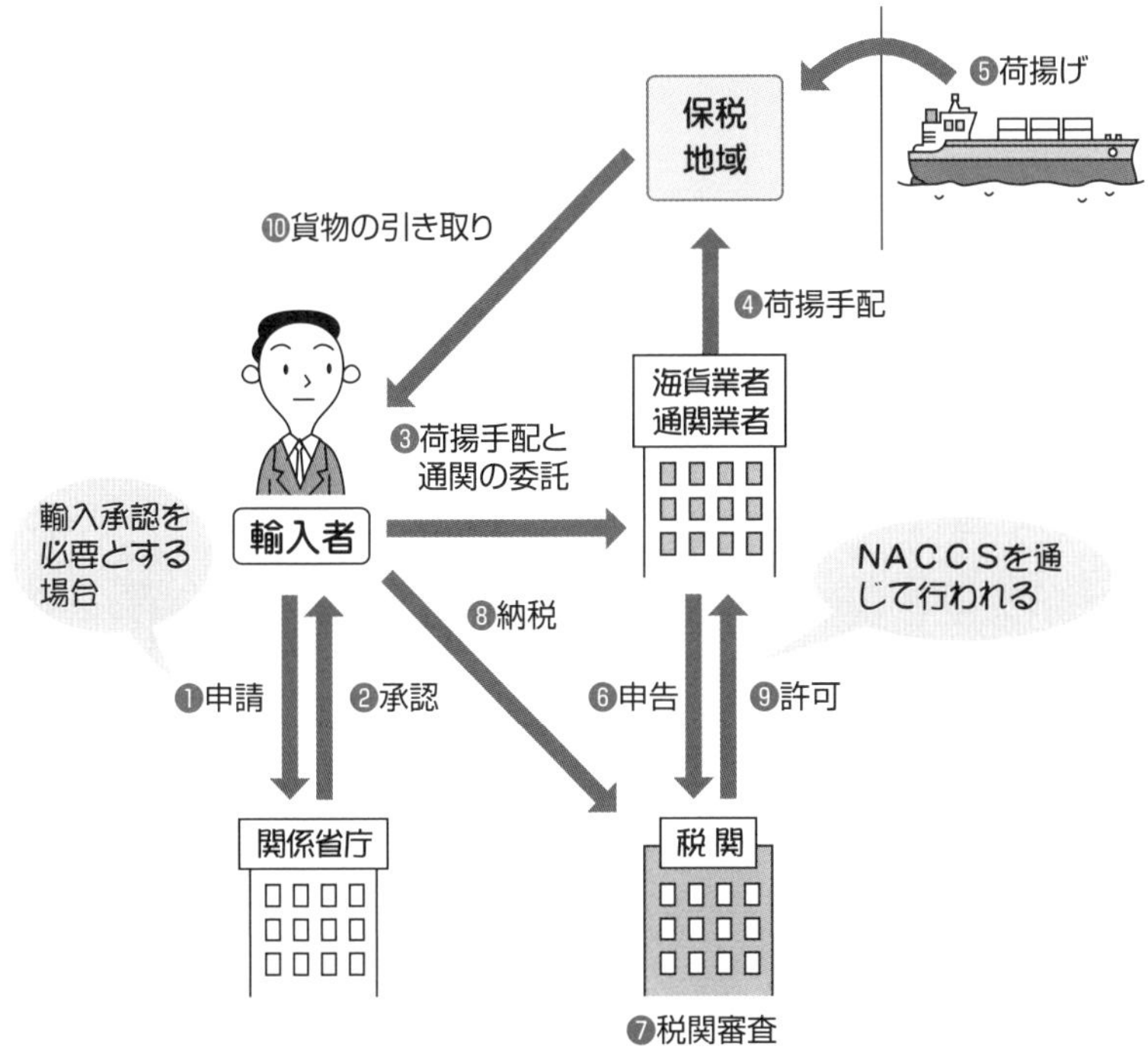

グリストなどの添付書類を税関に提出します。税関への申告は、通関士が行います。

○**税関審査**

税関は提出された輸入申告書のデータと添付書類を、関税法やその他関連法規に照らし合わせて審査し、問題がなければ輸入許可を出します。現物検査が必要と判断した場合には、保税地域に置かれている商品現物を検査した後、輸入許可の可否を判断します。

○**関税・消費税と諸税の納付**

税関審査と検査が完了して問題がなければ、輸入者は関税と消費税などを税関に納付します。原則として、税関が納税を確認した後に、輸入者は保税地域から貨物を国内に引き取ることができます。

13 コンテナ貨物の輸入通関

➡コンテナ貨物の一般的な輸入通関の手続きは、以下のとおりです。

✪輸入通関手続きと流れ

○船会社からの到着案内

本船の輸入港到着に合わせて、船会社は船荷証券（B／L）上の到着案内送付先欄に記載された通知先に船の到着案内を送付します。

○荷渡指図書の呈示

輸入者は船荷証券を船会社またはその代理店に提出して、貨物の引き渡しを請求します。

運賃が揚地払い条件の場合は、運賃も支払っておきます。

船会社は引き換えにCYまたはCFSオペレータ宛ての荷渡指図書（D／O）を発行するので、輸入者や海貨業者はこの荷渡指図書を呈示して貨物を引き取ります。

近年は通関情報システム（NACCS）を利用したデータ送信によるD／Oレスが行われています。

✪LCL貨物の輸入通関

LCL貨物の場合、到着したコンテナは船会社によってCFSに輸送されます。そして貨物は、CFSオペレータによってコンテナから荷おろしされ、受荷主単位に小分けされます。

CFSは保税地域なので、輸入者はここで輸入申告を行います。

税関審査と検査を経て、関税や消費税の納入後に輸入許可を受けて、貨物を国内に引き取ります。

✪FCL貨物の輸入通関

FCL貨物の場合、到着したコンテナはいったんCYに保管され

コンテナ貨物の輸入通関

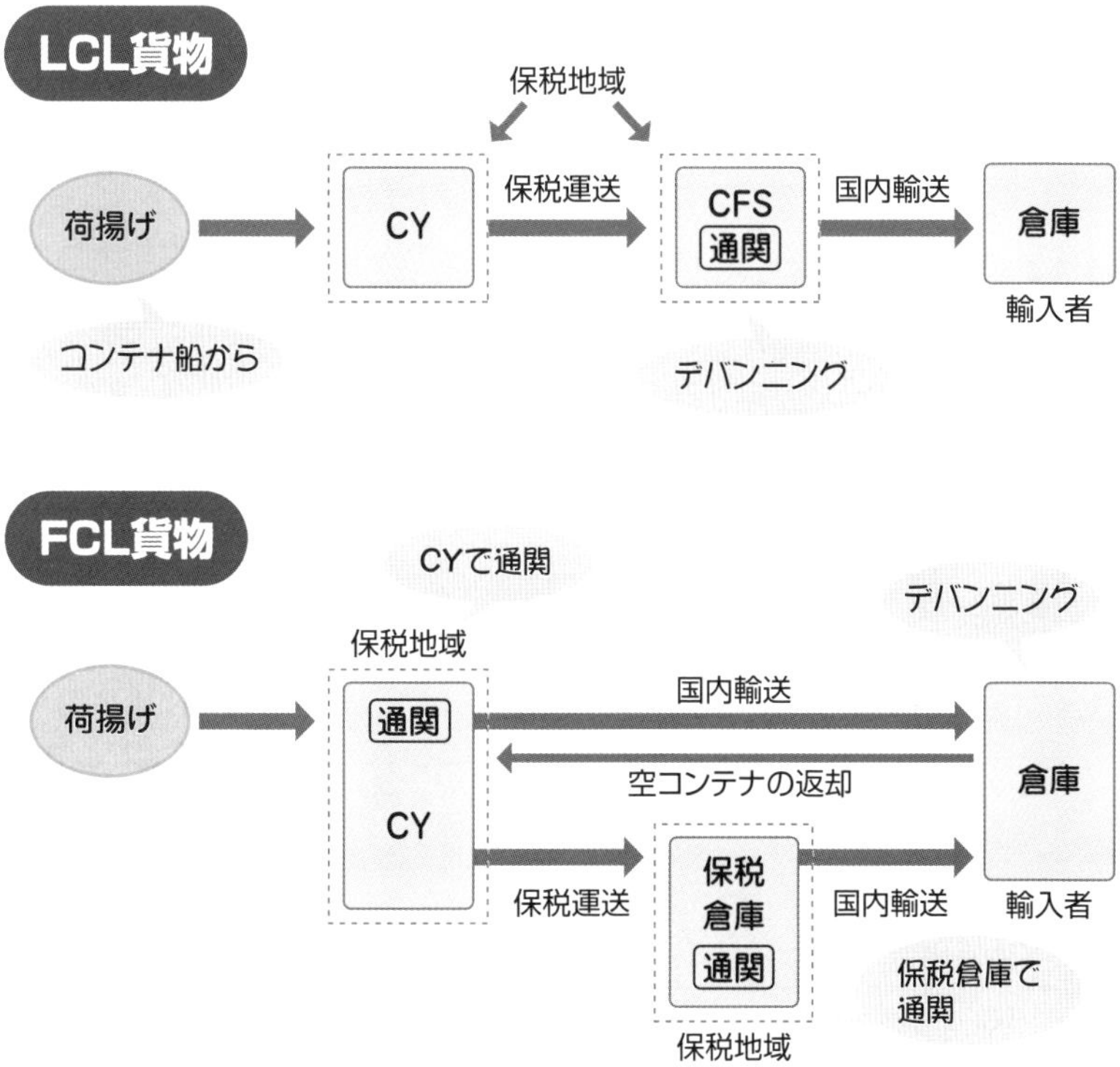

ます。

輸入者は、貨物がコンテナに詰まったままの状態でCYで輸入申告をするか、ほかの保税地域へ保税運送して輸入申告を行います。

前者は「ヤード通関」、後者は「倉入れ通関」と呼ばれています。

いずれの場合も、輸入審査、検査を経て、関税や消費税の納入後に輸入許可を受けて、貨物を国内に引き取ります。

✪保税運送

外国貨物を保税地域間を国内輸送することを保税運送といい、税関の承認を得る必要があります。

14 在来船貨物の輸入通関

在来船貨物の一般的な輸入通関の手続きは、以下のとおりです。

✪輸入通関の手続きと流れ

○船会社からの到着案内

本船の輸入港到着に合わせて、船会社は船荷証券（B／L）の到着案内送付先欄に記載された通知先、あるいは用船契約に規定された相手先に、船の到着案内を送付します。

○荷渡指図書の呈示

輸入者は、船荷証券を船会社またはその代理店に提出して、貨物の引き渡し請求をします。

運賃が揚地払い条件の場合には運賃も支払っておきます。

船会社からの荷渡指図書（D／O）は、本船宛てまたは陸揚げされた貨物を上屋で保管している管理者宛てに発行されるので、輸入者はこの荷渡指図書を呈示して貨物を引き取ります。

✪総揚《そうあ》げと自家取《じかど》り

本船からの荷揚げには、船会社が行う「総揚げ」と、輸入者が直接本船から貨物を荷揚げする「自家取り」の2つの方法があります。

○総揚げ

総揚げの場合は、貨物は港湾内の上屋に搬入され、受荷主別に仕分けされます。

輸入者はここで輸入申告を行うか、ほかの保税地域へ保税運送を行って輸入申告を行います。

そして、輸入審査や検査を経て、関税や消費税の納入後に輸入許可を受けて、貨物を国内に引き取ります。

在来船貨物の輸入通関

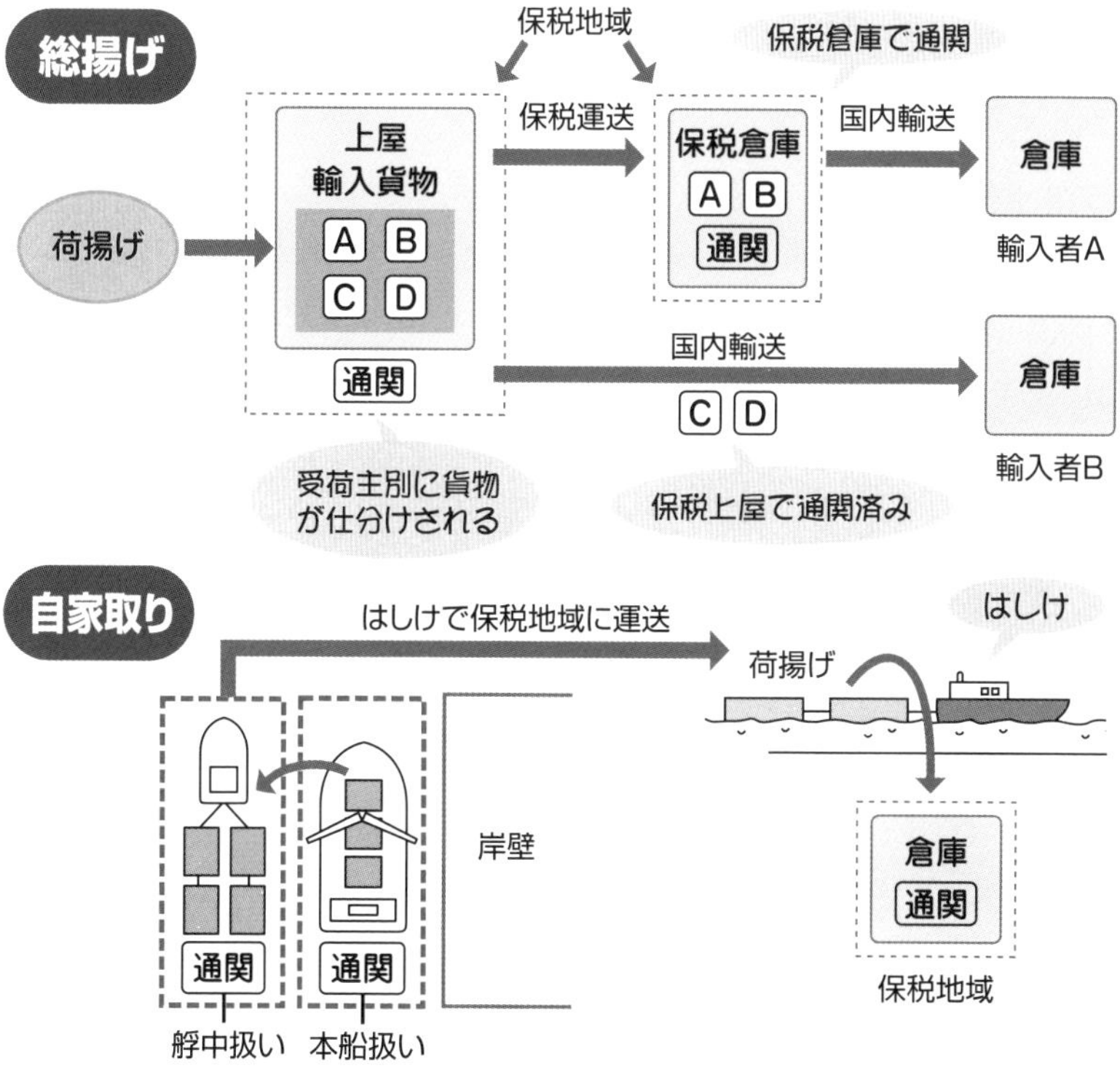

○自家取り

自家取りの場合は、輸入者はほかの保税地域に保税運送して輸入申告をするか、税関に「本船扱い」や「艀中《ふちゅう》扱い」の申請を行って、貨物が本船やはしけに積まれたままの状態で輸入申告を行う方法もあります。

15 航空貨物の輸入通関

➡航空貨物の一般的な輸入通関の手続きは、以下のとおりです。

輸入通関の手続きと流れ

○到着案内

航空会社あるいはフォワーダーは、航空運送状（エアウェイビル）に記載された荷受人に貨物の到着案内を連絡します。

輸入地の空港に到着した貨物は、航空会社の手配によって荷卸しされ、空港地域内の「保税上屋」に保管されます。

混載貨物の場合、たいていのフォワーダーは空港近辺にある自社の保税倉庫に、保税のまま貨物を引き取ります。

貨物の引き取り

航空運送状は、貨物の引き取り請求権を持った有価証券ではありません。そのため、輸入者が航空運送状を差し入れなくても、航空会社あるいはフォワーダーは航空運送状に記載されている荷受人に貨物を引き渡します。

ただし、信用状決済付荷為替手形の場合、通常は銀行が貨物の担保権を保持するため、航空運送状の荷受人を信用状発行銀行とする条件を付けています。

この場合、輸入者は貨物を引き取る権利を銀行から借り受ける「貨物引渡指図書（R／O：リリースオーダー）」を銀行から受け取り、貨物を引き取ります。

航空貨物の輸入申告

航空貨物の場合も、輸入通関や国内輸送など一連の作業を、航空

航空貨物の輸入通関

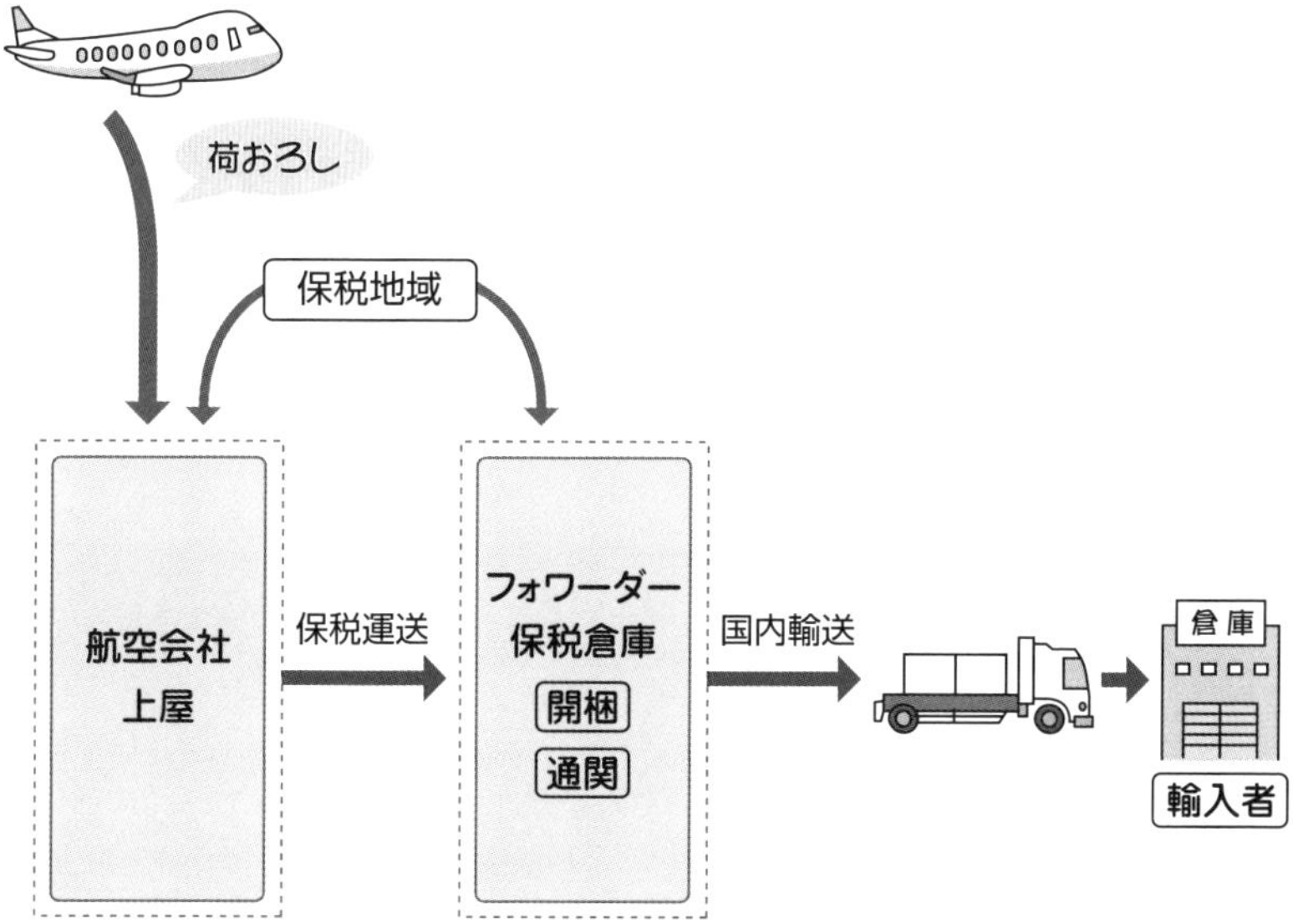

代理店やフォワーダーに一括して委託するのが一般的です。

輸入者は、輸入申告に必要なインボイスなどの書類を輸出者からEメールやファクシミリなどで取り寄せ、到着後に貨物を引き取る準備をします。

16 輸入通関の特別な制度とは

➡ 輸入通関には、通常の手続きのほかに、特例輸入申告制度や予備審査制度などがあります。

✪輸入通関の制度

輸入通関の手続きは、船や飛行機から荷揚げした貨物を保税地域に搬入してから行うのが原則です。しかし、貨物の性状や輸送形態によっては手続きを短縮する必要に迫られることがあります。

輸入貨物の引き取りには税関の許可が必要ですが、次のような制度を利用して手続きの短縮を行うことができます。

✪特例輸入申告制度

コンプライアンス（法令遵守）に優れた会社として税関の承認を受けた輸入者を、特例輸入者として認定し、輸入通関簡素化の優遇措置を与える制度です。

特例輸入申告を利用することで、貨物が到着する前に税関手続きを完了させ、納税申告を分離して後日行うことができます。

そのため、輸入物流におけるリードタイムの短縮効果が得られるというメリットがあります。

✪予備審査制度

予備審査制度は、貨物が到着する前に税関の書類審査を受けておく制度で、貨物到着後の輸入申告の際に書類審査の時間を短縮することができます。

生鮮食料品やクリスマス商品のように一刻も早く引き取りたい貨物や、納期が切迫している貨物の輸入通関に活用されています。

輸入通関の特別な制度

一般の輸入申告

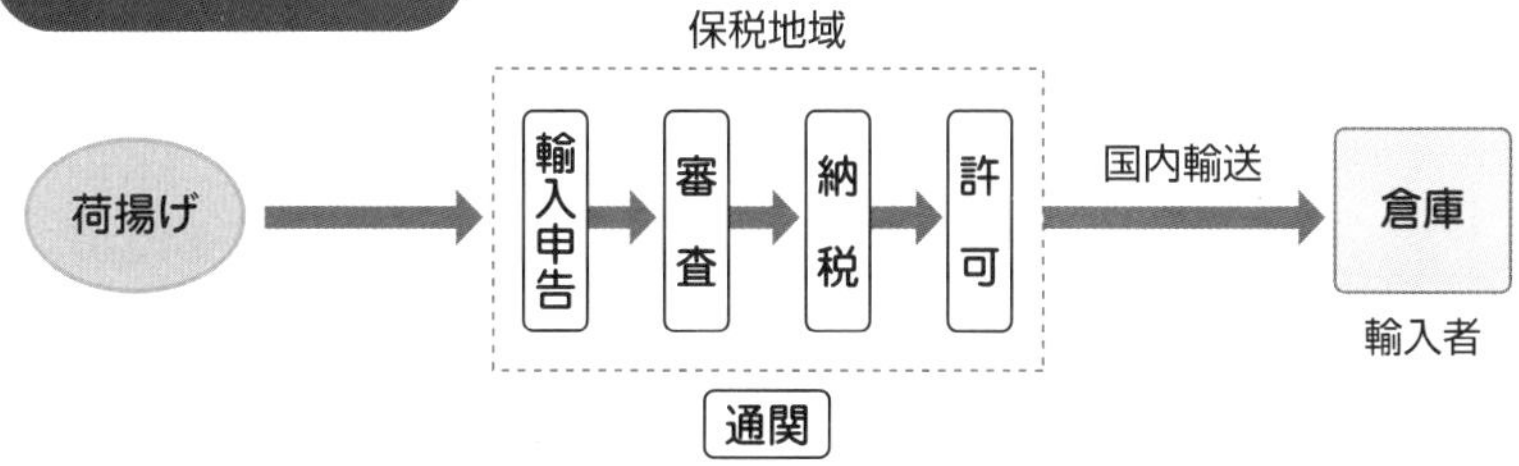

いろいろな制度

特例輸入申告制度
輸入通関で
優遇措置を受ける

予備審査制度
貨物の到着前に
書類審査を受ける

納期限延長制度
関税や消費税の納付が
一定期間猶予される

事前教示制度
貨物の到着前に
税率を事前に確認する

関税などの納期限延長制度

輸入貨物を国内に引き取るには、輸入許可の取得にくわえて、関税や消費税の納付が必要ですが、税額に相当する担保を税関に提供することを条件に、関税などの納付を一定期間に限り猶予する制度があります。

事前教示制度

輸入予定貨物の関税率などを事前に税関に照会できる制度です。

事前に確認しておくことで、税額の計算や通関業務が円滑に進められます。

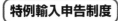

17 輸入貿易の管理とは

➡日本の輸入貿易は、輸入貿易管理令によって、リスト化された品目の輸入が規制されています。

日本の輸入貿易は、外為法下の政令である「輸入貿易管理令」を中心に、管理されています。

✪輸入貿易管理令

輸入貿易管理令では、輸入規制品目を輸入公表1号、2号、3号として告示しています。

✪輸入公表1号

輸入公表1号は、規制の最も厳しい輸入割当品目で、輸入割当（Import Quota）がなされることからIQ品目と呼ばれます。

近海魚や武器などの「非自由品目」と呼ばれる品目と、モントリオール議定書（➡P40）で規制されているオゾン層破壊物質などの品目がリストに掲載されています。

✪輸入公表2号

輸入公表2号は、輸入承認を必要とする品目で、特定の原産地又は船積地域に係る品目（さけやますなど水産物）と、原産地又は船積地域にかかわらず規制される品目（武器や廃棄物など）があります。

✪輸入公表3号

輸入公表3号は、輸入に際して所轄官庁の確認を必要とする「事前確認品目」と、税関による通関時確認を必要とする品目が対象とされています。

具体的には、文化財（文化庁の事前確認）や農薬（税関による通関時確認）などの品目がリストに

輸入貿易管理令

輸入公表1号

- **輸入割当品目（IQ品目）** 非自由化品目のこと
  - モントリオール議定書の規制品目など

輸入公表2号

- **2号承認品目（特定地域規制）**
  - 中国、北朝鮮、台湾のさけ、ます、その調製品など
- **2の2号承認品目（全地域規制）**
  - 武器、火薬、原子力関連貨物、廃棄物など

輸入公表3号

- **事前確認品目**
  - 特定の外国文化財、ワシントン条約対象品目など
- **通関時確認品目**
  - 農薬やダイヤモンド原石など

掲載されています。

そのほかの法令

外為法の輸入貿易管理令のほか、食品衛生法（厚生労働省）、植物防疫法（農林水産省）、アルコール事業法（経済産業省）など、目的に応じた規制があります。

そのため、対象となる品目を輸入する場合は、関係省庁の事前許可を取得後に、通関手続きを行う必要があります。

18 関税評価と税関事後調査とは

➡課税価格を関税定率法に則して算出することを関税評価、税関が輸入者の申告を調査することを税関事後調査といいます。

☆関税評価

輸入申告の際は、関税や消費税の申告・納付も同時に行います。このとき、税額の算出基礎となる価格を「課税価格」と呼びますが、輸入者が輸出者と取引を行った価格（インボイス価格）は、必ずしも課税価格とは一致しません。

　したがって、輸入者は輸入申告に際して、課税価格を法令（関税定率法）に則って算出する必要があります。このことを「関税評価」といいます。

○関税評価のしかた

　課税価格は、輸入港到着CIF価格が原則です。したがって、輸入者が輸出者に支払った商品の価格に、輸入港までの運賃や保険料が含まれていなければ、それを加算します。

　たとえば、貿易取引条件をFOB（➡P70）で取り決めた売買契約であれば、輸出者から送られてくるインボイスはFOB価格で表記されています。この場合、輸入者は海上運賃と保険料を加算して、輸入申告を行います。

　一方、DAP規則（➡P62）で取り決めた売買契約であれば、輸出者からのインボイスは日本国内の指定内陸地点までの費用を含んでいます。この場合、輸入港到着後に発生した国内輸送費や保険料は、控除の対象となります。

☆税関事後調査

輸入通関時に納める関税や消費

税関の事後調査

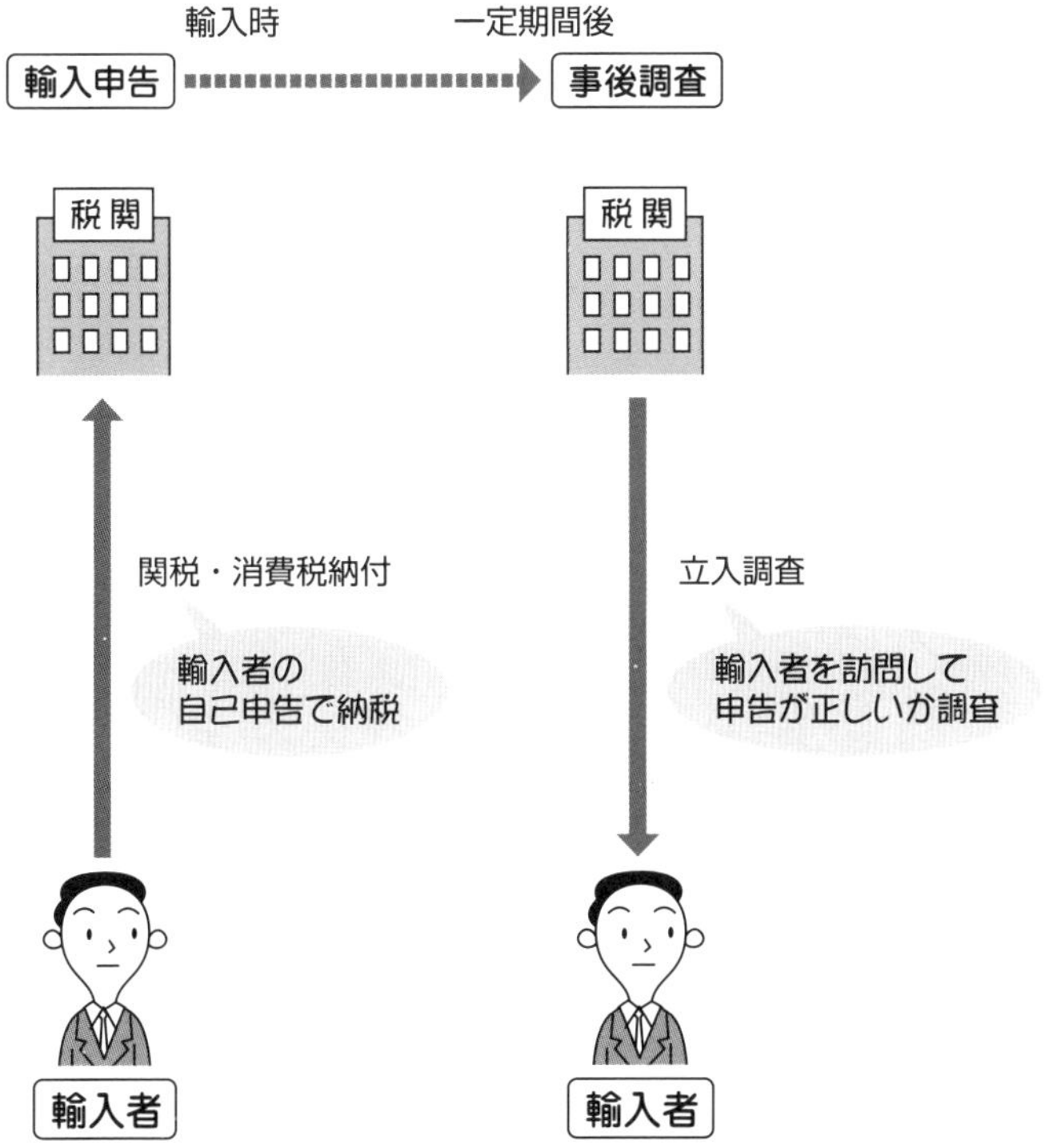

税は、輸入者の申告による計算で納付される「申告納税制度」がとられています。

　税関は、申告が正しく行われたかを確認するため、後日輸入者の事務所を訪問し、過去一定期間の帳票類の調査を行います。この調査を「事後調査」と呼んでいます。

書類保存義務

　関税法では、インボイスや輸出入許可証など、輸出入関係の書類を一定年数保存することを輸出入者に義務付けています。

　そのため輸出入者は、貨物の通関手続完了後も、書類や関係する電子メールを整理して保存しておく必要があります。

19 関税の種類と特殊関税制度

➡関税には、基本税率と暫定税率、特恵税率からなる国定税率と、協定税率などの税率があります。

✪関税の種類

関税の税率には、「国定税率」と「協定税率」があり、このうち国定税率には「基本税率」「暫定税率」「特恵税率」の3段階の税率が設定されています。

適用される優先順位は、特恵税率、協定税率、暫定税率、基本税率の順です。

○**基本税率**

関税定率法に定められている基本的な税率です。

○**暫定税率**

内外の経済情勢により一時的に基本税率を修正する税率です。

○**特恵税率**

開発途上国を原産地とする輸入品に適用する税率です。

○**協定税率**

WTO加盟国と2国間協定（FTAやEPA）を結んだ国からの輸入に適用される税率です。

これらの税率は「実行関税率表」に記載されていて、税関のホームページでも閲覧できます。

✪特殊関税制度

法律や条約で定められた関税にくわえて、2国間貿易で特別な事情が発生した場合、国内産業の保護などを目的に、政府が割増賦課する特殊関税制度があります。

特殊関税には、「不当廉売関税」「相殺関税」「緊急関税」「報復関税」があります。特殊関税の発動の要件や手続きは、WTO協定により定められており、これに準拠

関税適用の優先順位

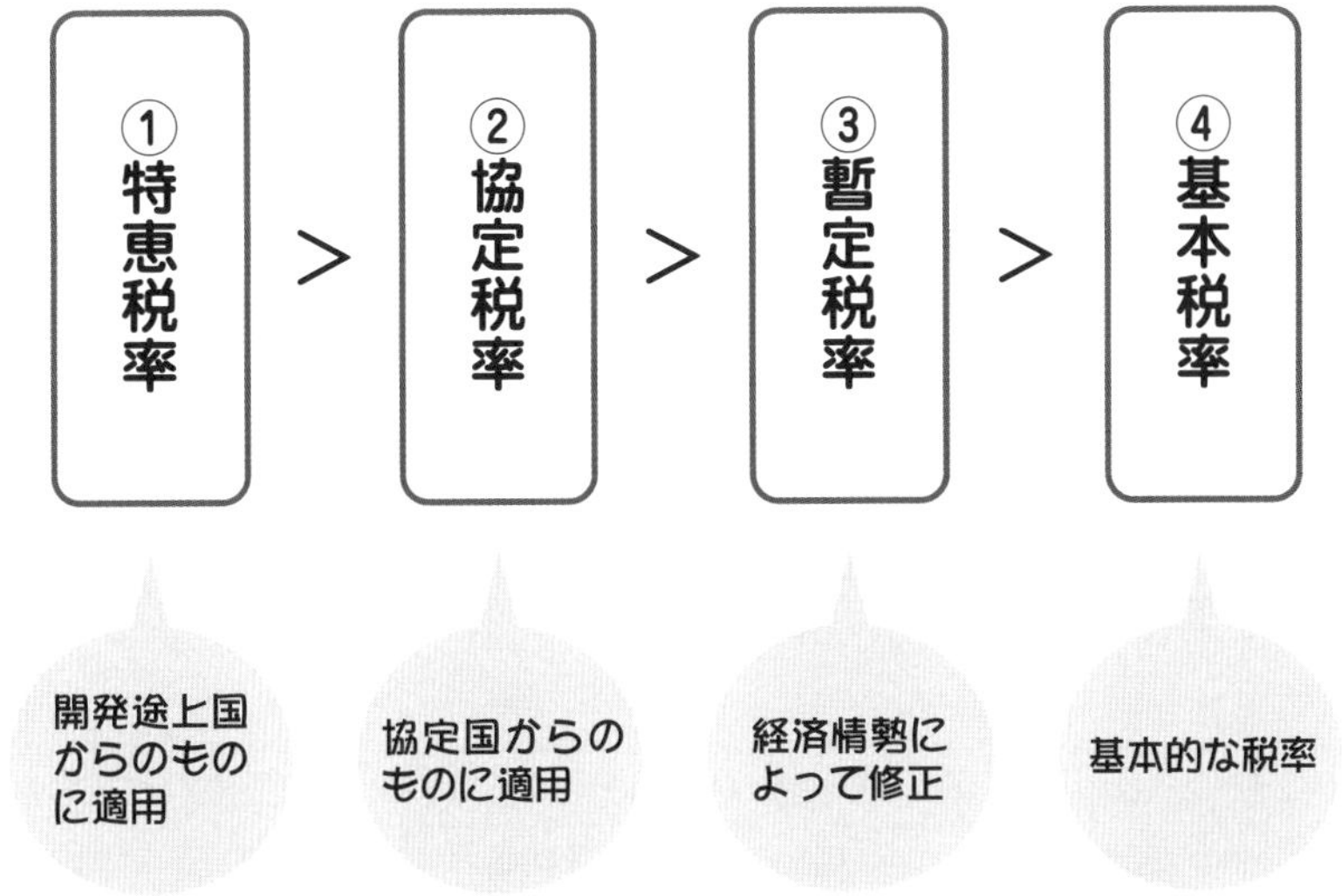

しています。

○不当廉売関税

不当廉売関税（ダンピング防止税）は、不当廉売（ダンピング）された輸入貨物に対する割増関税です。

○相殺関税

輸出国で補助金が付加された輸入貨物に対する割増関税です。

○緊急関税

輸入が急激に増加した貨物に対する割増関税です。セーフガード措置として、輸入数量を制限することもあります。

○報復関税

ＷＴＯ協定に反する措置に対抗するための割増関税で、貿易紛争の早期解決を目的としています。

貿易実務用語④　通関と保険

用　語	英　語	略　称	参照ページ
HS コード	Harmonized Commodity Description and Coding System	HS Code	136
ナックス	Nippon Automated Cargo Clearance System	NACCS	136
通関	Customs Clearance		136
貨物海上保険	Marine Insurance		204
保険代理店	Insurance Agent		204
保険求償代理人	Claim Agent		204
全損	Total Loss		204
分損	Partial Loss		204
単独海損	Particular Average		205
共同海損	General Average	G/A	205
ICC 約款	Institute Cargo Clause	ICC	206
ICC（A）条件	Institute Cargo Clause（A）	ICC（A）	206
ICC（B）条件	Institute Cargo Clause（B）	ICC（B）	206
ICC（C）条件	Institute Cargo Clause（C）	ICC（C）	206
デバンニングレポート	Devanning Report		210
カーゴボートノート（貨物受渡書）	Cargo Boat Note		210
事故通知	Claim Notice		210
損害査定人（サーベイヤー）	Surveyor		210
製造物責任	Products Liability	PL	212
製造物賠償責任保険	Products Liability Insurance		212

CHAPTER 5

第5章
決済のしくみ

1 貿易決済の方法とは

➡ 貿易決済の方法には、送金決済と荷為替手形決済、ネッティングの3種類があります。

✪決済の方法

貿易取引の代金決済方法には、銀行を介して行う「送金決済」と「荷為替手形決済」、銀行を介さない「ネッティング」の3つの方法が一般的に利用されています。

○送金決済

送金決済は、買い手が銀行に送金手続きをする決済方法です。

この方法は、代金の支払いと商品の受け渡しが関連付けられていない決済なので、代金の回収の不安のない信頼関係がある取引相手の場合や、少額の取引を中心に利用されています。

○荷為替手形決済

荷為替手形決済は、売り手が船積書類と引き換えに、銀行に代金の取り立てを依頼する決済方法です。

船積書類を介在させることによって、代金決済と貨物の受け渡しが関連付けられるので、異国間取引である貿易取引の決済に適しており、初めての取引相手から継続的な取引相手まで幅広く使われています。

○ネッティング

ネッティングは、銀行を介さずに売り手と買い手の間で貸借を相殺する決済方法です。

この方法は、おたがいに輸出入取引のある企業間が一定期間の貸借りを相殺して差額を支払う方法なので、海外に現地法人や支店を持つ企業グループ間などで利用されています。

決済の種類

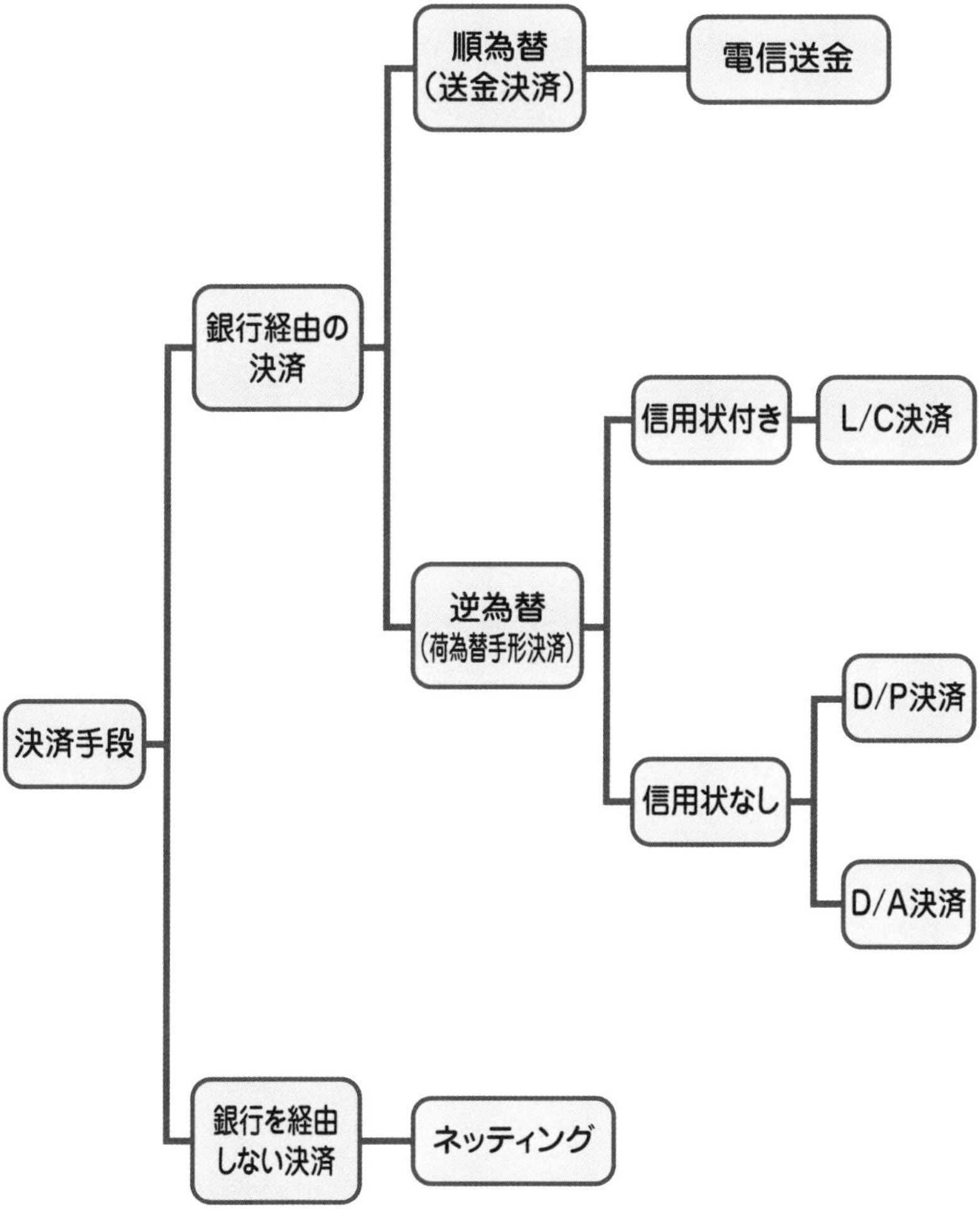

L/C：Letter of Credit
D/P：Documents against Payment
D/A：Documents against Acceptance

2 送金決済とは

➡送金決済は国内での銀行振込と同じしくみで、銀行間の決済はコルレス銀行を介して行われます。

☆送金決済のしくみとは

送金決済のしくみは、基本的には国内で行う銀行振込と同じです。つまり、代金を支払う輸入者が輸入地の銀行に代金を支払い、輸出地の銀行にある輸出者の口座へ代金振込みを依頼する方法です。

輸入地の銀行は、輸出者の口座への支払指示を輸出地の銀行に連絡するとともに、銀行間の決済を行います。輸出地の銀行は、その指示に従い、輸出者の口座に代金を振り込むと、代金決済が完了します。

☆コルレス銀行とは

銀行間の決済は、国内振込の場合は日本銀行を介して行われますが、外国の銀行との決済の場合は銀行間で外国為替の取り扱いに関する提携契約を結んで行います。

この契約を「コルレス契約」と呼び、提携相手先の銀行を「コルレス銀行」と呼んでいます。

☆送金決済の種類

送金決済は、「電信送金（テレグラフィックトランスファー）」で行われます。

○電信送金

電信送金は、銀行への支払い指示を電信で行う方法です。即日指示が伝わり、輸出者への支払いが行われます。

通常は、SWIFT《スウィフト》*と呼ばれる銀行間の電信通信システムを通じて、支払指示が送付されます。

送金決済のしくみ

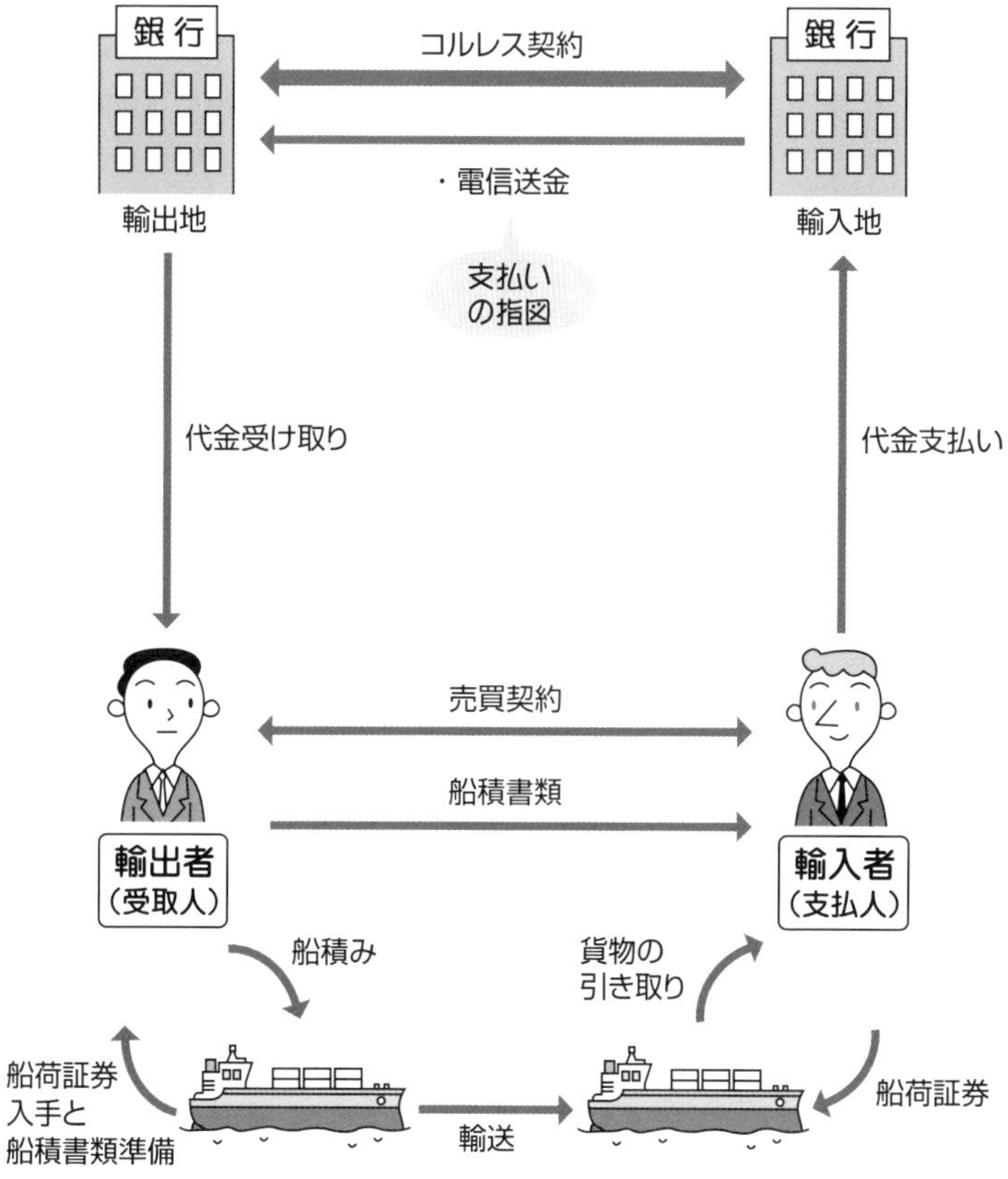

＊ SWIFT : Society for Worldwide Interbank Financial Telecommunication ／国際銀行間通信協会

3 荷為替手形の決済のしくみ

➡荷為替手形の決済には、信用状付きのL／C決済と、信用状の付かないD／P決済やD／A決済があります。

✪荷為替手形決済とは

荷為替手形決済では、輸出者は船積完了後、為替手形に船積書類を添付した「荷為替手形」を輸出地の銀行に持ち込み、輸入者からの代金取り立てを委託します。

銀行は為替手形の決済と引き換えに、輸入者に船積書類を引き渡します。

このように荷為替手形決済は、船積書類を介して貨物の受け渡しと代金決済が関連付けられているので、貿易取引の決済に広く利用されています。

荷為替手形決済には、信用状付きの「L／C決済」と、信用状の付かない「D／P決済」「D／A決済」の3通りの方法があります。

✪為替手形

為替手形とは、手形の振出人が名宛人に対して一定の期日に手形金額の支払いを指図する書類で、支払い先の欄に代金取り立てを委託する銀行名が記載されている形式の有価証券です。

貿易取引の決済では、手形の振出人は輸出者、名宛人は輸入者（D／P決済、D／A決済）、または信用状発行銀行（L／C決済）となります。

支払い期日には、「一覧払条件」と「期限付条件」があります。

○一覧払条件

一覧払条件とは、手形を名宛人に呈示した時点で支払いを指図する条件です。

荷為替手形決済

	荷為替手形決済		
信用状の有無	信用状付き	信用状なし	
	L／C決済	D／P決済	D／A決済
支払保証	銀行の支払保証あり	銀行の支払保証なし	
手形の名宛人	信用状発行銀行	輸入者	
代金回収	船積後すぐに代金回収	輸入者が手形決済を行ってから代金回収が原則	
支払期日	・一覧払手形 ・期限付手形	一覧払手形	期限付手形
船荷証券の入手方法	輸入者は手形の支払いか引き受けと引き換えに、船積書類を入手する	輸入者は手形の支払いと引き換えに、船積書類を入手	輸入者は手形の引き受けと引き換えに、船積書類を入手
国際ルール	信用状統一規則	取立統一規則	

L/C：Letter of Credit
D/P：Documents against Payment
D/A：Documents against Acceptance

○**期限付条件**

期限付条件とは、たとえば船積日から30日後のように、一定期間の支払猶予を与えている条件です。手形期限はUSANCEまたはTENORと呼ばれます。

✪船積書類

船積書類は、契約どおりに船積みが行われたことを輸入者が確認するための書類で、「船荷証券」「インボイス」「パッキングリスト（梱包証明書）」「保険証券」などのことです。また、必要に応じて「原産地証明書」などのほかの書類も含まれます。

輸入者はこれらの書類を用いて、輸送人からの貨物の引き取りや輸入通関手続きを行います。

4 信用状のしくみ

➡信用状は（➡P228）、信用状の発行銀行が為替手形の支払いを輸出者に確約する保証書です。

✪信用状とは

信用状（L／C）は、輸入者の依頼にもとづいて、輸入者の取引銀行が発行する支払保証書のことです。

信用状に記載した要件を満たした書類の提出を条件として、信用状発行銀行が為替手形の支払いを輸出者に確約する証書です。

✪信用状の関係者

主な信用状の関係者には、信用状の「発行依頼人」をはじめ、「信用状発行銀行」、信用状の便益を受ける「受益者」、発行銀行の依頼により信用状を受益者に通知する「通知銀行」があります。

一般に、買い手（輸入者）が発行依頼人、売り手（輸出者）が受益者となります。

✪信用状の機能

信用状は、輸入者の信用を補強する機能と、手形の買い取りという金融機能を持っています。

○信用補強機能

輸出者は、信用状に記載された条件を満たす船積みを実行することを前提として、代金の回収を発行銀行から保証されたことになるので、安心して船積みを行うことができます。

このように、信用状には輸入者の支払いを確約する書類としての機能があります。

○金融機能

また、信用状付きの荷為替手形

信用状の関係者

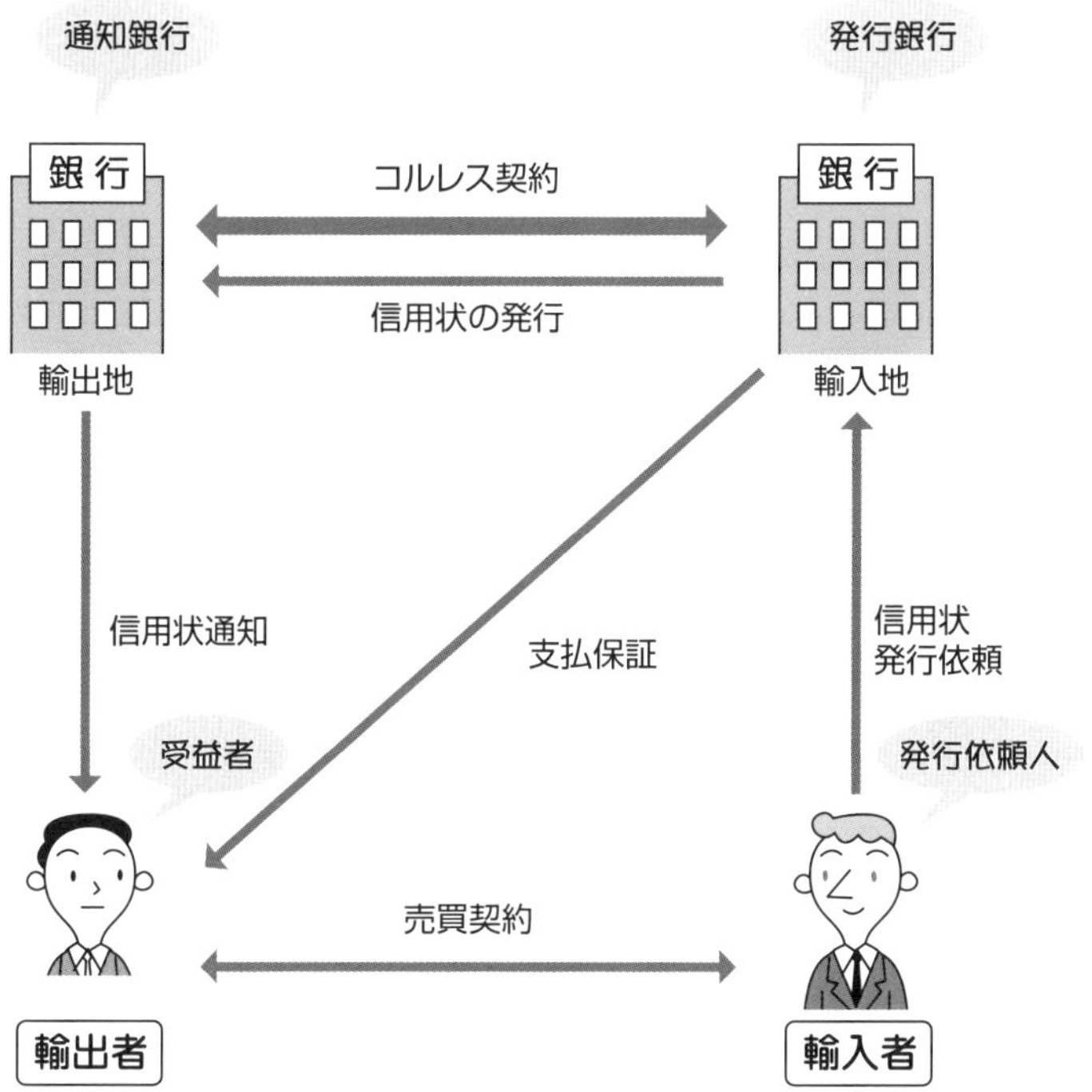

は、一般に輸出地の銀行で買い取りが行われます。

そのため、輸出者は船積みを完了して荷為替手形を輸出地の銀行に呈示した時点で、代金を回収することができます。

このように、信用状には手形買い取りという金融機能があります。

信用状関係者の呼び方

発行依頼人	Applicant
受益者	Beneficiary
発行銀行	Issuing Bankまたは Opening Bank
通知銀行	Advising Bank
確認銀行（P.185）	Confirming Bank
買取銀行（P.187）	Negotiating Bank

5 信用状統一規則とは

➡信用状の決済業務を円滑に進めるために、国際商業会議所が定めたルールが信用状統一規則です。

✪信用状統一規則とは

　信用状（L／C）による決済業務を円滑に進めるために、国際商業会議所（ICC）は、「信用状統一規則」と呼ばれるルールを定めています。

　これには、銀行の義務や責任の取り決めから、使用される言葉の解釈など細かい規定がなされています。

　現在は2007年改訂版（UCP600）が使用されています。

✪信用状の重要な原則

　信用状統一規則に決められている条項のなかでも、とりわけ重要な原則として「信用状の独立抽象性」（第4条）と、「書類取引の原則」（第5条）があります。

○信用状の独立抽象性

　信用状は、売買契約をもとにして発行されるものの、いったん発行された信用状は、売買契約とは独立した別の取引となる原則です。

　輸出者と輸入者は、売買契約で合意した事項を正確に信用状に記載することが求められます。

○書類取引の原則

　信用状は書類を取り扱う取引であって、その書類に記載されている商品が実物と合致しているか、あるいは書類に記載されているサービスが履行されるかという点については、銀行は取り扱わないという原則です。

信用状の確認

信用状と契約書の内容の確認

チェック項目

- □ 発行依頼人名
- □ 受益者名
- □ 商品名
- □ 数量
- □ 金額
- □ 信用状有効期限
- □ 船積期限
- □ 船積書類の種類と枚数　など

信用状統一規則の適用文章の有無の確認

適用文章

This Letter of Credit is subject to the "Uniform Customs and Practice for Documentary Credits" (2007 Revision) International Chamber of Commerce Publication No.600.

6 信用状の種類

➡信用状には、取消不能信用状をはじめ、確認信用状や譲渡可能信用状などさまざまな種類があります。

✪信用状の種類

信用状には、機能や目的に応じてさまざまな条件が付けられています。ここでは主な信用状を挙げておきます。

✪取消可能と取消不能信用状

発行した信用状を当事者の合意なく取り消すことができる信用状が「取消可能信用状」で、合意なしに取り消しはできない信用状が「取消不能信用状」です。

○取消可能信用状

取消可能信用状は、実質的には信用状の機能を果たさないので、2007年版の「信用状統一規則（UCP600）」では、取消可能信用状の条文は削除され、信用状はすべて取消不能信用状となりました。

○取消不能信用状

取消不能信用状は、いったん発行されると、発行銀行（あれば確認銀行も）と受益者の合意なしには、条件を変更することも取り消すこともできない信用状です。

✪確認信用状

発行銀行の信用度が低い場合や、発行銀行所在国の外貨事情が悪くて外貨送金に不安がある場合は、第三国や輸出地の一流銀行に信用状の確認を求めることがあります。

このような確認を行った銀行を「確認銀行」、その信用状を「確認信用状」と呼びます。

確認銀行は、確認を行った時点

確認信用状の関係者

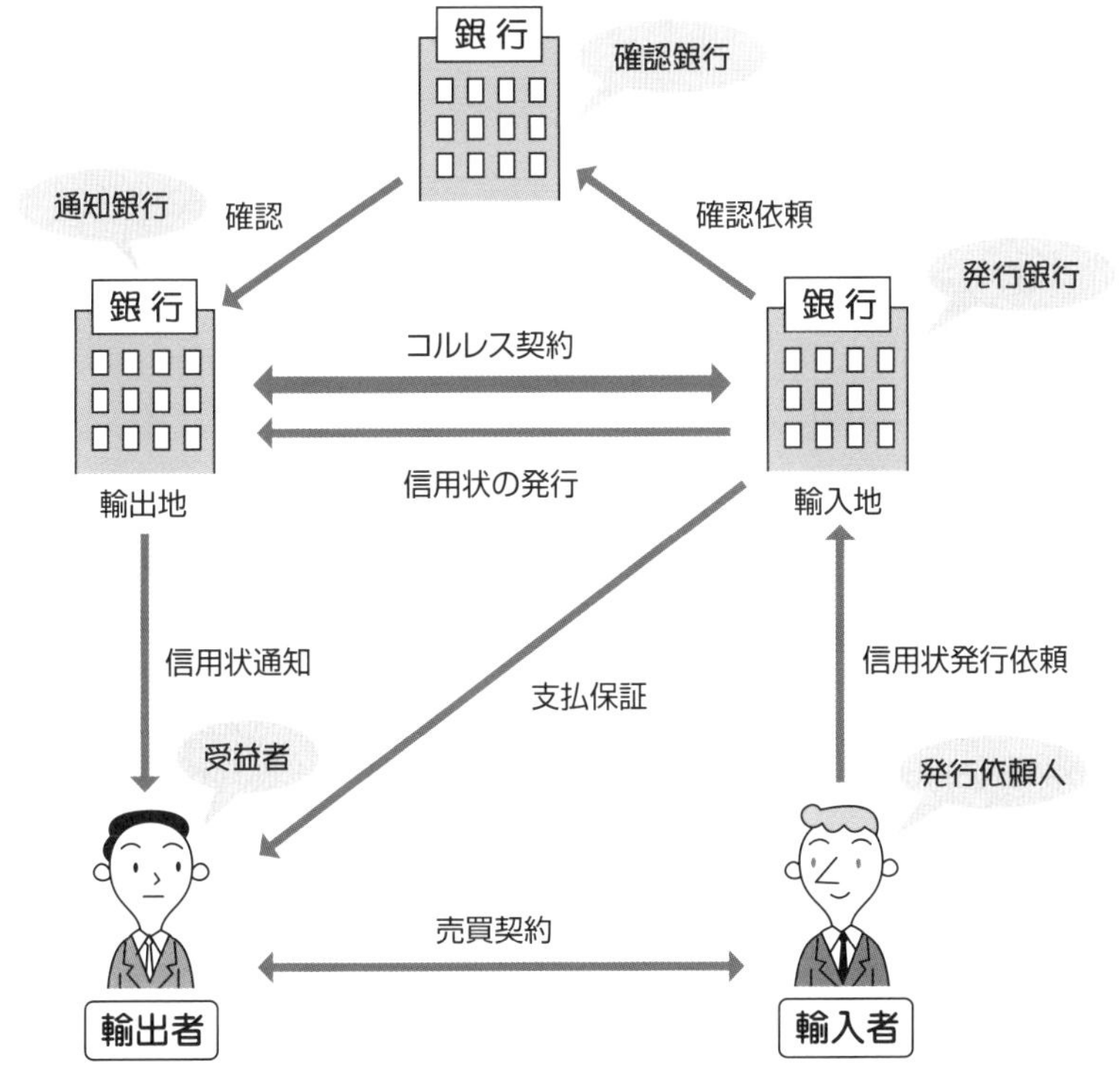

で発行銀行と同等の義務を負い、万一発行銀行の決済が行われなかった場合は、代わりに決済を行うことになります。

✪譲渡可能信用状

譲渡可能信用状とは、信用状の受益者の依頼により、別の受益者も信用状の全部または一部を利用できることが明記されている信用状のことです。

✪買取指定と買取指定なし

輸出者の手形買い取りを行うときに、特定の銀行に買い取りが限定された条件の信用状を「買取銀行指定信用状」、買取銀行の指定が入っていない信用状を「買取銀行無指定信用状」と呼びます。

7 信用状決済の流れ

➡ 信用状決済の一般的なしくみと流れは、以下のとおりです。

☆信用状決済の流れ

信用状付荷為替手形の決済は、次のような流れになります。

①売買契約

輸出者と輸入者は、信用状付荷為替手形の決済を支払条件とした売買契約を結ぶ。

②信用状の発行依頼

輸入者は取引銀行である輸入地の銀行に信用状の発行を依頼する。信用状に記載する条件は、売買契約の条件と合わせておく。

③信用状の発行

輸入地の銀行は、輸入者の信用状態を審査して問題がなければ信用状を発行し、コルレス先である輸出地の通知銀行に信用状を送る。

④信用状の通知

通知銀行は発行銀行の指示に従い、輸出者に信用状を通知して送付する。

⑤船荷証券入手と船積書類準備

輸出者は、信用状に記載された条件と売買契約条件が一致していることを確認し、船積みを行って船荷証券（B／L）を入手する。

輸出者は船荷証券、インボイス、パッキングリストなどの信用状に要求されている船積書類を揃える。

⑥荷為替手形の買取依頼

輸出者は、船積書類と為替手形をセットにした荷為替手形を輸出地の銀行に持ち込み、信用状にもとづいて買取依頼を行う。

⑦輸出者への代金支払い

輸出地の買取銀行は、荷為替手形（為替手形と船積書類）が信用

信用状決済の流れ

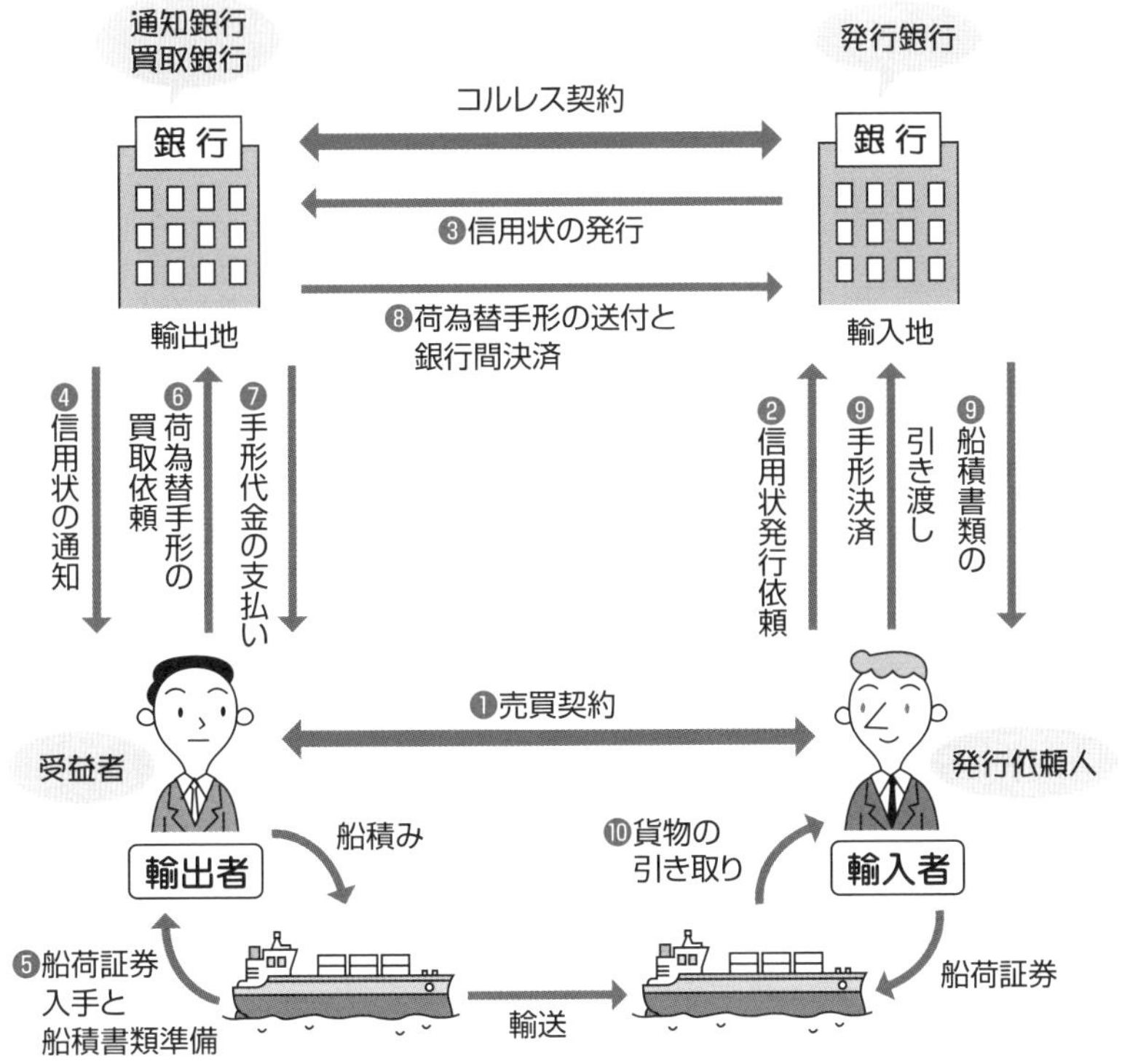

状の条件と一致していることを確認し、問題がなければ輸出者に為替手形の代金を支払う。

⑧銀行間決済

買取銀行は、荷為替手形（為替手形と船積書類）を発行銀行に送付して、代金の支払いを請求し、発行銀行は、買取銀行に代金を支払う。

⑨船積書類の入手と支払い

発行銀行は輸入者に為替手形の決済を求め、輸入者は発行銀行に手形の支払いまたは引き受けを行い、船積書類を受け取る。

⑩貨物の引き取り

輸入者は、船荷証券を船会社に差し入れて貨物を引き取り、船積書類を用いて、通関ほかの輸入手続きを行う。

8 ディスクレとは

➡ディスクレとは、信用状の条件と船積書類などの間に相違が発生することです。

ディスクレとは

輸出者が実際の船積みを行う段階では、さまざまな事情が発生し、信用状の条件と船積書類などの間に不一致（ディスクレパンシー）が発生する場合があります。

前述したように、信用状の原則は「独立抽象性」と「書類取引」です。したがって、どのような事情があったとしても、信用状に記載された条件を満たすことができなければ、信用状の機能は失われ、銀行の支払保証は消えてしまうことになります。

このような事態が発生した場合、受益者である輸出者は、一般的には次のような手段で信用状の機能の回復をはかります。

アメンド依頼

アメンド依頼とは、信用状発行依頼人である輸入者に事情を説明して、信用状の訂正（アメンドメント）を行ってもらうことです。

信用状の訂正は、依頼人と発行銀行（もしあれば確認銀行）の同意があれば行えるので、アメンド依頼はこれを利用した方法です。

訂正の通知は、通知銀行を経由して、受益者である輸出者に伝えられます。

ケーブルネゴ

荷為替手形の買取段階で、輸出地の買取銀行から銀行間の電信システムで発行銀行に書類上の相違点（ディスクレ）を伝え、支払い

アメンド依頼の流れ

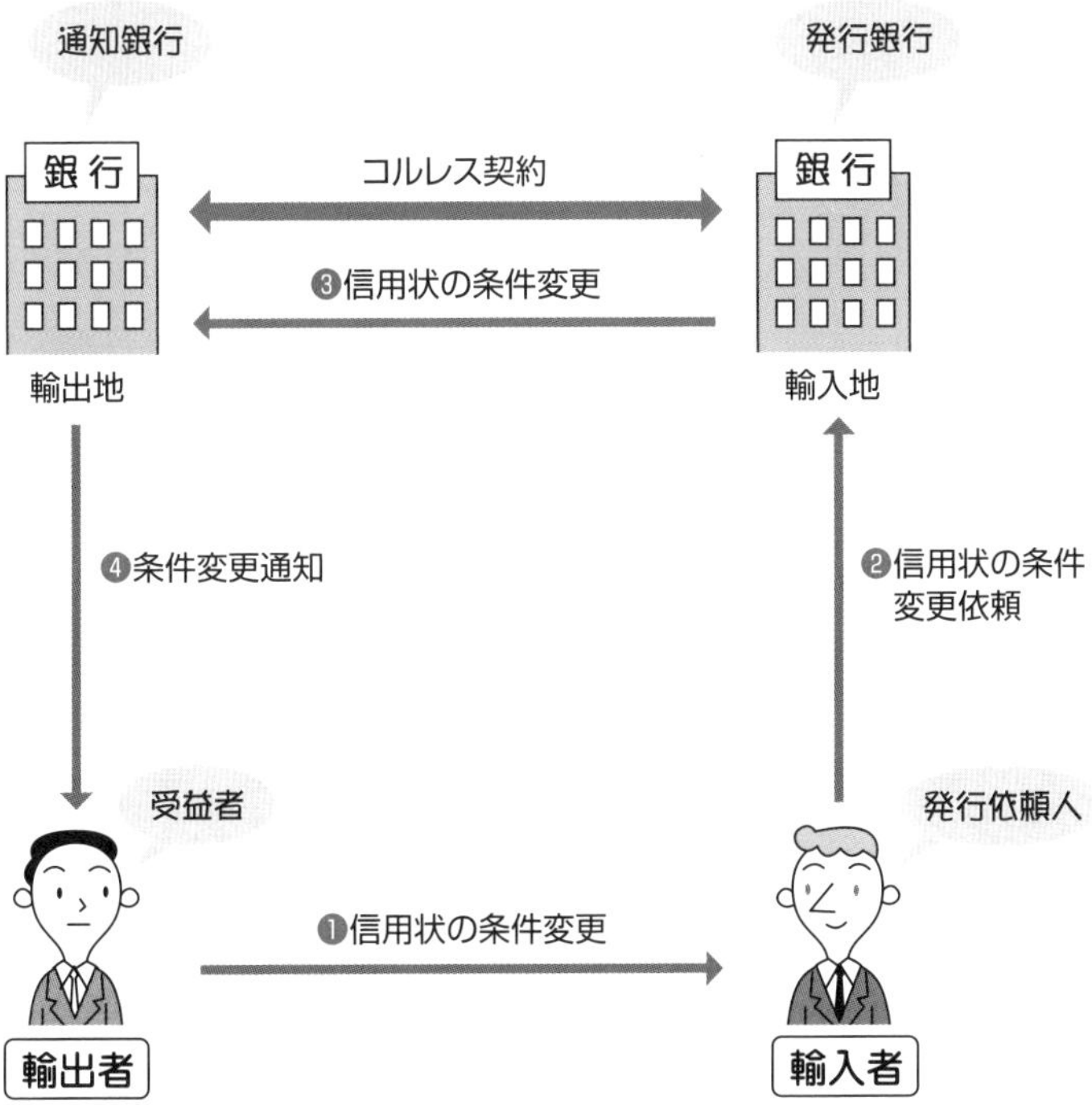

の確約を求める方法です。

✪L/Gネゴ

受益者である輸出者が、輸出地の買取銀行に「保証状(L/G)」を差し入れて買い取りを行ってもらい、書類上の差異を抱えたままの荷為替手形を発行銀行に送る方法です。

L/Gネゴは、信用状の要求を満たしていないことから発行銀行による支払確約が消滅しているので、実質的には信用状の機能は発揮されていないといえます。

9 D/P・D/A 決済とは

➡信用状が付いていない荷為替手形決済が、D／P決済とD／A決済です。

☆D／P決済とD／A決済とは

信用状の付いていない荷為替手形決済には、「D／P決済」（➡P202）と「D／A決済」（➡P202）の2つの方法があります。

D／PとD／Aという言葉は、本来は手形名宛人への船積書類の引渡条件を表した用語ですが、一般的に信用状の付かない荷為替手形決済を表す用語として使われています。

信用状付きの決済では、信用状条件を満たした荷為替手形の決済は発行銀行によって保証されていますが、D／P決済やD／A決済では、銀行の保証はありません。

そのため、手形の名宛人（支払人）である輸入者の信義のみが売り手の代金回収の頼りとなります。

☆D／P決済

D／P決済では、輸出者は「一覧払条件」の為替手形を振り出し、船積書類を添付した荷為替手形の取り立てを銀行に依頼します。

銀行は、輸入者（手形名宛人）に荷為替手形を呈示し、手形代金の支払いと引き換えに、船積書類を輸入者に引き渡します。

☆D／A決済

D／A決済では、輸出者は「支払期限付条件」の為替手形を振り出し、船積書類を添付した荷為替手形の取り立てを銀行に依頼します。

銀行は、輸入者（手形名宛人）

取り立ての関係者

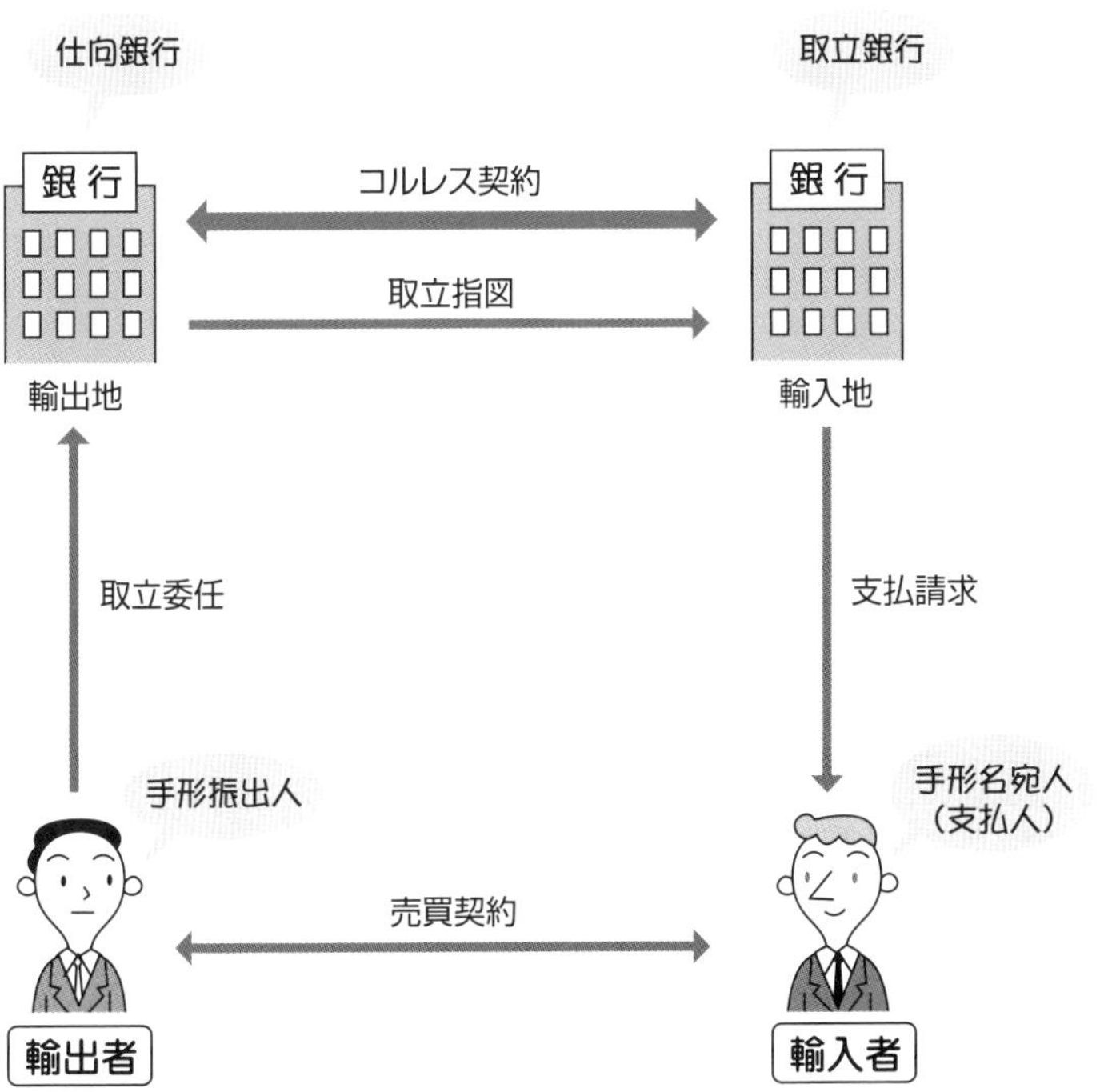

に荷為替手形を呈示し、手形の引き受けと引き換えに、船積書類を輸入者に引き渡します。

✪取立統一規則（URC522）

国際商業会議所（ICC）は、D／P決済とD／A決済を円滑に進めるため、「取立統一規則」と呼ばれるルールを策定しています。

この規則には、取り立ての定義、当事者の義務や責任、取立指図や呈示の形式などのルールが定められています。

取立統一規則は1995年版のURC522が最新版として使用されています。

10 D/P・D/A 決済の流れ

➡ D／P決済とD／A決済の一般的なしくみと流れは、以下のとおりです。

☆ 決済の流れ

D／P決済とD／A決済は、次のような流れとなります。

①売買契約

輸出者と輸入者は、信用状の付かないD／P決済、またはD／A決済の荷為替手形の決済を支払条件とした売買契約を結ぶ。

②船荷証券入手と船積書類準備

輸出者は契約どおり船積みを完了し、船会社から船荷証券（B／L）を入手して、船荷証券やインボイス、パッキングリストなどの船積書類を揃える。

③代金取立依頼

輸出者は、船積書類と為替手形をセットにして輸出地の取引銀行（仕向《しむけ》銀行）に、代金取り立ての依頼を行う。

為替手形の決済期日は、D／P決済の場合は一覧払い、D／A決済の場合は期限付きとなる。

④銀行間の書類送付

輸出地の仕向銀行は、荷為替手形（為替手形と船積書類）をコルレス先の輸入地の銀行（取立銀行）に送付し、代金の取り立てを依頼する。

⑤輸入者への支払請求

輸入地の取立銀行は、輸入者に為替手形の決済を求める。

⑥代金の支払い

D／P決済の場合、取立銀行は代金支払いと引き換えに、船積書類を輸入者に引き渡す。

D／A決済の場合、取立銀行は為替手形の引き受けと引き換えに、

D／P決済とD／A決済の流れ

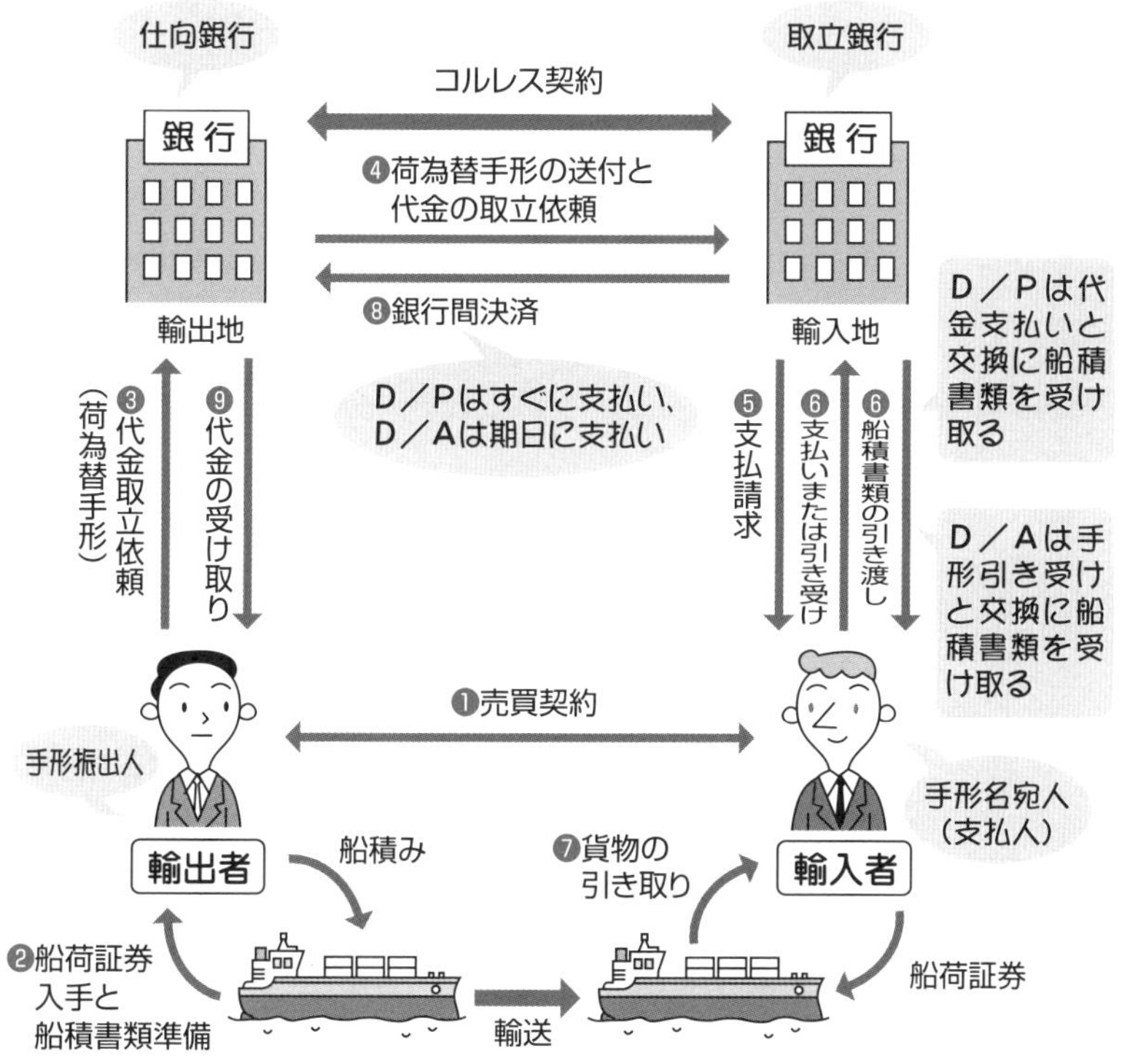

船積書類を輸入者に引き渡す。

⑦貨物の引き取り

輸入者は、船荷証券を船会社に差し入れて貨物を引き取り、インボイスやそのほかの船積書類を用いて、通関ほかの輸入手続を行う。

⑧銀行間決済

D／P決済の場合、輸入者から一覧払手形の支払いを受けた輸入地の取立銀行は、輸出地の仕向銀行に代金を支払う。

D／A決済の場合、輸入者は支払い期日に輸入地の取立銀行に手形代金を支払い、その後取立銀行は仕向銀行に代金を支払う。

⑨代金の受け取り

D／P、D／Aともに、輸出地の仕向銀行は輸入地の取立銀行から入金後、輸出者に代金を支払う。

11 ネッティングとは

➡ 相互で輸出入取引を行う企業間で、支払金と受取金を帳簿上で相殺して差額を支払う方法が、ネッティングです。

✪ネッティングとは

おたがいに輸出入取引を行っている企業間で、支払金と受取金を帳簿上で相殺して差額を支払う方法を、「ネッティング」と呼びます。ネッティングで決済することによって、輸出入者双方とも、為替リスクと送金手数料を軽減する効果が期待できます。

ネッティングには、「バイラテラルネッティング」と「マルチラテラルネッティング」の2通りがあります。

✪バイラテラルネッティング

2者間で行うネッティングを「バイラテラルネッティング」と呼んでいます。たとえば、相互に輸出入取引があるA社とB社の間で一定期間の取引を集計したときに、A社はB社に100万ドルの支払い、逆にB社はA社に30万ドルの支払いがあったとします。

この場合、ネッティングでは差額の70万ドルをA社がB社に支払うことで決済を完了します。

✪マルチラテラルネッティング

多数の拠点の間で行うネッティングを「マルチラテラルネッティング」と呼び、複数の海外子会社や支店を持つ企業グループ間で活用されています。この場合は、複数の拠点間で相殺決済を行う方法と、ネッティングセンターを設けてセンターと各拠点間で相殺決済を行う方法があります。

ネッティングのしくみ

バイラテラルネッティング

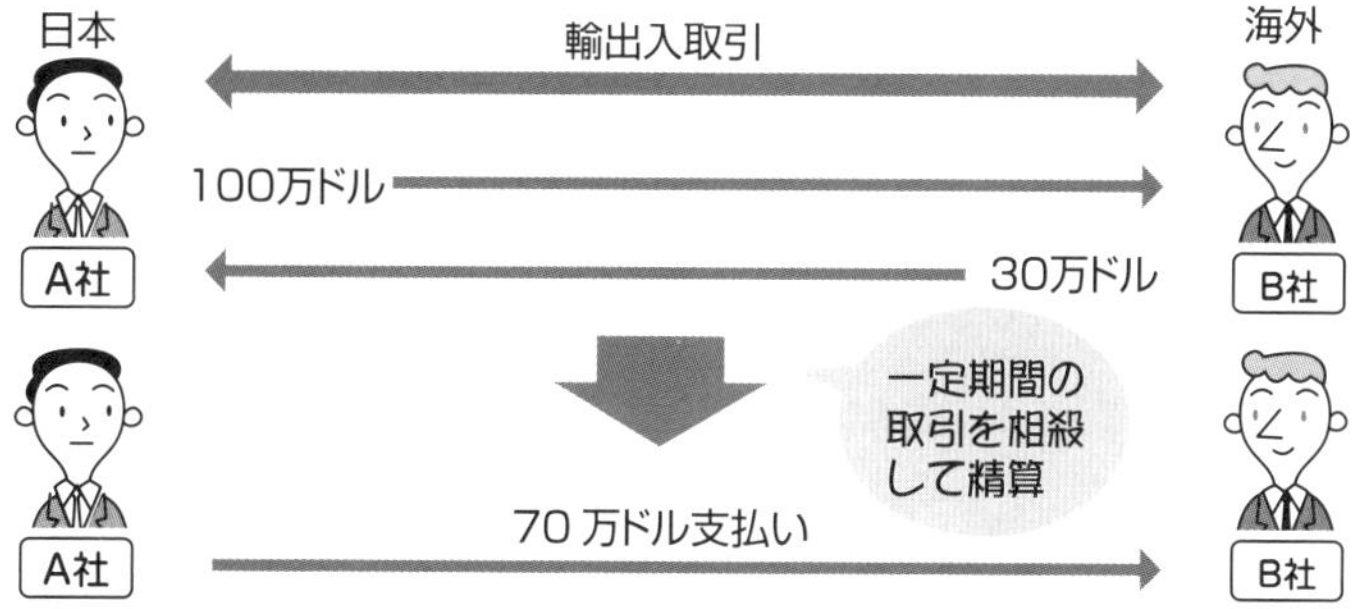

マルチラテラルネッティング

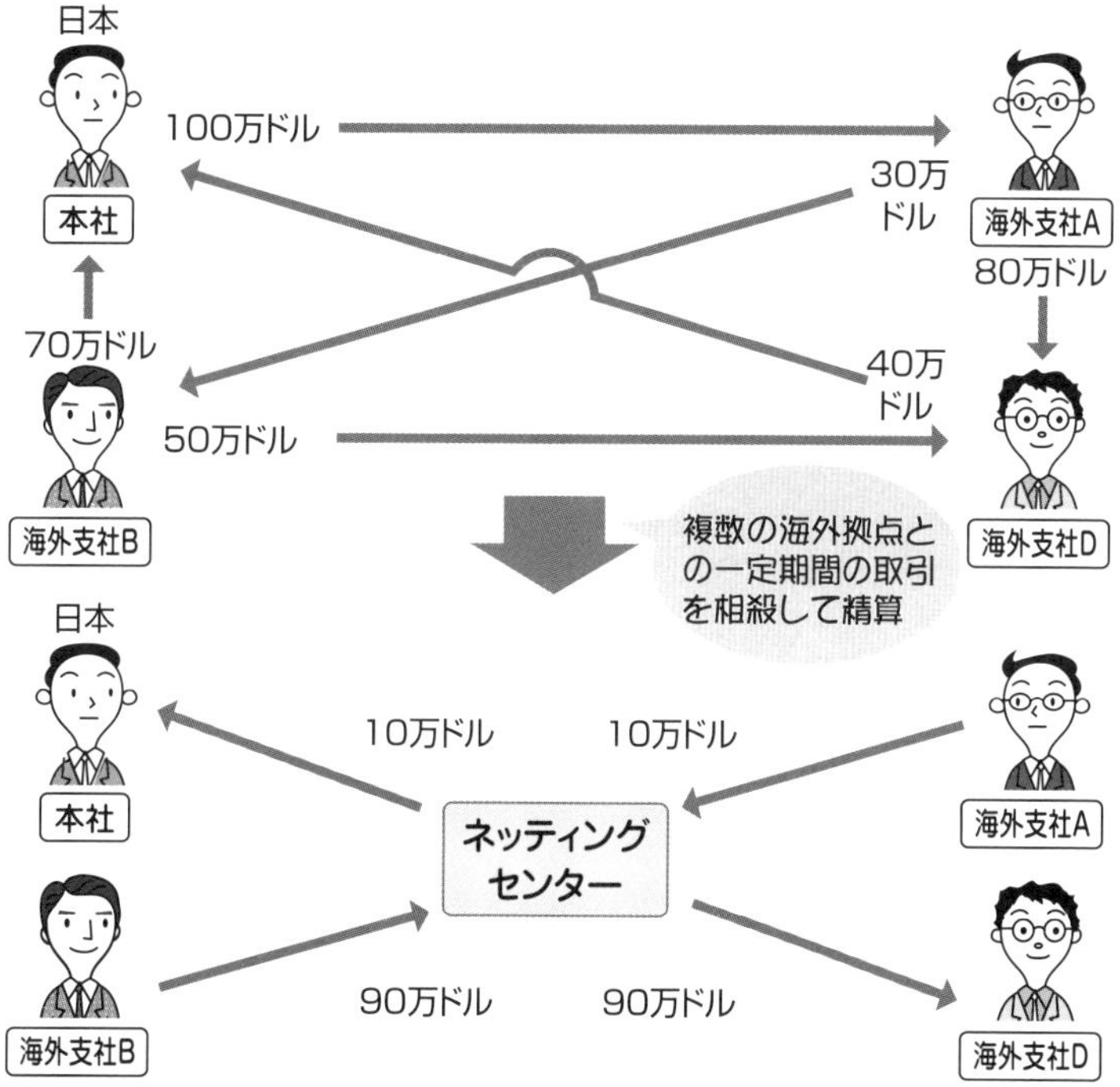

12 外国為替相場とは

➡外国為替相場とは、2つの異なる通貨の交換レートのことです。

☆外国為替相場

貿易の代金決済は、米ドルなど流通性の高い通貨で行われるのが一般的なので、輸出者と輸入者はそれぞれ外国通貨を自国通貨と交換する必要があります。

外国為替相場とは、2つの異なる通貨の交換レートのことで、世界の外国為替市場で取引されています。

交換レートは刻々と変動していますが、日本では各銀行は顧客企業に対してその日1日適用するレートを毎日午前10時ごろに公表しています。このレートは、「仲値」と呼ばれ、さまざまな為替レートの基準値となります。

☆直物相場と先物相場

銀行と輸出入企業の間の外国為替取引には、当日に売買を実行する「直物取引」と、将来のある時期に実行する「先物取引」があります。

○直物取引と直物相場

貿易取引の決済で銀行と外貨を売買する場合は直物取引を行いますが、このときに適用される相場を「直物相場」と呼んでいます。

○先物取引と先物相場

先物取引は、輸出入企業が為替リスク回避のために将来の為替取引を予約する取引で、このときに適用される相場を「先物相場」と呼んでいます。

為替相場

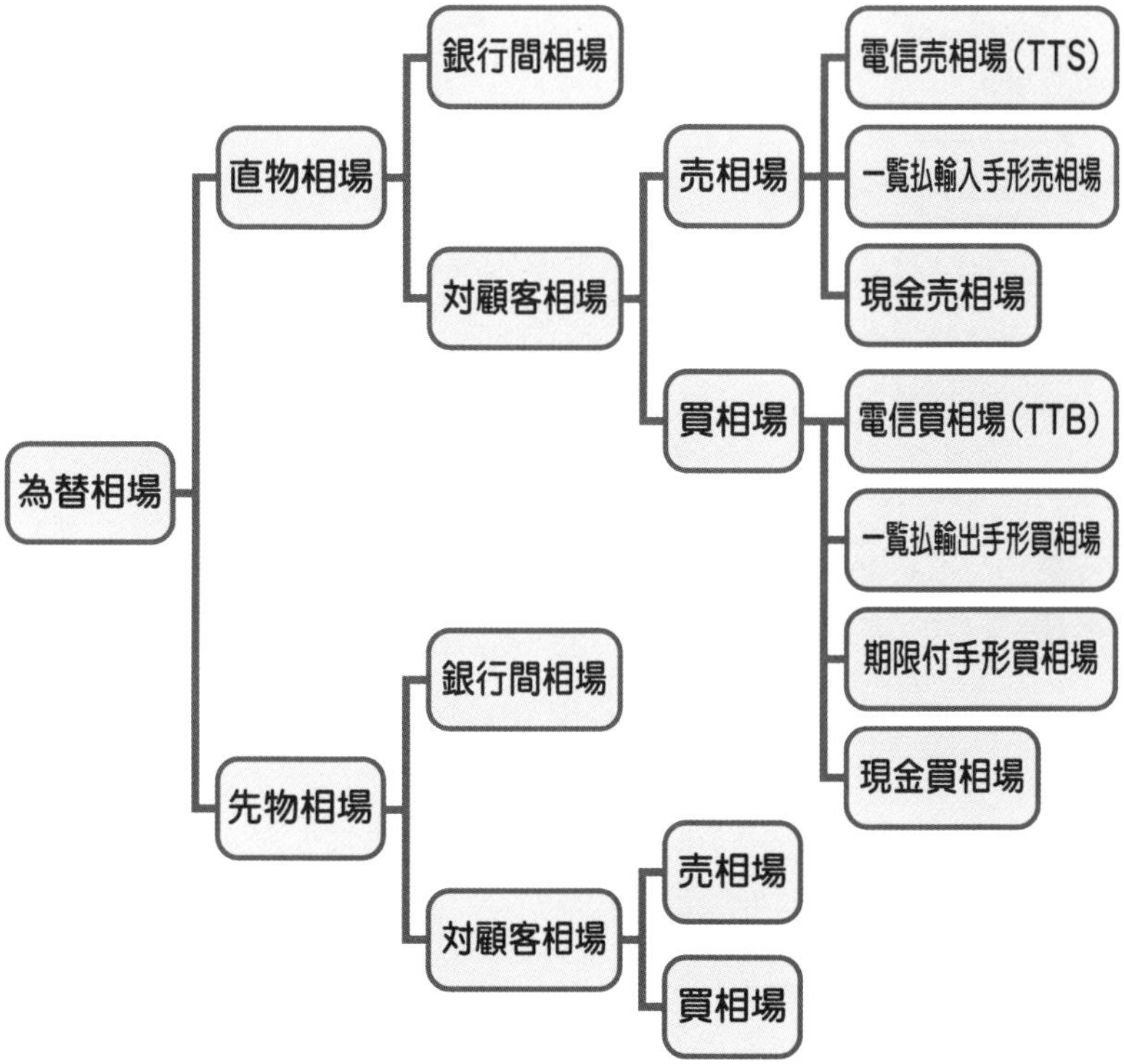

✪売相場と買相場

為替取引の用語は、すべて銀行を主体として、売りと買いの呼び方が決められています。

○買相場

日本の輸出者が米ドル建ての輸出取引を行った場合、受け取った米ドルを銀行に売って円を取得します。この場合、銀行は外貨を買うので、為替相場では「買相場」が適用されることになります。

○売相場

逆に、日本の輸入者が米ドル建ての輸入取引を行った場合、輸出者に支払う米ドルを銀行から購入します。この場合、銀行は外貨を売ることになるので「売相場」が適用されます。

13 為替レートとは

➡ 貿易取引では、輸出者にとっての為替レートと、輸入者にとっての為替レートがあります。

✪輸出者にとっての為替レート

輸出者にとっての為替レートには、次のようなものがあります。

○電信買相場

輸出者宛てに電信送金されてきた外貨を日本円に換えるときの交換レートで、仲値に銀行手数料が加えられています。

○一覧払輸出手形買相場

輸出地の銀行が、信用状付一覧払条件の手形を買い取るときに適用されるレートです。

銀行は、荷為替手形を買い取ってから取り立てを終えるまでの間、荷為替代金を立て替えて支払うことになるので、この間の金利が電信買相場に加えられます。

立て替えの期間は、荷為替手形を輸入地の銀行に郵送する期間に相当するので、この金利のことをメール金利と呼んでいます。

○期限付手形買相場

輸出地の銀行が、期限付手形を買い取るときに適用されるレートです。期限付手形は、一覧払いに比べてさらに銀行の立て替え期間が長くなるので、一覧払輸出手形買相場に期日分の金利を加えたレートになります。

○現金買相場

銀行が外貨現金を買い取るときのレートで、現金の保管や輸送の費用が加えられています。

✪輸入者にとっての為替レート

輸入者にとっての為替レートには、次のようなものがあります。

為替レート

為替レート例

区分	レート	相場	内容
輸入為替	104円	現金売相場	TTS+現金輸送・保管費用
輸入為替	102円	一覧払輸入手形売相場	TTS+メール金利
輸入為替	101円	電信売相場（TTS）	仲値+銀行手数料
	100円	仲値	
輸出為替	99円	電信買相場（TTB）	仲値+銀行手数料
輸出為替	98円50	一覧払輸出手形買相場（ASB）	TTB+メール金利
輸出為替	97円	期限付手形買相場	ASB+期日分の金利
輸出為替	96円	現金買相場	TTB+現金輸送・保管費用

（TTSなどの用語はP202を参照）

○電信売相場

　輸入者が電信送金を行うために銀行から外貨を購入するときに適用されるレートで、仲値に銀行手数料が加えられています。

○一覧払輸入手形売相場

　信用状付一覧払い条件の手形決済で、輸入者が輸入地の銀行から外貨を購入するときのレートです。

　信用状付手形が輸出地の銀行で買い取られた時点から輸入者が決済するまでの期間、輸入地の銀行は代金を立て替えることになるので、この間の金利を電信売相場に加えたレートになります。

○現金売相場

　銀行が外貨現金を売るときのレートで、現金の保管や輸送の費用が加えられています。

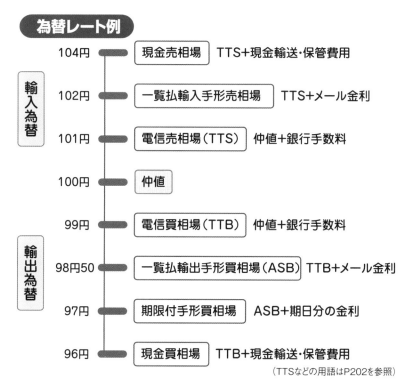

14 為替先物予約と通貨オプション取引とは

➡ 為替先物予約や通貨オプション取引は、為替リスクを回避する手段です。

✪為替先物予約とは

輸出入者は売買契約を締結してから、実際に船積みを行って代金決済を行うまでの期間、為替変動のリスクにさらされています。

この為替リスクを回避する手段として利用されるのが「為替先物予約」で、為替先物相場で為替の売買を予約する手法のことです。

たとえば、3カ月後に1万ドルの輸入代金支払いがある輸入者が、銀行に対して3カ月後に1万ドル購入の予約を行っておきます。

予約時点での直物相場が1ドル100円で、先物相場が97円であったとすれば、輸入者は97万円で採算を確定することができます。

3カ月後、為替の直物相場が円安で1ドル105円になっていても、円高で95円になっていても、輸入者は予約どおりに97万円を支払って、1万ドルを購入します。

✪通貨オプション取引

通貨オプション取引とは、将来のある時期に外国通貨を売る権利（プット・オプション）または買う権利（コール・オプション）を売買する取引です。

たとえば、3カ月後に1万ドルの輸入代金支払いがある輸入者が、3カ月後に1万ドルを101万円で購入する権利を1ドルに付き1円50銭のオプション料で購入したとします。オプション購入時点での直物相場は100円とします。

3カ月後、円安になり直物相場

為替先物予約

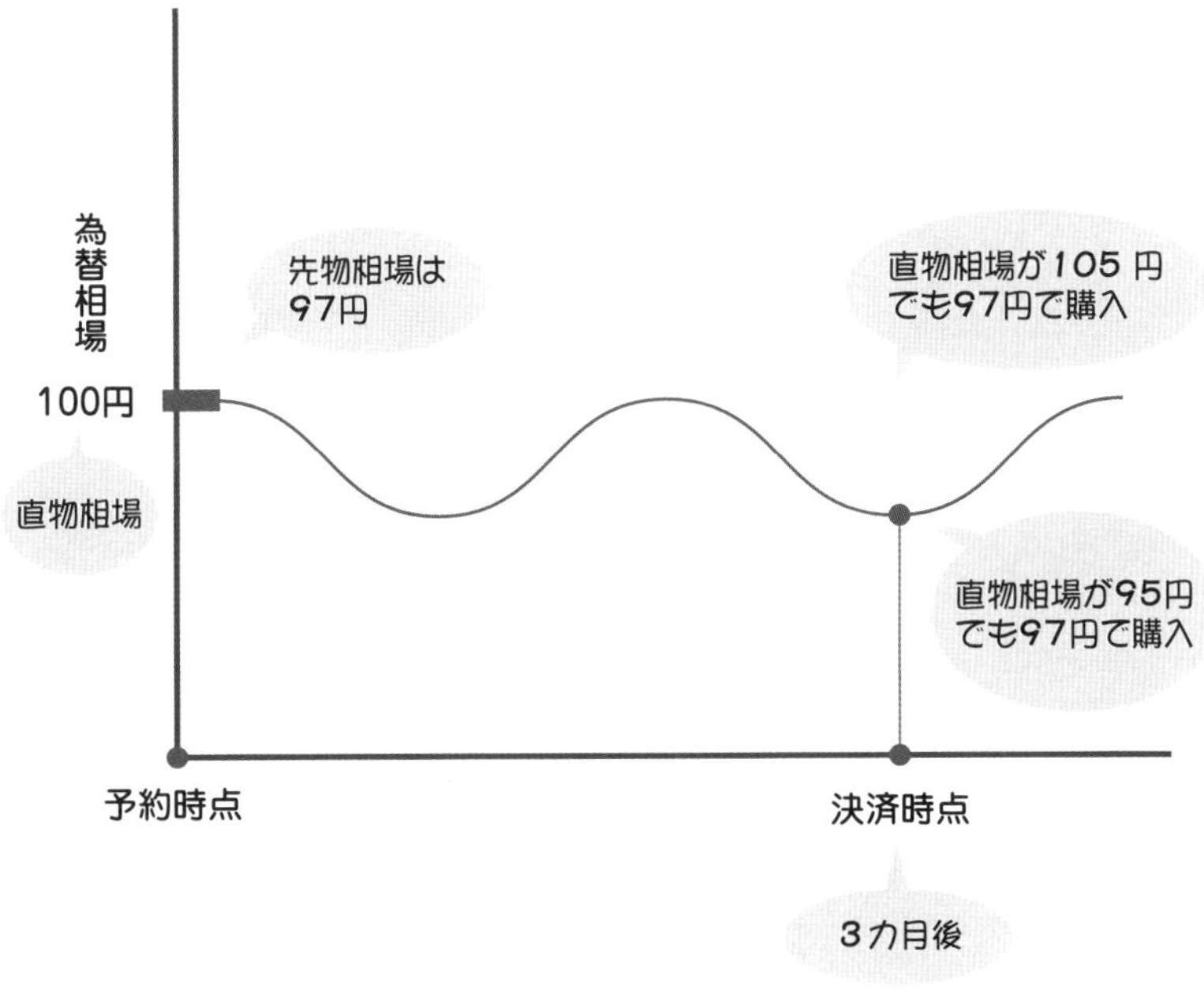

が105円であれば、輸入者はオプションを行使して101万円を支払い1万ドルを取得します。

この場合、輸入者のコストはオプション料と合わせて1ドル当たり102円50銭となり、円安変動リスクを回避できたことになります。

仮に3カ月後に円高が進み、直物相場が97円になれば、輸入者はオプションを放棄して、直物相場で97万円を支払い1万ドルを取得します。このとき、輸入者のコストはオプション料と合わせて1ドル当たり98円50銭となります。

このように、通貨オプション取引では、為替相場が不利な場合の歯止めと、有利な方向に動いたときのメリットが得られます。

貿易実務用語⑤　決済と為替

用　語	英　語	略　称	参照ページ
信用状統一規則	Uniform Customs and Practice for Documentary Credits	UCP	182
取消可能信用状	Revocable L/C		184
取消不能信用状	Irrevocable L/C		184
確認信用状	Confirmed L/C		184
譲渡可能信用状	Transferable L/C		185
買取銀行指定信用状	Restricted L/C		185
買取銀行無指定信用状	Open L/C		185
D/P 決済	Documents against Payment	D/P	190
D/A 決済	Documents against Acceptance	D/A	190
取立統一規則	Uniform Rules for Collections	URC	191
ネッティング	Netting		194
バイラテラルネッティング	Bilateral Netting		194
マルチラテラルネッティング	Mutilateral Netting		194
外国為替	Foreign Exchange		196
為替相場（為替レート）	Exchange Rate		196
電信買相場	Telegraphic Transfer Buying Rate	TTB	198
一覧払輸出手形買相場	At Sight Buying Rate	ASB	198
期限付手形買相場	Usance Buying Rate		198
現金買相場	Cash Buying Rate	CASH B.	198
電信売相場	Telegraphic Transfer Selling Rate	TTS	199
一覧払輸入手形売相場	Acceptance Rate	ACC	199
現金売相場	Cash Selling Rate	CASH S.	199

CHAPTER 6

第6章
保険のしくみ

1 貨物海上保険とは

➡貨物が輸送中に何らかの事故によって損傷を受けた場合の損害を補てんするのが、貨物海上保険です。

☆貨物海上保険

貨物海上保険は貨物に対する保険で、輸送中の貨物が何らかの事故によって損傷を受けた場合の修理費用や代替品手当ての費用が補てんされます。

○契約者と貿易条件

貨物海上保険の契約は、売り手または買い手が損害保険会社と行います。売り手と買い手のどちらが保険契約を結ぶかは、インコタームズによって決まります。

○貨物海上保険の関係者

貨物海上保険の関係者には、保険の引受者である保険会社のほかに、保険会社の代理で保険事務手続きを行う「保険代理店」、保険会社の代理で保険求償の手続きを行う「求償代理人」があります。

また、保険会社と保険契約者の間に入って、保険契約締結の仲立ちを行う「保険ブローカー」も活動しています。

○保険金額

保険金額は、貨物が損傷した場合に保険会社が支払う最高限度の金額のことで、通常はＣＩＰやＣＩＦ価格の１１０％です。

☆海上保険と損害の種類

海上輸送中の危険による損害は、貨物全部がなくなる「全損」と貨物の一部が損害を受ける「分損」に分類されます。全損には「現実全損」と「推定全損」があり、分損には「共同海損」と「単独海損」があります。

貨物海上保険の損害の種類

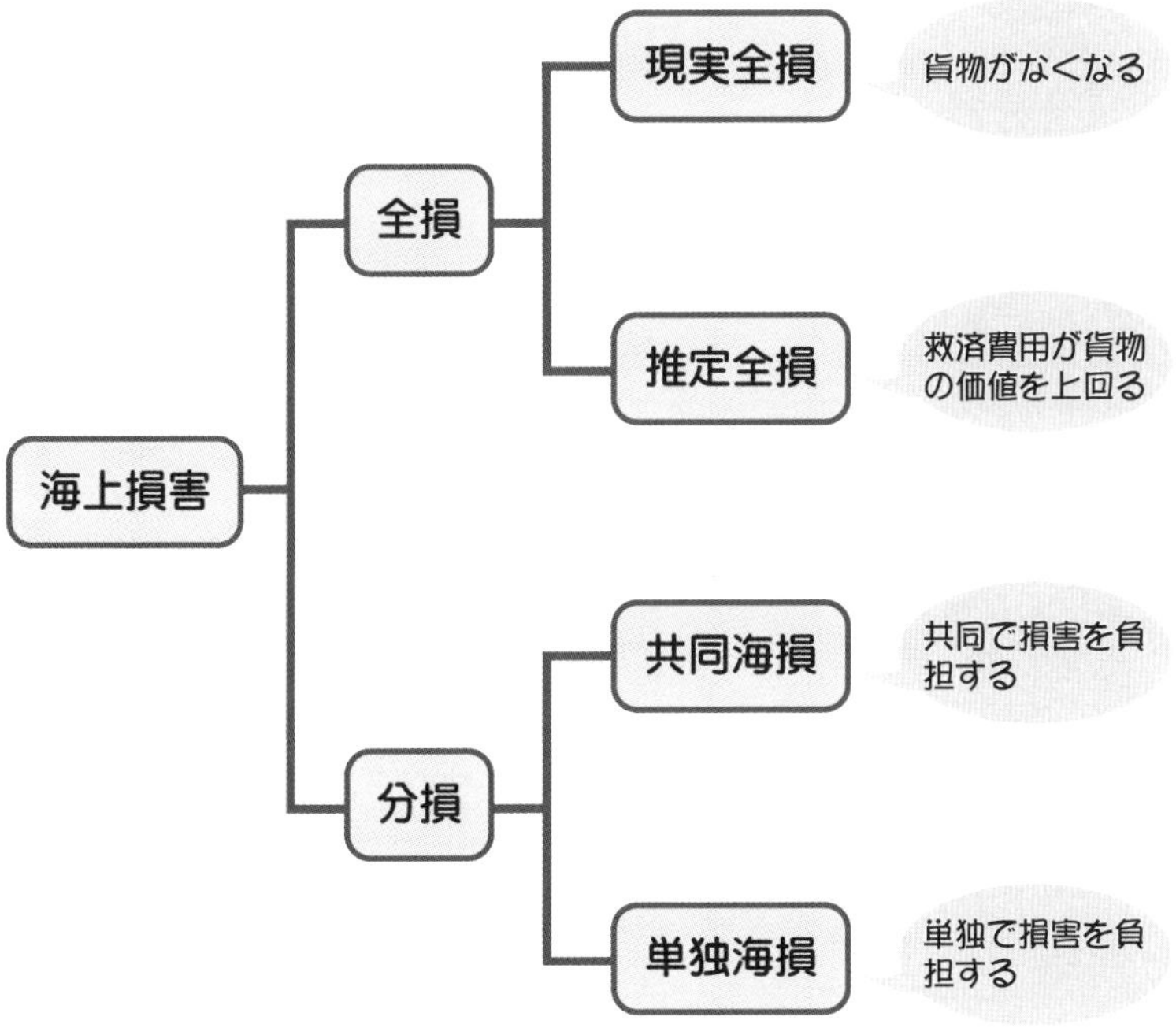

○**現実全損**

船の沈没や火災で貨物が消滅した場合を指します。

○**推定全損**

現実全損を避けるための費用が貨物の価値を上回った場合には全損とみなします。

○**共同海損**

船や積荷が共同の危険に遭遇した際に、その危険を脱するための費用や、船や積荷の一部を犠牲にして投棄した場合の損失を単独で負担するのではなく、損失を受けなかった荷主や船主が共同して損害費用を負担する分損のことです。

○**単独海損**

共同海損以外の分損は単独海損といい、貨物の損害を被ったものが単独で損害費用を負担します。

2 ICCの保険条件とは

➡ロンドンの保険業者協会が作成したICC約款と呼ばれる保険条件が、世界中で使用されています。

★ICCの保険条件

貨物海上保険には、ロンドンの保険業者協会が作成した「ICC約款」と呼ばれる保険条件が世界中で使用されています。ICC約款は、1963年、1982年、2009年に改訂されています。

新しいICC約款では、保険のてん補範囲に応じて、ICC(A)、(B)、(C)の3種類の保険基本条件が設定されています。

①ICC(A)条件

最もてん補範囲の広い条件で、海上危険だけでなく、荷役中の事故など輸送中の危険すべてを担保する条件です。家電や機械類その他製品類に広く使用されています。ただし、到着遅延や梱包不備など保険上の免責事項は、この条件でもカバーされません。1963年版(旧約款)のオールリスク条件と同様の条件です。

②ICC(B)条件

海水や河川の水ぬれ損害と、火災・爆発・座礁・衝突などの危険をカバーする条件です。とうもろこしなどのバラ荷貨物に使用されています。旧約款のWA条件(分損担保)と同様の条件です。

③ICC(C)条件

最もてん補範囲の狭い条件で、船の座礁や転覆など航海を続けることが危うくなる危険のみをカバーする条件です。鉄屑など、損傷の危険が小さい貨物に使用されています。旧約款のFPA条件(分損不担保)と同様の条件です。

保険の基本条件（2009年版ICC）

基本条件　ICC：INSTITUTE CARGO CLAUSE

てん補の範囲	ICC (A)	ICC (B)	ICC (C)
火災、爆発	○	○	○
船舶・はしけの座礁・乗揚・沈没・転覆	○	○	○
陸上輸送用具の転覆・脱線	○	○	○
船舶・はしけ・輸送用具の他物との衝突・接触	○	○	○
避難港における貨物の荷卸し	○	○	○
地震・噴火・雷	○	○	×
共同海損犠牲	○	○	○
投荷	○	○	○
波ざらい	○	○	×
海水・湖水・河川水の船舶・はしけ・船倉・輸送用具・コンテナ・リフトバン・保管場所への浸水	○	○	×
積み込み・荷卸し中の水没・落下による一個ごとの全損	○	○	×
上記以外の一切の危険（ただし、免責条項に関するものは除く）	○	×	×

○＝てん補される　×＝てん補されない

特　約

●戦争危険・ストライキ危険の特約（WAR & S.R.C.C.）

戦争やストライキ危険などをてん補する特約です。S.R.C.C.は、STRIKE（ストライキ）、RIOT（暴動）、CIVIL COMMOTION（騒乱）の略。

3 貨物海上保険の手続き

➡ 貨物海上保険の申し込みには、一般的な手続きのほか、予定保険や包括予定保険があります。

保険の申し込み

保険条件や料率などの基本事項が決まれば、保険の申し込みを行います。

申し込みは各保険会社の所定書式に必要事項を記入して申し込むのが原則ですが、急ぎの場合にはファクシミリやEメールの申し込みによって、内容を伝える場合もあります。

重要な点は、保険の申し込みは貨物の危険が始まる輸送前に行う必要があるということです。

予定保険とは

保険の申し込みを船積み前に行おうと思っても、輸入者が保険を手配する場合は、輸出者の正確な船積日や確定数量など、必要な全情報を事前に入手することが困難なことがあります。

この問題を解消する手段として、「予定保険」のしくみがあります。予定保険とは、船積前の時点で船積予定日や予定数量で保険申し込みを行い、後日船積みを終えてから確定情報を保険会社に通知する2段構えの申し込み方法です。

保険料の支払いは、予定保険から「確定保険」に切り替った後に行います。

予定保険は、船積みごとに毎回保険会社に申し込むこともできますが、複数の船積みを予定している売買契約であれば、まとめて予定保険契約を結んでおくこともできます。

予定保険の流れ

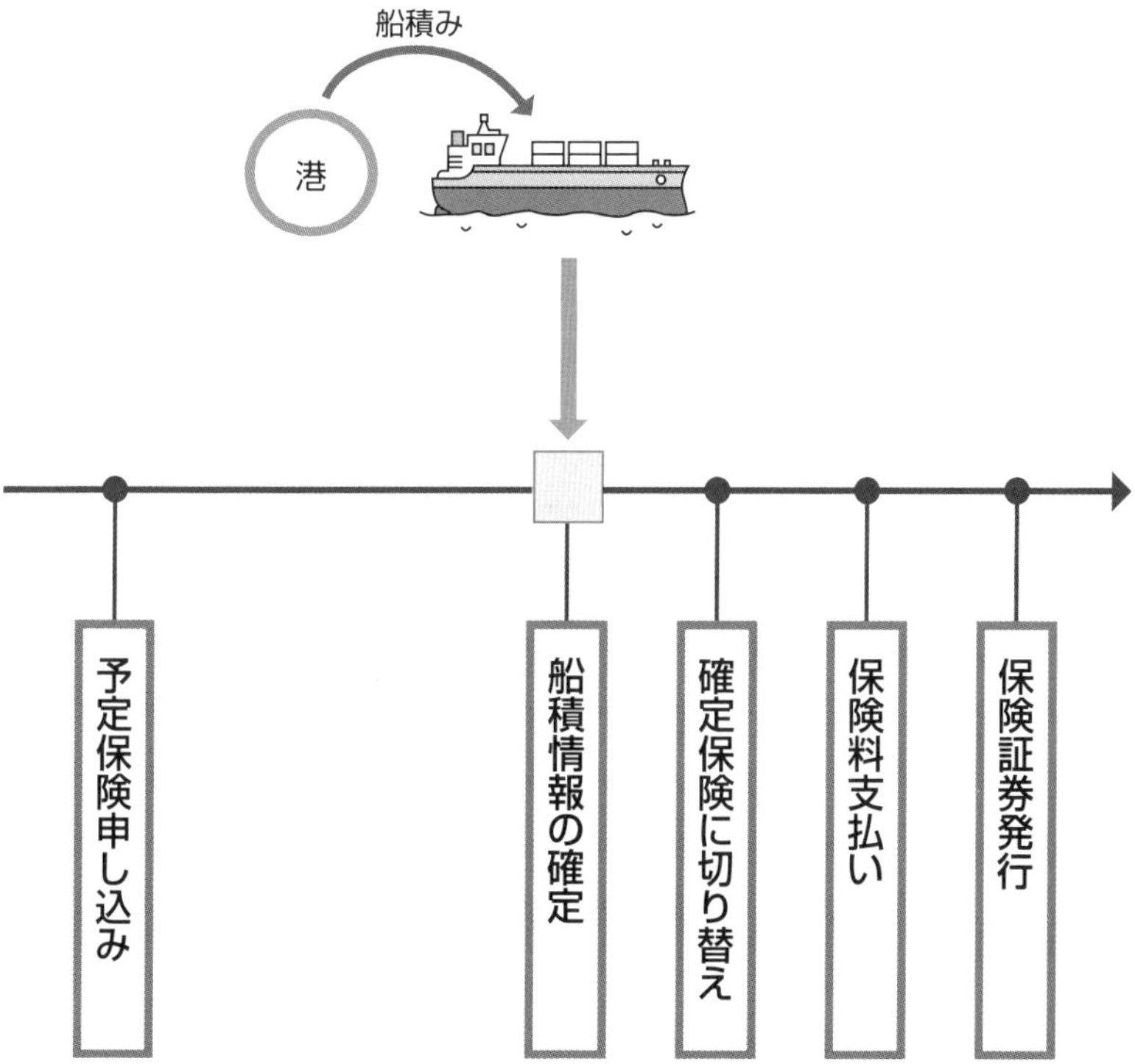

包括予定保険とは

包括予定保険（オープンポリシー）とは、予定保険の概念をさらに拡大させた保険申し込みのしくみで、企業が保険を付保する必要のあるすべての貨物を対象に一括して予定保険をかけておく方法です。

包括予定保険契約を結べば、個々の予定保険の手配は省略されて、確定保険の通知作業だけとなります。

多数の輸出入の船積案件を持つ企業にとっては、保険の申し込み洩れ防止や、事務省力化の有効な手段となっています。

4 貨物保険求償とは

➡貨物の紛失や損傷が発生した場合に行う保険求償は、事故通知、損害査定、保険請求の順で進めます。

☆貨物保険求償

輸送中の事故により、貨物の紛失や損傷が発生した場合、インコタームズのE、F、Cの頭文字の規則の場合は輸入者が、Dの頭文字の場合は輸出者が「保険求償」を行います。

保険求償の手続きは、保険会社への「事故通知」「損害査定」「保険金請求」の順に進みます。

○保険会社への事故通知

貨物の損傷を発見した保険求償者は、まず貨物の損害が広がらないように保全措置を行い、保険会社または保険証券面に記載されている「保険求償代理人（クレームエージェント）」に、事故発生の通知を行います。

また、コンテナ輸送であればデバンニングレポート、在来型貨物船であればカーゴボートノートなど貨物の受取書類に損傷の事実を記載し、運送人に対して損害賠償を行う権利を留保する「求償通知書（クレームレター）」を送付します。

○損害査定

事故通知を受けた保険会社は、「損害査定人（サーベイヤー）」を派遣し、事故原因の推定や損傷の程度を確認し、「報告書（サーベイレポート）」を作成します。

保険会社は、このサーベイレポートにもとづいて、事故原因が保険条件のてん補する範囲であるかどうかを確認し、損害額の査定を行います。

保険求償の流れ

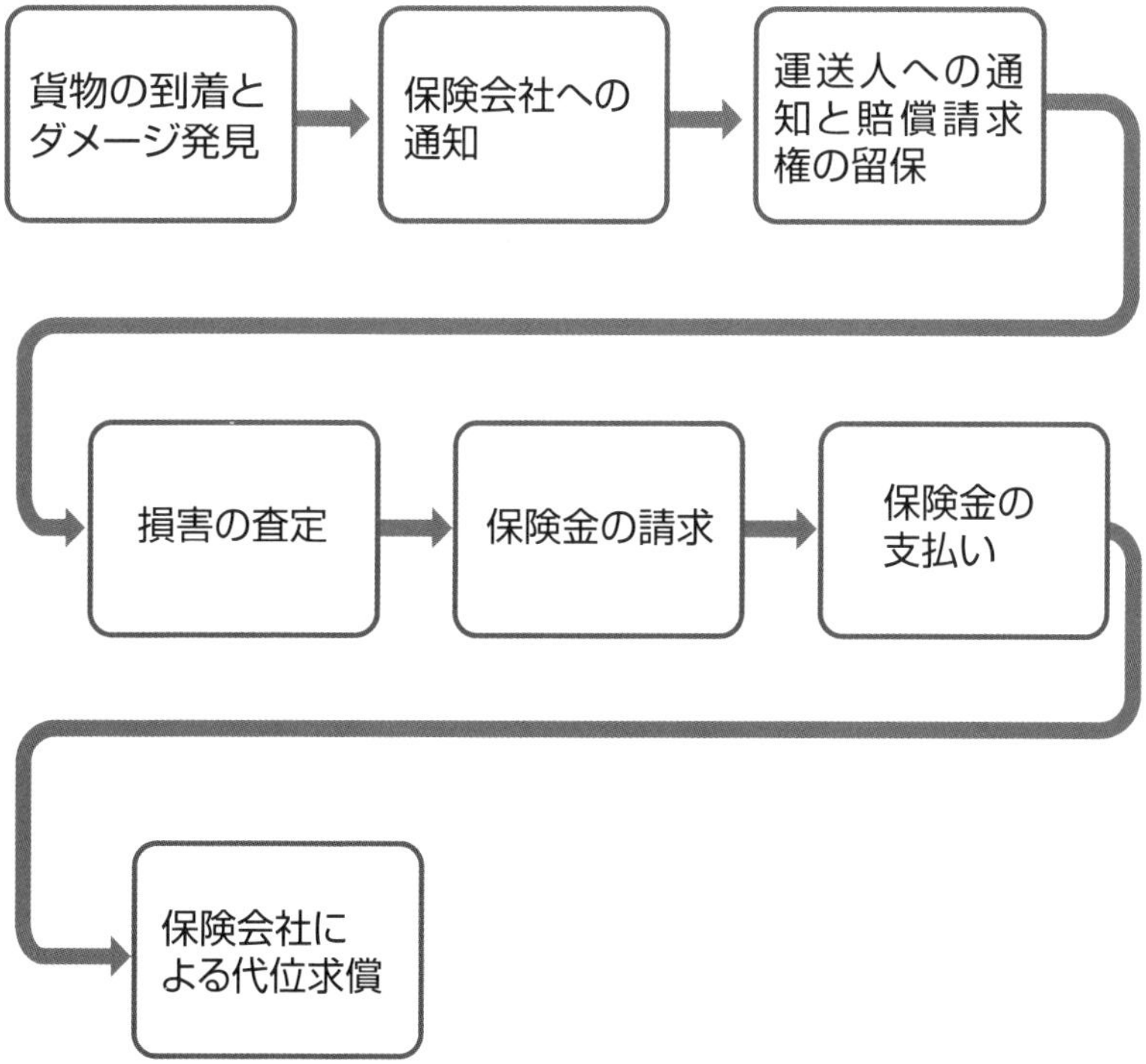

○保険金請求

損害査定が完了して保険金が決まれば、保険求償者は必要書類を保険会社に提出し、保険金を受け取ります。必要書類には、保険証券、インボイス、船荷証券と求償通知書の写しのほか、各種レポートが含まれます。

代位求償とは

保険求償者は、保険会社から保険金を入金後、運送人への求償権を保険会社に譲渡します。

保険会社は、保険求償者に代わり運送人への賠償請求を継続し、賠償金が得られれば、保険求償者に支払った保険金の一部に充当します。このしくみを「代位求償」と呼んでいます。

5 PL保険と貿易保険とは

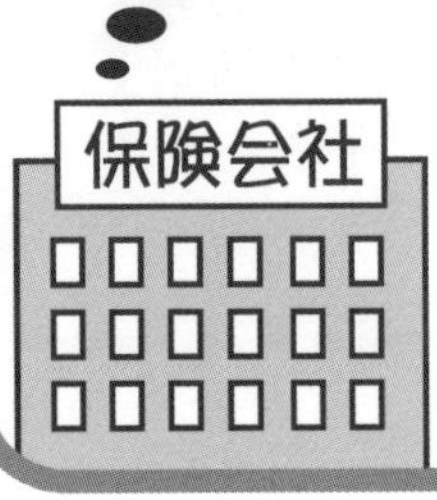

➡ PL訴訟による賠償金などを補てんするのがPL保険で、信用危険などによる代金回収不能損害を補てんするのが貿易保険です。

☆PL保険

製造あるいは販売した商品の欠陥が原因で人身事故や物損事故が発生した場合、製造者や販売者が第三者に負う賠償責任を「製造物賠償責任」といいます。

製造物賠償責任は、消費者保護の観点から各国で法制化が進められ、日本でも製造物責任（PL）法が1995年に施行されました。

PL保険は、企業がPL訴訟を受けたときの「法的賠償金」と「訴訟費用」を補てんする保険です。

○PL保険の留意点

PL保険は、損害保険会社が引き受けを行っています。保険契約を結ぶ際の主要事項には、「対象商品」「被保険者」「保険金額」「保険期間」などがあります。

PL保険の被保険者は記名式のため権利譲渡はできないので、リスクを負う製造者、輸出者、輸入者それぞれが、自己の判断と費用で保険を購入する必要があります。

PL保険の保険金額は、商品の価格とは関係なく、訴訟を受けた場合に想定される賠償金額が対象となります。たとえ10ドルの商品でも、数百万ドルの賠償訴訟を受ける可能性があるので注意が必要です。

一般的にPL保険の保険期間は1年間で、毎年更新する形式です。

☆貿易保険

日本の企業が輸出入取引や海外

PL保険と貿易保険

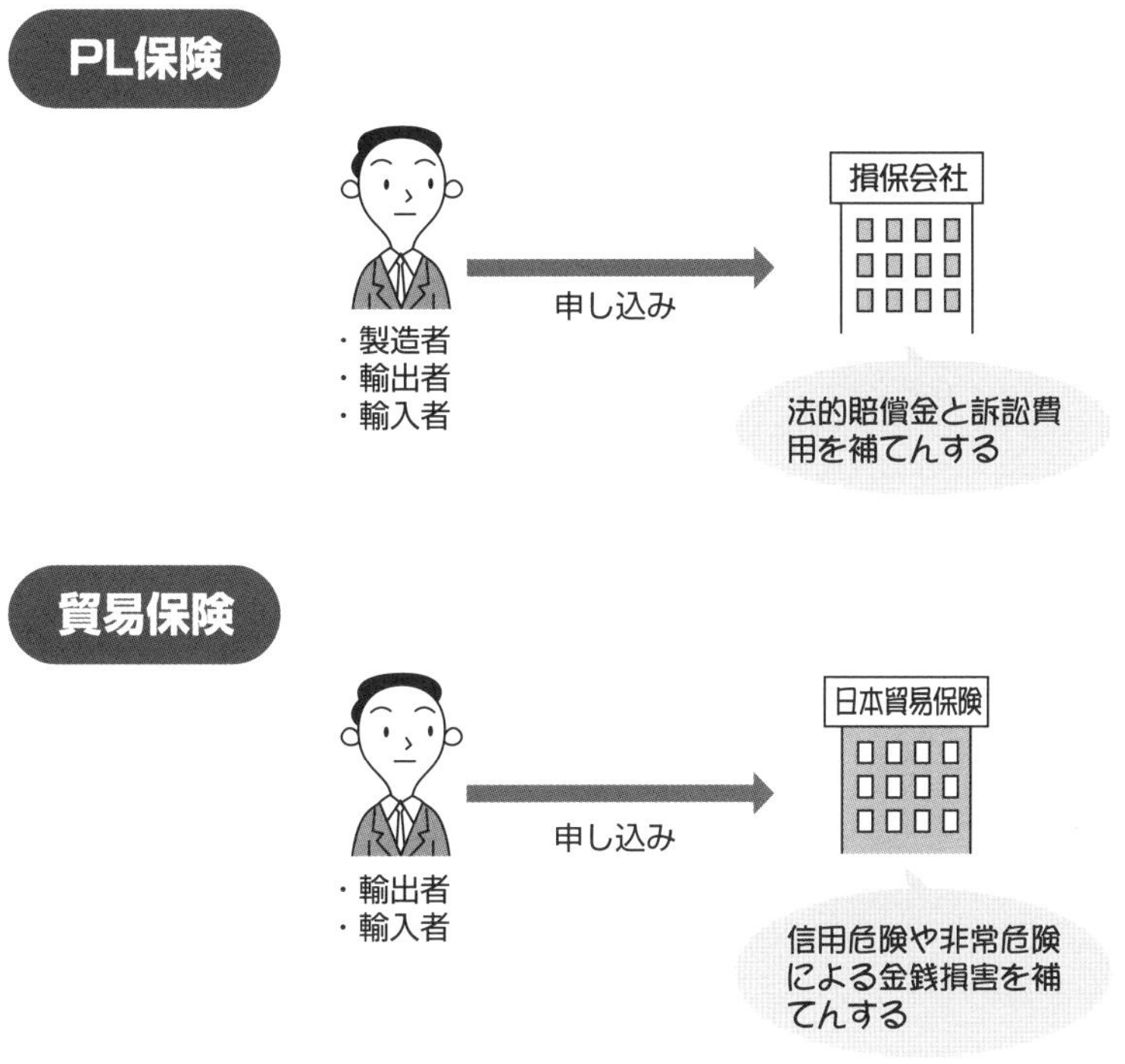

投資を行うとき、取引相手先の経営破たんが理由で代金の回収ができなくなる「信用危険」や、個々の取引先は問題がなくても相手国の為替政策変更などによる送金停止が理由で代金回収ができなくなるなどの「非常危険」があります。

　貿易保険は、この信用危険と非常危険により回収ができなくなった商品代金や投資金の金銭損害を補てんする保険で、株式会社日本貿易保険（全額政府出資）が引き受けています。

○貿易保険の申し込み

　貿易保険には、多種類の保険が設定されています。申し込みは、個別の案件ごとに行う「個別保険」と、一定期間分をまとめて申し込む「包括保険」があります。

貿易実務用語⑥　貿易書類

用　語	英　語	略　称	参照ページ
注文書	Purchase Order	P/O	46
注文請書	Sales Note	S/N	46
契約書	Contract		46
船荷証券	Bill of Lading	B/L	109
荷渡指図書	Delivery Order	D/O	110
航空運送状（エアウェイビル）	Air Waybill	AWB	126
マスターエアウェイビル	Master Air Waybill	MAWB	126
ハウスエアウェイビル	House Air Waybill	HAWB	127
船積指図書	Shipping Instruction	S/I	142
送り状（インボイス）	Invoice		143
梱包明細書（パッキングリスト）	Packing List	P/L	143
輸出申告書	Export Declaration	E/D	143
輸出許可承認証	Export License	E/L	143
ドックレシート	Dock Receipt	D/R	147
メーツレシート	Mate's Receipt	M/R	149
輸入申告書	Import Declaration	I/D	156
輸入許可承認証	Import License	I/L	156
原産地証明書	Certificate of Origin	C/O	156
貨物引渡指図書（航空貨物）	Release Order	R/O	162
為替手形	Bill of Exchange	B/E	178
船積書類	Shipping Documents		179
信用状	Letter of Credit	L/C	180
保証状	Letter of Guarantee	L/G	189
保険証券	Insurance Policy		224

CHAPTER 7

第7章

貿易書類の機能と役割

1 インボイスとは

➡インボイスは、船積みした商品の明細を買い手に伝えて、代金を請求する機能を持つ書類です。

★インボイスの機能と役割

インボイスは売り手が作成する書類で、船積みした商品の明細を買い手に伝えて、商品代金を請求する機能と役割を持っています。輸出入通関の審査のために、税関に提出する書類でもあります。

インボイスの記載情報には、輸出入者の氏名や住所、価格や決済条件、商品の明細、輸送に用いる本船や仕向港など、船積みに関する主要事項がすべて含まれます。もちろん、貨物の現物と記載内容が一致していなければなりません。

★主要項目

①輸出者の名前、住所、連絡先等
②輸入者の名前、住所、連絡先等
③インボイス発行日
④インボイス番号（輸出者が付番する）
⑤決済条件
⑥客先照会番号（客先からのオーダー番号など）
⑦本船名
⑧船積港
⑨船積港出港日または予定日
⑩仕向港
⑪貨物の荷印
⑫商品名
⑬数量
⑭単価（取引条件も記載しておく）
⑮合計価格
⑯請求金額
⑰輸出者のサイン

インボイスの例

INVOICE（仕入書）

ABC Company（①輸出者）
4-1-4 Kojimachi Chiyoda-Ku
Tokyo, Japan 102-0083

Phone : (81)-3-3262-80XX
Fax : (81)-3-3234-44XX

Messers. XYZ Company（②輸入者） Address: 444 Ocean Blvd. Long Beach, CA 90802 U.S.A.	Date: May 12, 20XX Tokyo（③インボイス発行日） Invoice No. ABC080XXX（④インボイス番号） Payment: L/C at sight（⑤決済条件） Remarks: Your Order: XYZ00XXX（⑥客先照会番号）
Shipped per "Heisei Maru"（⑦本船名）	From Tokyo, Japan（⑧船積港）
Sailed on or about May 12, 20XX（⑨出港日）	To Los Angeles, U.S.A.（⑩仕向港）

Marks & Number	Description	Quantity	Unit Price	Amount
Long Beach Made in Japan Steel Sheet X-YYY TYPE Packing No 1/80 （⑪貨物の荷印）	Steel Sheet X-YYY TYPE （⑫商品名）	800 Sheets 80 packings 16,000KGS 20CBM （⑬数量）	CIP Long Beach US$20.00 Per sheet （⑭単価）	US$ 16,000.00 （⑮合計価格）

80 packings　800 pieces CIP Long Beach　US$16,000.00（⑯請求金額）

ABC Company

Manager
（⑰輸出者のサイン）

2 パッキングリストとは

➡ パッキングリストは、梱包ごとの貨物明細が詳しく記載されている書類です。

✪ パッキングリストの機能と役割

パッキングリスト（梱包明細書）は、売り手が作成する書類で、梱包ごとの貨物明細が詳しく記載されています。

たとえば、洋服やおもちゃなどの製品類は、型番や色、サイズなど多くの種類の商品が一度に船積みされるため、輸出者はパッキングリストを作成して、どの梱包にどの商品が詰め込まれているかを輸入者に伝える必要があります。

輸入者は、パッキングリストを見て各商品の仕分けや配送計画を立てて、それぞれの梱包に記載されている荷印を確認し、作業を行います。

✪ パッキングリストの主要項目

①輸出者の名前、住所、連絡先等
②輸入者の名前、住所、連絡先等
③発行日（インボイス発行日と同じ）
④該当するインボイス番号
⑤客先照会番号（客先からのオーダー番号など）
⑥本船名
⑦船積港
⑧船積港出港日または予定日
⑨仕向港
⑩貨物の荷印
⑪梱包ごとの商品明細
⑫梱包ごとの数量、重量、容積
⑬輸出者のサイン

パッキングリストの例

PACKING LIST（梱包明細書）

ABC Company（①輸出者）
4-1-4 Kojimachi Chiyoda-Ku
Tokyo, Japan 102-0083

Phone : (81)-3-3262-80XX
Fax : (81)-3-3234-44XX

Messers. XYZ Company（②輸入者）	Date: May 12, 20XX Tokyo（③発行日）
	Invoice No. ABC080XXX（④インボイス番号）
Address: 444 Ocean Blvd. Long Beach, CA 90802 U.S.A.	Remarks: Your Order: XYZ00XXX（⑤客先照会番号）
Shipped per "Heisei Maru"（⑥本船名）	From Tokyo, Japan（⑦船積港）
Sailed on or about May 12, 20XX（⑧出港日）	To Los Angeles, U.S.A.（⑨仕向港）

Marks & Number	Description	Quantity	Net	Gross	Measurement
Long Beach Made in Japan Steel Sheet X-YYY Packing No 1/80 （⑩貨物の荷印）	Steel Sheet X-YYY Packing No.1-40 Type A Packing No.1-40 Type B （⑪梱包ごとの商品明細）	Type A 400 Sheets 40 Type B 400 Sheets 40 （⑫梱包ごとの数量、重量、容積）	7,600 KGS 7,600 KGS	8,000 KGS 8,000 KGS	10 M^3 10 M^3
80 packings			15,200 KGS	16,000 KGS	20 M^3

ABC Company

Manager
（⑬輸出者のサイン）

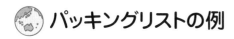

3 船荷証券とは

➡ 船荷証券は、貨物の所有権を輸出者から輸入者に移転させるために使用される有価証券です。

✪船荷証券の機能と役割

船荷証券（B／L）は、輸出地では船会社が貨物の受け取りと引き換えに輸出者に発行する受取証になり、輸入地では輸入者が船会社から貨物を引き取るための引換証になります。

船荷証券は、貨物を所有する権利を輸出者から輸入者に移転させる有価証券で、書類を売買することで代金決裁を行うしくみである「荷為替手形決済」の中核をなす書類です。

船荷証券の表面には、荷主、受荷主、貨物の受取場所、引渡場所などが記載されています。

裏面には、船会社が輸送を引き受ける条件が記載されており、輸送契約書としての機能もあります。

✪船荷証券の主要項目

①船会社名
②船荷証券番号
③荷主の名前、住所、連絡先等
④受荷主の名前、住所、連絡先等
（例は荷主が指定する指図式）
⑤仕向港での到着案内の送付先
⑥本船名
⑦貨物やコンテナの受取場所
⑧船積港
⑨仕向港
⑩貨物やコンテナの引渡場所
⑪商品明細（品名、数量、重量）
⑫運賃の明細
⑬船積日
⑭船荷証券発行場所と発行日
⑮船会社のサイン

船荷証券の例

BILL OF LADING（船荷証券）

P Shipping Lines（①船会社名）

B/L No.（②船荷証券番号）
ABCJPLA229XXX

Booking No.（ブッキング番号）
806XXXX

Shipper（③荷主）
ABC　Company

Consignee（④受荷主）
To the order of Shipper

Received by the Carrier ....
（貨物を輸送人が受取ったことを確認する文言）

Notify Party（⑤到着案内送付先）
XYZ Company
444 Ocean Blvd.Long Beach, CA 90802 U.S.A

Ocean Vessel Heisei Maru　（⑥本船名）	Place of Receipt Tokyo CY （⑦貨物の受取場所）	Port of Loading（⑧船積港） Tokyo, Japan
Port of Discharge（⑨仕向港） Los Angeles,U.S.A.	Place of Delivery Los Angeles CY （⑩貨物の引渡場所）	

Marks & Number（荷印、番号）	No.of Packing（梱包個数）	Description of Goods（品名）	Weight（重量）	Measurement（容積）
Long Beach Made in Japan Steel Sheet X-YYY TYPE Packing No 1/80	800 Pieces (80 packings)	Steel Sheet X-YYY TYPE	(KGS) 16,000	(M^3) 20.000

（⑪品名、数量、重量などの商品明細）

FREIGHT & Charges
USD20,000.00

On Board Date
（⑬船積日）　May 12, 20XX

Freight Prepaid at TOKYO
（⑫運賃の明細）

Place and Date of B/L issue
（⑭発行場所と発行日）
TOKYO　May 12, 20XX

Signature
（⑮船会社のサイン）

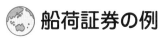

4 航空運送状とは

➡航空運送状は、航空会社やフォワーダーが発行する書類で、輸送の主要事項が記載されます。

✪航空運送状の機能と役割

航空運送状（AWB：エアウェイビル）は、荷主から輸送を引き受けた航空会社または航空貨物のフォワーダーが発行する書類です。

表面には、荷主や受荷主の情報や貨物の輸送便など輸送の主要事項が記載され、裏面には輸送引き受けの条件が印刷されています。

航空会社が発行する航空運送状を「マスターエアウェイビル」、フォワーダーが発行する航空運送状を「ハウスエアウェイビル」と呼んで区別していますが、書式はほぼ同じ体裁になっています。

航空運送状は、受荷主を明記する記名式で発行され、貨物はその受荷主に引き渡されます。航空運送状は有価証券ではないため、書類売買で権利を移転する流通性はありません。この点で海上の船荷証券とは性格が異なっています。

✪航空運送状の主要項目

①フォワーダー名、住所
②ハウスエアウェイビル番号
③荷主名と住所
④受荷主名と住所
⑤到着案内先など
⑥マスターエアウェイビル番号
⑦フライト便名と日付
⑧出発空港
⑨仕向空港
⑩貨物の名称、個数、重量、容積
⑪前払い運賃
⑫着地払い運賃
⑬発行場所と発行日

航空運送状の例

MLC-777X-10XX（②ハウスエアウェイビル番号）

Shipper's Name and Address	Shipper's Account Number	Not negotiable
ABC Company 4-1-4 Kojimachi Chiyoda-Ku Tokyo,Japan 102-0083（③荷主）		**Air Waybill**（①フォワーダー） Issued by MARUBENI LOGISTICS CORPORATION YASUDA GREEN PARK BLDG. 9, KANDA-NISHIKICHO 2-CHOME, CHIYODA-KU, TOKYO JAPAN 101-0054 as carrier
Consignee's Name and Address	**Consignee's Account Number**	Copies 1, 2 and 3 of this Air Waybill are originals and have the same validity.
XYZ Company Adress: 444 Ocean Blvd. Long Beach,CA 90802 U.S.A（④受荷主）		It is agreed that the goods described herein are accepted in apparent good order and condition (except as noted) for carriage SUBJECT TO THE CONDITIONS OF CONTRACT ON THE REVERSE HEREOF. ALL GOODS MAY BE CARRIED BY ANY OTHER MEANS INCLUDING ROAD OR ANY OTHER CARRIER UNLESS SPECIFIC CONTRARY INSTRUCTIONS ARE GIVEN HEREON BY THE SHIPPER, AND SHIPPER AGREES THAT THE SHIPMENT MAY BE CARRIED VIA INTERMEDIATE STOPPING PLACES WHICH THE CARRIER DEEMS APPROPRIATE. THE SHIPPER'S ATTENTION IS DRAWN TO THE NOTICE CONCERNING CARRIER'S LIMITATION OF LIABILITY. Shipper may increase such limitation of liability by declaring a higher value for carriage and paying a supplemental charge if required.
Issuing Carrier's Name and City		**Accounting Information**
MARUBENI LOGISTICS CORPORATION TOKYO JAPAN H. YOSHII		CHINA LOGISTICS CO.LTD. TEL 86-20-8600-99XX FAX 86-20-8600-98XX （⑤到着案内先等を記載）
131-1010-10XX（⑥マスターエアウェイビル番号）		
Airport of Departure (Addr. of First Carrier) and Requested Routing KANSAI INT APT-OSAKA,JAPAN（⑧出発空港）		

To	By First Carrier / Routing and Destination	to	by	to	by	Currency	Chgs Code	WT/VAL PPD	WT/VAL COLL	Other PPD	Other COLL	Declared Value for Carriage	Declared Value for Customs
CAN	JL												

Airport of Destination	Requested Flight/Date	Amount of Insurance	INSURANCE
GUANGZHOU（⑨仕向空港）	JL502-4/10（⑦フライト便名と日付）		INSURANCE - If carrier offers insurance and such insurance is requested in accordance with the conditions thereof, indicate amount to be insured in figures in box marked Amount of Insurance.

Handling Information

No. of Pieces RCP	Gross Weight	kg lb	Rate Class	Commodity Item No.	Chargeable Weight	Rate / Charge	Total	Nature and Quantity of Goods (incl. Dimensions or Volume)
1	4,035.0 KGS		N	7220.20	4,035.0 KGS	JPY 190/KG	JPY 766,650	COLD ROLLED STAINLESS STEEL SHEET IN COIL TOTAL 1 COIL INVOICE NO.KT0011XX ORIGIN JAPAN FREIGHT PREPAID

（⑩貨物の名称、個数、重量、容積）

Prepaid	Weight Charge	Collect	Other Charges
766,650（⑪前払い運賃）		（⑫着地払い運賃）	FUEL SURCHARGE JPY 97/KG TOTAL JPY 391,395
	Valuation Charge		
391,395			
	Tax		
	Total other Charges Due Agent		Shipper certifies that the particulars on the face hereof are correct and that insofar as any part of the consignment contains dangerous goods, such part is properly described by name and is in proper condition for carriage by air according to the applicable Dangerous Goods Regulations.
	Total other Charges Due Carrier		
200			Signature of Shipper or his Agent
Total Prepaid		Total Collect	
1,158,245			APR.10,20XX KANSAI INT（⑬発行場所と発行日） Yoshii
Currency Conversion Rates		CC Charges in Dest. Currency	Executed on (date) at (place) Signature of Issuing Carrier
For Carriers Use only at Destination		Charges at Destination	Total Collect Charges

ORIGINAL-3 (FOR SHIPPER)　　PRINTED IN JAPAN

5 保険証券とは

➡ 貨物海上保険の保険証券は、保険契約者に損害保険会社が発行する保険契約の確認書です。

✪ 保険証券の機能と役割

貨物海上保険の保険証券は、損害保険会社が保険契約者宛てに発行する保険契約の確認書です。

表面には、保険の引き受け条件や船積情報が記載されており、裏面には保険約款の詳細が印刷されています。

保険証券は有価証券ではありませんが、事故が起こって保険求償を行う場合に、保険会社に呈示する必要がある書類です。

そのため、輸出者が輸入者のために保険会社との保険契約を結ぶＣＩＦ契約とＣＩＰ契約の場合には、輸出者は保険証券の裏面にサインして、船積書類の一部として輸入者に送付します。

✪ 保険証券の主要項目

①保険会社名
②保険証券番号
③保険金額
④保険条件
⑤被保険者名
⑥保険求償代理人
⑦本船名
⑧保険の開始地点
⑨船積日
⑩仕向港
⑪保険の終了地点
⑫保険対象物
⑬保険証券発行場所と発行日
⑭保険会社のサイン

保険証券の例

INSURANCE POLICY（保険証書）

Q Insurance Company（①保険会社名）

Insurance Policy No.
（②保険証券番号）
1234XXX

Assured（⑤被保険者名）
ABC Company
4-1-4 Kojimachi Chiyoda-Ku
Tokyo, Japan 102-0083

Amount Insured
（③保険金額）
USD 17,600.00

Claim Agent（⑥保険求償代理人）
Claim payable in U.S.A.
By Q Insurance U.S.A.

Conditions（④保険条件）
INSTITUTE CARGO CLAUSES (A)
INSTITUTE WAR CLAUSE AND
INSTITUTE STRIKE CLAUSE

Ocean Vessel（⑦本船名） Heisei Maru	From （⑧保険の開始地点） Tokyo, JAPAN	Sailing on or about （⑨船積日） May 12, 20XX
Port of Discharge （⑩仕向港） Los Angeles, U.S.A.	To（⑪保険の終了地点） Los Angeles CY	

Subject matter insured（⑫保険対象物）

Steel Sheet
X-YYY TYPE
800 Sheets
80 packings
16,000KGS
20CBM

Place & Date（⑬発行場所と発行日）
TOKYO May 12, 20XX

Signature of Insurance Company
（⑭保険会社のサイン）

6 原産地証明書とは

➡原産地証明書は、商品の国籍を証明する書類です。

☆原産地証明書とは

原産地証明書は、商品がどこの国で生産、製造・加工されたかを証明する書類です。日本では、商工会議所が発給しています。

原産地証明書は、輸出者が手配しますが、使用目的はおもに輸入国側で関税率の確認をするためなので、輸入者が税関に提出します。

☆原産地証明書の主要項目

①輸出者名
②受荷主の名前、住所、連絡先等
③インボイス番号と日付
④商品の原産国名
⑤輸送手段の詳細（本船名、積揚港、船積日など）
⑥特記事項（信用状番号など必要に応じて自由に記載できます）
⑦商品明細（品名や荷印などインボイスに記載されている事項）
⑧数量や重量
⑨輸出者の宣誓と署名（輸出者は商品の原産国を正しく申告したことを確認し登録署名者が署名）
⑩商工会議所の証明と署名
⑪原産地証明書番号

☆特定原産地証明書とは

ＥＰＡ（経済連携協定➡Ｐ１３４）にもとづく関税の優遇措置を受けるには、輸入国側の税関に特定原産地証明書を提出する必要があります。特定原産地証明書も商工会議所が発給していますが、次ページのものと書式は異なります。

原産地証明書の例

1. Exporter (Name, address, country)
ABC Company
4-1-4 Kojimachi Chiyoda-Ku
Tokyo, Japan 102-0083
（①輸出者）

CERTIFICATE OF ORIGIN
issued by
The Tokyo Chamber of Commerce & Industry
Tokyo, Japan

2. Consignee (Name, address, country)
XYZ Company
444 OCEAN BLVD.
LONG BEACH, CA 90802, U.S.A.
（②輸入者名、住所、国名）

※Print ORIGINAL or COPY
ORIGINAL

3. No. and date of Invoice
Invoice No. ABC080XXX
Date : May 12, 20XX
（③インボイス番号と日付）

4. Country of Origin
JAPAN （④原産国）

5. Transport details
FROM Tokyo, JAPAN TO LONG BEACH, U.S.A.
BY "HEISEI MARU"
ON OR ABOUT May 12, 20XX
（⑤積揚港、輸送本船名、船積日など）

6. Remarks
（⑥自由記載。L/C 番号などを記載する）

7. Marks, numbers, number and kind of packages; description of goods

8. Quantity

Long Beach
Made in Japan
Steel Sheet
X-YYY TYPE
Packing No
1/80
（荷印）

Steel Sheet （⑦商品名）
X-YYY TYPE

800 Sheets
80 packings
16,000KGS
20CBM
（⑧商品明細、数量など）

9. Declaration by the Exporter
The undersigned, as an authorized signatory, hereby declares that the above-mentioned goods were produced or manufactured in the country shown in box 4.

Place and Date: Tokyo May 12, 20XX
（輸出者の宣誓と日付）

(Signature) N Sato
（⑨輸出者署名登録者の署名）

(Name) N.SATO
（輸出者、署名登録者氏名）

10. Certification
The undersigned hereby certifies, on the basis of relative invoice and other supporting documents, that the above-mentioned goods originate in the country shown in box 4 to the best of its knowledge and belief.

The Tokyo Chamber of Commerce & Industry

証明印

（⑩商工会議所の証明と署名）

(No., Date, Signature and Stamp of Certifying Authority)

Certificate No. （⑪証明書番号）

TOKYO CCI Form CO 1999.10

7 信用状とは

➡ **信用状は（➡ P180）、輸入者の依頼にもとづき、銀行が荷為替手形の支払いを輸出者に確約する支払保証状です。**

✪ 信用状の機能と役割

信用状は輸入者の依頼にもとづいて、銀行が輸出者宛てに発行する支払保証状です。

信用状によって、輸出者は代金回収の銀行保証を得ることができます。そのため、輸出者は安心して商品の用意や船積みを行うことができるようになります。

信用状では、輸入者は信用状の発行依頼をする際、船積期限などの契約条件を信用状の条件の一部として織り込むように、銀行に依頼することが大切になります。

また輸出者は、信用状条件を満たす船積書類を準備しなければ銀行による支払保証を受けられないので、契約条件どおりの信用状が発行されているかどうかの確認が重要になります。

✪ 信用状の主要項目

①信用状発行銀行
②信用状番号
③発行場所と発行日
④信用状の有効期限
⑤発行依頼人（輸入者）
⑥受益者（輸出者）
⑦通知銀行
⑧信用状金額
⑨支払保証の文言
⑩要求する船積書類
⑪対象商品
⑫船積条件
⑬買取銀行の指定
⑭適用される信用状統一規則
⑮発行銀行のサイン

信用状の例

LETTER OF CREDIT（信用状）	
NAME OF ISSUING BANK （①発行銀行） R BANK, LOS ANGELES U.S.A.	NUMBER（②信用状番号） M201XXX
PLACE & DATE OF ISSUE LOS ANGELES, APRIL 14, 20XX （③発行場所と発行日）	DATE & PLACE OF EXPIRY MAY 31, 20XX TOKYO （④信用状の有効期限）
APPLICANT（⑤発行依頼人＝輸入者） XYZ Company 444 Ocean Blvd. Long Beach, CA 90802 U.S.A.	BENEFICIARY（⑥受益者＝輸出者） ABC Company 4-1-4 Kojimachi Chiyoda-Ku Tokyo, Japan 102-0083
ADVISING BANK（⑦通知銀行） S BANK TOKYO	Amount（⑧金額） US$16,000.00（USD SIXTEEN THOUSANDS）
We hereby issue in your favor this documentary credit which is available by negotiation against your draft(s) at sight drawn on us for 100% of the Invoice value, accompanied by the following documents; （⑨信用状開設の文言。要求を満たす荷為替手形の買い取りを保証している）	
（⑩要求する船積書類を列挙している） 1 Signed Commercial Invoice in 3 copies（インボイス3通） 2 Full set of clean On Board Ocean Bills of Lading made out to the order of Shipper showing FREIGHT PREPAID….（船荷証券とその記載条件） 3 Insurance Policy … . … covering ICC CARGO CLAUSE (A) , ICC WAR SRCC CLAUSE …….（保険証明書とその記載条件）	
（⑪対象商品） Steel Sheet X-YYY TYPE CIP Long Beach U.S.A.	
（⑫船積条件） 1 Shipment from Japan to Long Beach Latest May 31, 20XX（船積期限） 2 Partial shipment prohibited（分割船積みは不可の指示） 3 Transhipment prohibited（途中でほかの船への積替禁止の指示）	
Special condition (そのほかの条件が必要に応じて指示される)	
（⑬買取銀行の指定） The negotiations under this credit are restricted to T Bank.	
（⑭信用状統一規則を適用する確認文言） This Letter of Credit is subject to “UNIFORM CUSTOMS AND PRACTICE FOR DOCUMENTARY CREDIT” (2007 REVISION), INTERNATIONAL CHAMBER OF COMMERCE PUBLICATION NO.600.	 （⑮発行銀行のサイン）

現在は SWIFT（➡ P176）を通じて送付されています。

8 為替手形とは

➡為替手形は、手形の名宛人に手形金額の支払を指図する有価証券です。

✪為替手形の機能と役割

為替手形は、手形の名宛人に対して手形金額の支払いを指図する有価証券で輸出者が発行します。

手形を発行することを「手形を振り出す」といい、手形の発行人を「振出人」と呼びます。

D／P決済とD／A決済では輸出者は買い手（輸入者）を名宛人として手形を振り出しますが、L／C決済では手形の名宛人を信用状発行銀行として振り出します。

為替手形には手形金額の支払条件が記載されています。

為替手形の呈示を受けた時点で支払う条件は「一覧払い」、呈示後に一定期間支払猶予のある条件は「期限付き」と呼ばれます。

D／P決済では一覧払条件の手形、D／A決済では期限付きの手形が振り出されます。

L／C決済の場合はどちらの支払条件も使用されます。

為替手形は、送付途上での万一の紛失に備えて、オリジナルを2通（組手形）発行します。

✪為替手形の主要項目

①手形金額
②手形の支払条件
③支払先銀行
④信用状発行依頼人（輸入者）
⑤信用状発行銀行
⑥信用状番号
⑦信用状発行日
⑧手形の名宛人
⑨手形発行者のサイン

為替手形の例

BILL OF EXCHANGE（為替手形）

NO. ABC0605001（インボイス番号）

FOR US$16,000.00（①金額）

MAY 18, 20XX（銀行買取日）

（②手形の支払条件）

At XXX sight of this FIRST of Exchange (Second being unpaid)

Paid to T Bank（③支払先銀行、通常は買取銀行） or

order the sum of

SAY U.S.DOLLAR SIXTEEN THOUSANDS ONLY（間違いを避けるために英語で記載）

VALUE RECEIVED AND CHANGE THE SAME TO ACCOUNT OF

XYZ Company, 444 OCEAN BLVD. LONG BEACH, CA 90802 U.S.A.（④信用状発行依頼人）

DRAWN UNDER R BANK, LOS ANGELES U.S.A.（⑤信用状発行銀行）

L/C NO. M20101（⑥信用状番号） DATED APRIL 14, 20XX（⑦信用状発行日）

TO R BANK, LOS ANGELES U.S.A.

（⑧手形の名宛人を記載する。信用状決済の場合は発行銀行）

（⑨手形発行者＝輸出者の会社名とサイン）

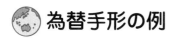

インコタームズ新旧対比表

2010年版	2020年版	★変更点
EXW	EXW	
FCA	FCA	★積込済みの付記のある船荷証券の規定が追加された。
CPT	CPT	
CIP	CIP	★売り手が手配する保険補償の水準がICC(A)に変更された。
DAT	DAP	★順序を変更した。
DAP	DPU	★・規則名を改称し、順序を変更した。 ・仕向地をターミナルに限定せずに、いかなる場所でも可とした。
DDP	DDP	

★FCA　DAP　DUP　DDP規則に共通の変更点
・自らの運送手段の使用が明文化された。

2010年版	2020年版
FAS	FAS
FOB	FOB
CFR	CFR
CIF	CIF

★11規則すべてに共通の変更点
・利用者のための解説ノートを記載した。
・費用の分担を1つの項にまとめて記載した。
・運送と通関の項に安全関連の要件を含めた。

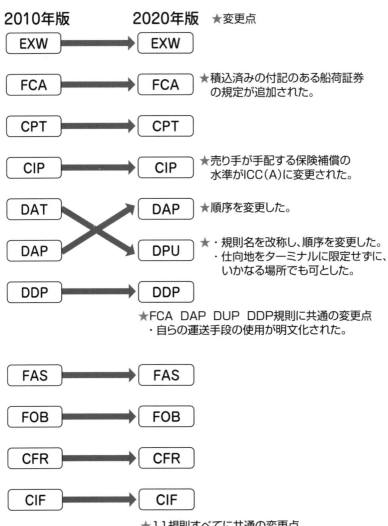

2010年版インコタームズ

●すべての運送手段に適した規則

インコタームズ貿易規則	英文での呼称（和文での呼称）	使用方法
EXW	EX WORKS （工場渡し）	EXW（insert named place of delivery） （指定引渡地を挿入）
FCA	FREE CARRIER （運送人渡し）	FCA（insert named place of delivery） （指定引渡地を挿入）
CPT	CARRIAGE PAID TO （輸送費込み）	CPT（insert named place of destination） （指定仕向地を挿入）
CIP	CARRIAGE AND INSURANCE PAID TO （輸送費保険料込み）	CIP（insert named place of destination） （指定仕向地を挿入）
DAT	DELIVERED AT TERMINAL （ターミナル持込渡し）	DAT（insert named terminal at port or place of destination） （仕向港または仕向地における指定ターミナルを挿入）
DAP	DELIVERED AT PLACE （仕向地持込渡し）	DAP（insert named place of destination） （指定仕向地を挿入）
DDP	DELIVERED DUTY PAID （関税込持込渡し）	DDP（insert named place of destination） （指定仕向地を挿入）

●船舶輸送にのみ適した規則

インコタームズ貿易規則	英文での呼称（和文での呼称）	使用方法（使用例）
FAS	FREE ALONGSIDE SHIP （船側渡し）	FAS（insert named port of shipment） （指定船積港を挿入）
FOB	FREE ON BOARD （本船渡し）	FOB（insert named port of shipment） （指定船積港を挿入）
CFR	COST AND FREIGHT （運賃込み）	CFR（insert named port of destination） （指定仕向港を挿入）
CIF	COST, INSURANCE AND FREIGHT （運賃保険料込み）	CIF（insert named port of destination） （指定仕向港を挿入）

索引

あ行

か行

さ行

た行

な 行

は 行

ま行

や行

ら行

わ行

英字

【著者紹介】

黒岩　章（くろいわ・あきら）

◉——貿易ビジネスコンサルタント。ジェトロ認定貿易アドバイザー（現AIBA認定貿易アドバイザー）。1953年大阪生まれ。1976年神戸大学経済学部卒業、同年に総合商社の丸紅株式会社に入社。運輸保険部にて鉄鋼製品、製鋼原料、穀物、肥料、砂糖、機械など多岐にわたる商品の貿易実務に従事する。10年間の米国駐在を含む国際ビジネス経験が豊富で、商社や船会社、保険会社、フォワーダーなど貿易関係業界に幅広い繋がりをもつ。2001年より伊藤忠丸紅鉄鋼株式会社に勤務し、物流保険部長、常勤監査役を経て2018年に同社退社。貿易ビジネスコンサルタントのほか国際商業会議所日本委員会をはじめ各所で貿易実務セミナー講師を務める。

◉——著書に、『これならわかる貿易書類入門塾』『貿易実務完全バイブル』（いずれも小社刊）がある。

改訂版《かいていばん》　はじめての人《ひと》の貿易入門塾《ぼうえきにゅうもんじゅく》

2021年6月7日　　第1刷発行

著　者——黒岩　章

発行者——齊藤　龍男

発行所——株式会社かんき出版

東京都千代田区麹町4-1-4 西脇ビル　〒102-0083

電話　営業部：03(3262)8011㈹　編集部：03(3262)8012㈹

FAX　03(3234)4421　　振替　00100-2-62304

https://kanki-pub.co.jp/

印刷所——ベクトル印刷株式会社

ISBN978-4-7612-7553-2 C0034